◎ 买雪燕／著

甘肃近代高等教育发展研究

GANSU JINDAI GAODENG JIAOYU FAZHAN YANJIU

中国财经出版传媒集团

经济科学出版社
Economic Science Press

图书在版编目（CIP）数据

甘肃近代高等教育发展研究/买雪燕著．—北京：经济
科学出版社，2018.12
ISBN 978 – 7 – 5218 – 0077 – 7

Ⅰ. ①甘…　Ⅱ. ①买…　Ⅲ. ①地方教育 – 高等教育 –
教育史 – 研究 – 甘肃 – 近代　Ⅳ. ①G649. 284. 2

中国版本图书馆 CIP 数据核字（2018）第 294846 号

责任编辑：边　江
责任校对：刘　昕
责任印制：邱　天

甘肃近代高等教育发展研究

买雪燕　著

经济科学出版社出版、发行　新华书店经销
社址：北京市海淀区阜成路甲 28 号　邮编：100142
总编部电话：010 – 88191217　发行部电话：010 – 88191522
网址：www. esp. com. cn
电子邮件：esp@ esp. com. cn
天猫网店：经济科学出版社旗舰店
网址：http://jjkxcbs. tmall. com
固安华明印业有限公司印装
710 × 1000　16 开　17 印张　300000 字
2018 年 12 月第 1 版　2018 年 12 月第 1 次印刷
ISBN 978 – 7 – 5218 – 0077 – 7　定价：56. 00 元
（图书出现印装问题，本社负责调换。电话：010 – 88191510）
（版权所有　侵权必究　打击盗版　举报热线：010 – 88191661
QQ：2242791300　营销中心电话：010 – 88191537
电子邮箱：dbts@ esp. com. cn）

困且益坚，反思前行

2015 年 3 月，国家发展和改革委员会、外交部和商务部联合颁布了《推动共建丝绸之路经济带和 21 世纪海上丝绸之路的愿景与行动》文件，旨在重兴古丝绸之路，促进多区域间的政治、经济与文化融合共生。在此背景下，教育部于 2016 年 7 月出台了《推动共建"一带一路"教育行动》政策，国内多个地区积极呼应，"一带一路"高校联盟随之而立，教育发展与研究又有了新的活力点。甘肃偏安西隅，是丝绸之路的必经地区，其教育文化发展与丝绸之路文化相融相成，对我国的教育发展产生了巨大影响。由于历史、地理与政治等种种因素的影响，其教育发展，尤其是高等教育发展既表现出了一定的区位性，也彰显出了某些独特性。为此，研究甘肃近代高等教育发展既有丰富中国高等教育史的应有之意，也有进一步探究教育在启民智、促发展中的历史价值，研究极富意义。

"北出长城古塞边，荒松落日人烟少。"青海省与甘肃省毗邻，拥有较为接近的地理气候和文化特征，共同的文化源流与发展环境使得我们能更加清晰和深刻地感受到"大漠教育"的艰辛不易和独特魅力。阿诺德·汤因比说：历史通常只是展现和解说那个时代人们的真实社会生活，不去纠正、更无法重来。作为青海土生土长的本书作者，买雪燕博士以类似"局内人"的"局外人"身份纵观甘肃近代高等教育历史，从时间上挖掘近代甘肃高等教育的时间节点，梳理出甘肃近代高等教育的发展历程。其发轫于洋务运动时期的陕甘分闱，兴起于新学制学堂，发展于辛亥革命后成立的甘肃公立法政专门学校，鼎盛于甘肃学院、国立兰州大学和国立甘肃师范学院。三所高等教育学府共同奏出了甘肃近代高等教育史的最强音，承担起了甘肃高等教育早期现代化的历史重任。在这一时期，甘肃高等教育的学校规模、学生人数、办学质量等方面均得到长足发展，对当地经济文化等各项建设事业起到了重要的支撑作用。

不登高山，不知天之高也；不临深溪，不知地之厚也；不研读历史，不知教育之踪迹也。通过对甘肃高等教育发展历史的深刻反思，使其背后隐意深蕴逐渐得以勾勒显现。甘肃高等教育发展初期表现出的"现代性"凸显了典型后发外生的半自觉行为逻辑。从英格尔斯"现代性"中最关键的是人的现代性的论点出发，这种"人的现代性"本质为考察甘肃高等教育发展深层内在机理与未来走向提供了清晰而鲜活的线索。为此，本书作者沿着此线索追本溯源，寻踪觅迹，对甘肃高等教育发展历程中发挥重要作用的"人"的"现代性"进行了详尽的考证，列举出如蔡大愚、邓春膏、李蒸、顾颉刚、辛树帜等兼具现代性和代表性的人物，描摹出了一幅幅生动的富有历史气息的人物画卷和推动甘肃近代高等教育发展里程碑式的事件。

纪念历史，尊重现实，敬畏未来是教育史研究的应然态度。作者使我们看到了西部城市发展的艰难和困惑，看到了高等教育作为社会历史中的车轮，是如何脱离窠臼、返璞归真、砥砺前行的，也看到了改良社会的利器——教育是如何被裹挟无奈的……在一定程度上可以说，甘肃近代高等教育的发展时时刻刻受到历史和文化的牵绊。然而，了解历史或许不能准确地预测未来，但是可以更有方向地前行。由此开启的近代高等教育研究只是一个开端，历史研究就是为了更好地看清未来的征途，在此基础上走好当下的路。西部的历史是辉煌的，西部的现实是充满矛盾而又蓬勃发展，西部的未来是大有希望的。年轻学者的学术研究之路，必定要在黑暗中苦苦摸索，更需要给前行道路掌上一盏明灯。希望这盏明灯就是关注西部的现实，通过揭示西部教育的矛盾，发现不断涌动的活力和希望，推动和形成对西部教育实践和现实全面深入、持续不断的研究成果。

"艰难困苦，玉汝于成。"对于西部高等教育的发展，我们饱含期许。同样，对于年轻学者的成长，我们也充满着希冀。在《甘肃近代高等教育发展研究》出版之际，是愿，也为序。

李晓华

青海师范大学教育学院

2018 年 6 月 15 日于勤学楼

前　言

　　甘肃近代高等教育是中国高等教育近代化研究的重要组成部分，也是区域高等教育史的有机构成。本书以历史的角度，从时间上挖掘和整理近代甘肃高等教育的历史节点，展开甘肃高等教育和大学发展的路径探讨，钩沉出甘肃高等教育的早期"现代性"和近代化发展进程。

　　甘肃近代高等教育始于洋务运动时期，陕甘总督左宗棠通过陕甘分闱、新建书院和刊印书籍等措施在甘肃进行了第一次开发实践活动。"新政"时期，随着清政府两次"学制"的颁布和实施，甘肃省兴办了一批高等学堂，成为甘肃教育历史上的划时代之举。辛亥革命后，甘肃省建立了第一所具有现代意义的高等教育机构——甘肃公立法政专门学校。该校通过培养法政专门人才、传播民主革命思想、领导与参与甘肃省护法运动，成为"五四运动"在甘肃传播的最强音，接受甘肃高等学校接受民主革命思想的洗礼。南京国民政府时期，根据教育部大学区制和《大学组织法》等法令，甘肃学院对大学的课程设置、入学条件等做了具体规定。截至1937年"七七事变"之前，它仍是甘宁青地区唯一的高等院校和整个西北仅有的几所高校之一。抗日战争爆发后，甘肃学院吸收了沦陷区的师生，在生源质量、教师素质、教育投入等方面有了不同程度的改观，并于1945年合并西北医学院兰州分院等，设立国立兰州大学。国立兰州大学在辛树帜校长、国学大师顾颉刚等知名人士的推动下逐渐崛起，在学科设置、生源质量、师资力量、设备改进等方面有了较之以往最大限度的进步，成为具备文理、法学、医学、兽医四个学院的全国综合性大学，使学校初具规模，进入了一个前所未有的新阶段，成为甘肃高等教育中的"独树一帜"。"大师"人物的辐射效应不断扩散，地方化的特色学科显示出更强的生命力，整合的效能加快了甘肃近代高等教育的快速发展。

抗日战争期间，为保存高等教育的火种，国民政府做出高校西迁的重要决定，国立北平大学、国立北平师范大学、国立北洋工学院三所国立大学和北平研究院于 1937 年 9 月 10 日迁至西安，组成西安临时大学。太原失陷以后，西安临时大学又迁往陕南，改名为国立西北联合大学。1938 年 7 月，国民政府教育部指令国立西北联大改组为国立西北大学、国立西北工学院、国立西北师范学院、国立西北农学院和国立西北医学院五所独立的国立大学，1940 年国立西北师范学院奉命西迁兰州办学。高等师范教育在兰州正式起航。国立西北师范学院积极发挥国立院校和立足西北的特色文化优势，通过小学教育通讯处广泛开展社会教育，继承和发扬家政学和敦煌学的特色学科优势，将教育科学研究的火种播撒在了西北，成为撬动甘肃近代高等教育的有力支点。抗日战争胜利后，国立西北师范学院与教育部进行了一场旷日持久的"复员拉锯战"，并最终取得胜利，同时留下部分有生力量扎根兰州，形成甘肃高等教育结构的重要一员。此外，甘肃高等教育走向了多元化的发展途径，民族高等教育和职业教育作为甘肃高等教育中不可或缺的部分，在逐渐累积过程中达到近代化的发展水平。由此，甘肃高等教育形成了以国立兰州大学、国立西北师范学院、西北畜牧兽医学院、西北技艺专科学校为主体的近代化力量，承担起了甘肃高等教育发展的历史重任，在学校规模、学生人数等方面发生了实质性的改观，对当地经济文化等各项建设事业起到了重要的支撑作用。

纵观甘肃近代高等教育的发展历程，不难看出，甘肃近代高等教育的发展首先归功于那些对甘肃高等教育事业充满热爱和奉献的教育家和学者们，特别是蔡大愚、邓春膏、辛树帜、李蒸等著名教育家，顾颉刚、黎锦熙等知名学者的付出，他们在不同的时代和条件下，为甘肃高等教育事业做出了杰出贡献。然而，近代的甘肃社会外部政局动荡不安，内部各路军阀连年混战，加之甘肃特殊的内陆环境，导致社会整合机制尚未健全，政治、经济、文化等方面未能全面进入近代化阶段，尚不具备完全意义上的早期现代化，因此，高等教育难以获得基本的发展环境，也未能培育出高等教育良性发育的土壤。如果说中国教育早期现代化始终走着城市和乡村分途行进的二元路线，那么，甘肃与东南沿海城市的高等教育发展也是一条分途行进的二元路线，可谓"雪溪殊冷僻，茂苑太繁雄"。

　　然而，历史的发展并非呈线性，甘肃高等教育在经历了近代的铺垫之后，后期发展异常迅猛，在20世纪90年代形成了中国教育界的"兰大现象"，意为在地域偏远、信息不灵、国家财政投入、师资力量投入比东部发达地区同类高校少1/3到一半的条件下，兰州大学在教学科研方面却能名列前茅，发表的基础研究论文连续多年居全国前几名，在国家基础科学研究和教学人才培养基地建设方面，兰大一直排在前面。如果说，这是对甘肃高等教育的一种褒奖的话，那么，这种褒奖的背后则是兰州大学作为甘肃高等教育的代表，从初建起就孕育出的独特的奋斗精神和克服困难的顽强生命力，实际上，这种精神从甘肃学院、国立兰州大学时期就已成为甘肃高等教育发展的不竭动力，这种动力已然成为一种时代象征。当前，无论是融入"一带一路"倡议，还是创建"双一流"高校，甘肃高等教育都需要继承和发扬"独树一帜"的精神，不断开拓进取，以赢得更大的发展空间，取得更加辉煌的成果。

买雪燕

2018 年 5 月

目　录
CONTENTS

| 第一章 |

绪 论

第一节　选题背景及研究意义

一、选题背景

在某种程度上，历史的研究是基于对现实的考量和凝思，而现实的问题又往往回归求解到历史中去。我们用现代的眼光，依照现在的问题来观察过去，这种彼此联系、隔绝不断的复杂程式，决定了我们从事历史研究，尤其是教育史研究的初衷。近代化研究是学术研究的热门话题，史学界普遍认为，中国近代化过程其实就是中国资本主义产生、发展和近代中国先进知识分子探索建立资产阶级民主政治体制的过程，突出表现在工业化和与工业化相伴随着的政治、经济、文化等方面的变化，与后期所称的"现代化"属同义。因此在本书中，近代化与现代化是同一个概念。20 世纪后期，"近代化"研究在世界范围内成为各个理论学派的焦点，形成了社会学、历史学、经济学等学科研究的重心，近代高等教育研究也在这一时期成为重点，并相继出现一批学术著作。然而，区域性的近代高等教育研究多集中在江苏、湖北等先声之地，针对西部近代高等教育的研究仍属阙如。甘肃地区作为西北一隅，位于黄河中、上游的区位优势孕育了中华民族灿烂的文化,这里是古丝绸之路的必经之途,也是多民族集聚繁衍生息之地。然而随着近代政治、经济重心的东移,其中心区位优势逐渐式微。高等教育作为一种文化形态,将有助于我们更加清晰地认识和理解这一地区的现代化过程,并力求探寻甘肃高等教育早期现代化的特点,进行历史的反思和比较,寻求对当代高等教育发展的历史借鉴。

本书在选择甘肃作为早期现代化研究的对象之时,主要缘于以下考虑:

(一)基于对现代化目标的全新认识与定位

所谓的"现代化"并非简单的"西化"或"工业化",它是一个完整的社会变革系统工程。包括农业和工业的快速增长,商业化和市场化的日益密切、经济稳定的持续增长、城镇化与人口流动的合理配置、多层次的文化教育发展、收入分配的渐趋协调平衡、群众政治参与程度的提高等。其中,工业化与国民经济的增长是实现现代化的必然条件和物质保障,教育和文化的发展是不可或缺的重要部分。"现代化"的目标和程度大致可以从"有利于生产力的解放和提高又不破坏自然环境,有利于社会的公平和进步又不妨碍经济发展,有利于人的自由解放和全面发展又不损害社会和谐。"① 从这个目标体系来看,现代化是一种生态系统的架构模式,其最底层是社会的人文环境,它决定了这个系统的规模与方式,体现了人们对现代化的认识和谋求变得更加多元化和多层次,意味着决策层面需要更高水平的知识结构和更为缜密的顶层设计。因此,从促进学术多元化和多层次的角度而言,选择甘肃高等教育作为研究对象,将有助于我们看到更为丰富多彩的文化生态格局。

(二)基于对 21 世纪高等教育区域发展的理性回归

在经济全球化条件下,对现代化规律和特征的认识,是制定国家发展战略的重要理论基础。21 世纪初,国家对高等教育的现代化作出了一系列政策回应,《国家中长期教育改革和发展规划纲要(2010~2020 年)》提出,到

---

① 何传奇. 世界现代化的事实和原理 [J]. 科技与社会,2013(3).

2020 年，基本实现教育现代化，基本形成学习型社会，进入人力资源强国行列。高等教育的毛入学率达到 40%，新增劳动力平均受教育年限从 12.4 年提高到 13.5 年，其中接受高等教育的比例达到 20% 以上，具有高等教育文化程度的人数比 2009 年翻一番。同时，要不断优化区域布局结构，加大对中西部地区高等教育的支持，实施中西部高等教育振兴计划。新增招生计划向中西部高等教育资源短缺地区倾斜，扩大东部高校在中西部地区招生规模。鼓励东部地区高等教育率先发展，加大东部地区高校对西部地区高校对口支援力度等。此外，在"十二五"规划纲要第十八章《推进新一轮西部大开发》一节中提出，"坚持以线串点、以点带面，推进重庆、成都、西安区域战略合作，推动呼包鄂榆、广西北部湾、成渝、黔中、滇中、藏中南、关中—天水、兰州—西宁、宁夏沿黄、天山北坡等经济区加快发展，培育新的经济增长极。"紧接着，国家在《深入实施西部大开发战略的若干意见》中明确提出"支持兰（州）西（宁）格（尔木）等经济区发展"的战略部署。由此发挥了兰州作为西北城市发展的中心，充分发挥高校聚集、人才荟萃的优势，为相邻地区提供智力支持。根据这一战略目标要求，高等教育作为国家人才战略的制高点，培养质量与效率直接决定着人才的质量与数量，影响着整个教育体制的改革与发展。在此通过对甘肃高等教育的早期现代化的梳理，让人们更加理性和客观地认识到甘肃高等教育的困境和前景。

（三）基于对区域近代高等教育研究的补充和延伸

就整个中国高等教育近代化的研究而言，区域高等教育近代化是其中的重要内容。首先，中国高等教育发展不平衡导致了整体考察的局限性突出。中国的国土面积大，南北的经济发展水平、人文环境素养、民主政治条件迥异，这种差距已然成为"不同发展阶段的差距"[1]，在此基础上的整体考察定会存在论述不全或偏颇的瑕疵。但如果分解为不同区域、不同层次的教育考察，则呈现出来的必然是生动、客观的动态发展图景。其次，区域高等教育

---

① 袁本涛. 我国高等教育早期现代化延误之原析——中日国家政权性质对高等教育现代化的影响 [J]. 江苏高教，2000（2）.

的研究加深了对中国高等教育的整体研究。只有通过个体富有代表性的区域高等教育近代化研究，"才能丰富和更为准确地把握中国教育近代化演进的整体轨迹和特征。"① 最后，从现有近代甘肃高等教育的研究现状来看，主要形成了以兰州大学和国立西北师范学院校史为主线的研究模式，单一的校史研究不仅不能从根本上全面呈现甘肃高等教育现代化的全部图景，也无法为中国高等教育现代化提供有益的借鉴，因此，本书在全面梳理甘肃高等教育近代化的同时，也为中国高等教育区域研究提供了不同的视角。

二、研究意义

（一）理论意义：加强了现代化研究与高等教育史研究的互动发展

现代化研究更多的是观照现实与未来，他对现实的批判和对未来的展望，是其研究的逻辑起点。而高等教育史作为高等教育的研究方法和认知结构，则更多的与历史科学有关。美国学者哈罗德·珀金从"历史的观点"来审视高等教育学，指出："一个人如果不理解过去不同时代和地点存在过的不同的大学概念，他就不能真正理解现代的大学。虽然研究高等教育的历史学家手中没有水晶球可作预言，没有魔镜可供占卜，但他在这一领域也能为他人提供有益的东西：如果你想要知道你要去哪儿，它帮助你了解你曾去过哪儿。"② "历史的叙述帮助我们触及基础，接触系统的基本特性以及它们的原因和后果。历史成为与变革和稳定有关系的事情，特别是那种不被人承认和未见到的事情。"从某种意义上说，高等教育史研究不仅是为了更好地去求证过去，更重要的是有"现实感"，也就是说，教育史研究的作用是双向的，既要尽可能结合当今高等教育改革的现实需要，更要与高等教育现代化的研究进程与目标相结合，才能呈现出教育史发展的多线性状态，更好地展现高等教育史研究的历史回归与现实体认。

① 刘正伟. 督抚与士绅——江苏教育近代化研究（1861~1927）[M]. 河北教育出版社，2001.
② 克拉克等主编. 王承绪等译. 高等教育新论 [M]. 浙江教育出版社，1988.

（二）现实意义：对中西部高等教育研究不平衡状态的再思考

高等教育的研究区域分布既受到自身内部发展规律的影响，又受到外部环境因素的制约，比如自然地理、社会政治、经济、文化、人口，乃至民族、宗教等多因素的影响。地缘政治学认为在不同的历史时期，一定的地理位置所具有的政治、经济意义不同，所起的作用也不同。高等教育的空间分布与布局结构也因为中西部地区经济的繁盛程度和政治政策的支持而有所不同，导致高校分布和高等教育史研究的非均衡性，并由此产生了入学机会不公平、师资外流，对区域经济社会发展支撑力不足等问题。同时，对于近代高等教育史的区域研究都集中在沿海东部城市，而对于占国土面积 1/3 的西部地区（西北五省占全国陆地面积的 31.7%），鲜有涉猎。为此，本书以甘肃地区为例，梳理出近代甘肃高等教育的发展关节点，总结出高等教育在特定历史空间的发展规律和表现形式，填补高等教育史、大学发展史的空白，尝试为回归求解当今高等教育发展的难题提供有益借鉴。

（三）对甘肃近代高等教育进行全面梳理和有益反思

通过对国内外研究的综述和比较，发现对甘肃近代高等教育的发展甚是缺乏深入、全面的研究，尤其是深层次的关于社会、政治、经济、文化的全方位研究。因为"只有从中国史料里找它本身的脉络，只有这样才能追溯中国的历史、不管研究的是政治史、经济史、文化史还是思想史。"① 对于史学本身来讲，其最大的一个特色，就是他本身不是一个单独的学科，"而是要吸收各种学科的成果，包括自然科学、社会学、哲学、社会政治学、经济等方面，只要是有关人的活动的研究，史学都可以用得上。"本书将在中国教育近代化的大背景下，置身于近代中国社会、政治、经济和文化等多方位的视角，力求对甘肃地区不同时期的高等教育发展做出概括和阐述，同时，着重选择有代表性的问题作深入研究，以期揭示甘肃高等教育的发展侧重及主题转换。

---

① 余英时. 史学研究经验谈［M］. 上海文艺出版社，2010.

第二节　概念界定及文献综述

世界近代化研究肇始于 20 世纪 50 年代，相关理论也在这个时期形成和崛起、并迅速波及世界多数地区。然而，由于西方现代化理论长期浸染于西方中心主义的消极影响，研究方法与论证依据的失当偏颇，以及随着美国普林斯顿大学国际研究中心的重点转移等，西方现代化研究开始式微。同时，西方现代化理论并不完全适宜中国国情，正如章开沅教授所比喻的那样，一个营养不良的瘦弱者不宜仿效脑满肥肠的胖汉去减重一样，西方国家和中国的发展程度不在一个水平之上，我们还亟须进行现代化的研究和探讨，为中国加快现代化的步伐提供有力支撑。

一、概念界定

（一）"甘肃"的界定及行政沿革

西部地区在清代前期地广人稀，郡县制的建构比较疏简，加之少数民族人口众多，统治集团多因俗以治，以少数民族地区的不同情况设置机构，给予不同程度的自治权。清代后期，边疆与内地行政体制不断一体化，在经济开发深入和思想认识深化的双重因素作用下，清廷于康熙五年（1666 年）划陕西以西地域置甘肃行省。由最初包括现在甘肃、青海和宁夏的广大区域到"1928 年 11 月，以原甘肃省宁夏道及其节制的内蒙古西套二旗辖区设置宁夏省，并以原甘肃省西宁道及青海地方辖区设置青海省。"①，该区域只包括现在的甘肃省域。由于青海与宁夏两个民族地区省份在 1949 年之前从未建立本地区的高等教育机构，因此，在论述甘肃高等教育现代化的问题时所指的甘肃只限定在现在的甘肃省域，并不会对本书的论述有实质性影响。

---

① 戴逸，张世明. 中国西部开发与近代化［M］. 广东教育出版社，2006.

1912 年中华民国成立后，甘肃成立了甘肃军政府，在全省仍沿用清制，实行省、府、州、县四级管理体制。1913 年，甘肃开始军政分治，始设以民政长为首的行政公署，下设内务、财政、教育和实业四个司。同时裁撤府、州、县，一律改为县制。在省和县之间暂设道制，道的长官由道尹改为观察使。1914 年 5 月，北洋政府改民政长为巡按使，主管全省民政，同时改行政公署为巡按使公署，公署各司司长为厅长。同年 6 月 30 日，北洋政府改各省都督为将军，1916 年 7 月又改为督军，巡按使为省长。1927 年 6 月 25 日，国民党中央政治委会改省长为主席，同年废除道制，改道尹为行政长。1928 年分离出西宁行政区所辖七县等各部，成立青海省和宁夏省。在本书中，以 1928 年之后的甘肃省疆域为界。

（二）近代化和现代化

在中国近代史研究领域，使用"近代化"或"现代化"的概念，学术界有着不同的争鸣。罗荣渠认为，以描述西方国家从封建主义向资本主义过渡、工业革命、日本明治维新、中国洋务运动等为主题的论文运用"近代化"这个词并不合适。大部分用法借自日本史，他强调"近代化"概念不适用于中国史，应当统称为"现代化"①。它们源于同一单词"modernization"，以经济工业化和政治民主化为主要标志。在中国，近代化即工业化和与工业化相伴随的政治、经济、文化等方面的变化，是传统社会向现代社会转型的过程。鉴于与四个现代化的区别，将鸦片战争至 1925 年建立的中华民国国民政府阶段称为"现代化"阶段，在具体的行文中，很多学者在一篇文章中交替使用"近代化"和"现代化"两个词，说明其内涵是相同的。

现代化一词的使用，来源于 20 世纪初学者们对中国文化建设的争论，并将这种争论扩展到中国现代化的内外部条件、走什么样的道路、现代化中的文化建设、现代化中的政治与经济的关系等。涉及内容逐步庞杂，其认识也日趋深入。同时，"现代化"一词逐渐取代了"中国本位""中国化""西化"和"欧化"等一些名词，如张奚若提出，中国的现代化要朝着"发展自

---

① 罗荣渠．现代化新论——世界与中国的现代化进程［M］．北京大学出版社，1993.

然科学、促进现代工业、提倡现代各种学术、思想方面科学化"等方向发展，尤其是"养成使用抽象的普通的科学方法的习惯。这种习惯养成后，我们的思想、态度和做事的方法，自然都可以现代化、效率化，甚至或者也可说合理化。"①

何传启认为，现代化指 18 世纪工业革命以来，人类社会所发生的深刻变化，它包括从传统社会向现代社会、传统经济向现代经济、传统政治向现代政治、传统文明向现代文明转变的历史过程及其变化；它既发生在先锋国家的社会变迁里，也存在于后进国家追赶先进水平的过程中。尽管世界范围的现代化研究虽然历经几个世纪，成果颇丰，但到现在为止仍未形成理论上的普遍共识。一方面，因为现代社会不是一个已经过去的社会形态，而是一个正在不断发展的社会形态，所以，以现代社会为研究对象的现代化理论必然处于不断的发展变化之中；另一方面，由于不同学者所处的时代、社会背景、立场不同，研究的视角、范围、层面不同，也就自然导致了现代化理论形态的多样性。

因此，在本书的研究过程中，将现代化定义为传统社会向现代的转型和变迁过程，并依次经历了农业文明向工业文明、工业文明向知识文明和物质文明、生态文明的转型。同时，这一转型过程仍在持续当中。

（三）教育现代化与高等教育现代化

第一种认为教育现代化是一个"动态的过程"，② 或者"从动态和静态两方面来考察教育现代化"，③ 认为动态的教育现代化既是与世界现代教育发展趋势相适应的发展和变化，也是与它所处社会的现代化进程相适应的发展和变化，而静态的教育现代化是一个多面体，其中涉及教育对象、教育观念、教育目的、教育制度、教育内容和教育方法各个层面相关问题的变动，包括教育观念现代化、办学条件现代化、教育内容现代化、教育管理现代化、教

---

① 张奚若. 全盘西化与中国本位. 见罗荣渠. 从西化到现代化 [M]. 北京大学出版社，1990.
② 顾明远. 关于教育现代化的几个问题 [J]. 中国教育学刊，1997（3）.
③ 段作章. 关于教育现代化的理论思考 [J]. 教育学（人大复印资料），1997（8）.

师队伍现代化等。教育现代性的发展并非齐头并进，往往有些指标获得突飞猛进的发展，有些指标却仍在踟蹰不前，这一点在研究中国教育现代化分期问题上尤为明显。例如，有些学者将洋务学堂的兴办作为教育现代化的起点，但有的学者却坚持将清末"新政"时期"癸卯学制"的颁布作为起点，之所以出现这样的差异，是因为依据了不同的教育现代化评价指标。

从教育的发展来看，冯增俊教授从广义和狭义的角度理解教育现代化，在广义上，教育现代化是指从适应宗法社会的封建的旧教育转向适应大工业民主社会的现代新教育的历史过程，是一切有关进行现代教育的改革和发展的总称。在狭义上，教育现代化主要是指第二次世界大战后比较教育学家积极倡导的一种运动及理论。"主要指新独立的落后国家如何学习发达国家，推动本国教育现代化，从而赶上发达国家实现现代化的运动。"① 朱怡青认为，教育现代化是一个由传统教育向现代教育的整体转化过程，也是一个"教育自身发展所不断追求的时代性目标。"② 褚宏启认为，教育现代化是指与教育形态的变迁相伴的教育现代性不断增长的历史过程，教育形态的变迁是指教育各个层面的变化、演进过程，主要指"教育结构分化和教育功能增生、改变的过程。"③ 在教育内容的包含上，有学者认为，教育现代化是一个国家教育适应现代社会发展要求所达到的一种新的教育形态，是包括"教育思想、教育制度、教育内容、教育方法在内的教育整体转换和全面进步的过程，核心是人的素质的现代化。"④ 在教育的发展目标上，周稽裘认为，从教育发展的终极目标和终极水平来看，教育发展的各个方面趋向和逼近"现代化"的程度；从教育发展的动态过程来看，"在完成九年义务教育的任务以后，积极地投入到实施教育现代化过程中，通过几代人的努力，建立起现代化的教育体系。"⑤ 作为一种"状态"的现代化，则是指教育所具有的能够体

---

① 冯增俊. 试论我国教育现代化的基本任务及主要特征 [J]. 中国教育学刊，1998（4）.
② 朱怡青. 面向知识经济时代的教育现代化 [J]. 武汉教育学院学报，1999（2）.
③ 褚宏启. 教育现代化的路径 [M]. 教育科学出版社，2002.
④ 鲍东明. 实现教育现代化. 我们怎样把舵扬帆 [N]. 中国教育报，2002.8.4.
⑤ 彭刚. 积极启动面向21世纪的教育现代化工程——访江苏省教委副主任周稽裘同志 [J]. 江苏教育研究，1994（6）.

现当代教育发展的高度或现代水平的形态，主要反映在"全民教育水准、教育思想观念、教育内容与课程体系、教育设施和办学条件、教育手段和教育技术、终身教育体系和教育制度、教育管理水平等方面。"①

杨东平指出，教育现代化至少具有三个层面的含义：一是数量、规模的发展以及办学条件如校舍、设备、技术手段、教育经费等方面的先进程度；二是教育在制度层面的现代化；三是教育价值、教育思想、教育观念等方面的现代化。其中，最重要的是教育价值，实现教育价值的途径和载体在于人的现代化。在一个国家中，只有当全体国民是现代人，并从心理和行为上都转变为现代的人格，"它的现代政治、经济和文化管理机构中的工作人员都获得了某种与现代化发展相适应的现代性，这样的国家才可真正称为现代化的国家。"② 英格尔斯通过对多国人现代性的考察，提出教育水平与现代性直接相关，"学校在培植和加强人的现代性的态度、价值观和行为方面，是最强有力的方式之一。"

顾明远认为，教育现代化作为一个动态发展的过程，具有自身独特的特点。他根据现代社会的基本情况和当前世界教育发展形势，归纳出教育的"民主性和平等性、个性、终身性、多样性、开放性、国际性、创新性、信息化和网络化、科学性"③ 九个主要特征和标准；谈松华通过时间维度和价值维度对教育现代化的特征进行概括和分析，从时间维度看，教育现代化具有五个特点：一是动态的持续发展过程；二是教育整体转化的运动或教育形态的变迁过程；三是对传统教育的批判、继承和发展的过程；四是全球性的历史演进过程；五是人自身现代化的实践活动过程。从价值维度看，教育现代化也有五个特点："一是以实现人的现代化为其根本目的；二是教育与生产劳动相结合；三是教育的民主性；四是教育的科学性；五是教育的开放性。"④ 冯增俊从教育现代化的发展模式、发展方式和发展任务出发，总结了

---

① 段作章. 关于教育现代化的理论思考 [J]. 煤炭高等教育，1997 (2).

② [美] 英格尔斯著. 殷陆君译. 人的现代化：心理. 思想、态度、行为 [M]. 四川人民出版社，1985.

③ 顾明远. 教育现代化的九个标志 [J]. 山西教育，2004 (22).

④ 谈松华. 中国教育现代化的区域发展 [M]. 广东教育出版社，2003.

教育现代化的五个特征："一是在巨大压力下强行启动；二是强烈的示范作用影响；三是实施政府行为主导的由上及下的教育策略；四是坚持全面出击与分阶段相结合的方针；五是以获取经济最大发展为办教育的最高原则和最终目的。"①

本书认为，教育现代化的内涵和本质，所具有的共同要素为传统教育的转型与现代教育的发展，也就是说，教育现代化的实质是从传统教育向现代教育转型的过程，并在物质、制度、观念等层面发展出现代性的特征。高等教育现代化则是指高等教育从传统向现代的转型过程，并体现在现代化的物质、制度、观念三个层面。

二、文献综述

（一）现代化研究

始于 20 世纪 50、60 年代的现代化研究，在经过半个多世纪的研究后，形成了社会学、经济学、政治学以及激进发展主义的多种现代化学派。从斯梅尔瑟的"社会分化"到"社会变迁的连续性"，布莱克的"现代性"到"比较现代化"，再到贝尔的社会"中轴原理"和"后工业社会"等，都从不同角度阐释了现代化理论的不同侧面和意义。主要代表人物和著作有社会系统（塔尔科特·帕森斯，1951）、社会行动理论文集（帕森斯·贝尔斯，1953）、现代社会的结构与变迁（帕森斯，1950）、经济增长理论（刘易斯，1955）、传统社会的消逝（勒纳，1958）、现代化和社会结构（列维，1960）、变化社会中的政治秩序（亨廷顿，1960）、现代化：抗拒与变迁（艾森斯塔特，1966）、现代化的动力（布莱克，1966）、人的现代化（英格尔斯，1960）等。

其中，布莱克在《现代化的动力》一书中，将现代化的社会现象归结到世界历史范畴，从世界历史发展的角度提出了人类社会经历的三次重要转变：

---

① 冯增俊. 试论我国教育现代化的基本任务及主要特征 [J]. 中国教育学刊，1995（4）.

第一次是人类的出现；第二次是人类从原始社会转向文明社会；第三次是从16世纪科学革命带来的传统社会向现代社会的转变，其中第三次的转变就是现代化过程，并对它做了详细论述。另外，作者还从政治发展的维度分析了现代化进程，认为政治现代化可分为四个阶段：一为现代性的挑战，二为现代化领导权力的巩固，三为经济与社会的转变，四为社会的整合。此外，作者还将比较研究作为一种研究方法，对现代化进程做了全球性的历史透视，把全球175个国家按现代化领导层权力的巩固程度、经济社会转变程度、社会整合程度三个方面，归纳为七种政治现代化模式，并对每种模式的现代化提出五项政治标准来衡量和加以比较。此书是20世纪60年代西方现代化研究成果最显著的一本力作，但是现在看来，其建立的宏大理论模型仍有待商榷，具体分类也比较牵强。

第二次世界大战之后，随着经济的变革和全球现代化的不断扩张，呈现出不同国家、不同地区现代化发展的不平衡性。《传统社会的逝去：中东的现代化》（勒纳）、《现代化工业模式——苏、日及发展中国家（肯普）》等。其中，布莱克等人发表的《现代化的动力——一个比较历史的研究》以社会结构和政治现代化为坐标，将世界多数国家归类为其中类型。《日本和俄国的现代化》（布莱克）、《现代中国的家庭革命》（利维）、《中国和日本》（帕森斯）三本著作中，对中国、日本和俄国从社会结构和社会发展的角度提出了社会转变过程的"连续性"，分析客观入理。《世界现代化：趋同论的局限》（穆尔）对现代化社会的转变提出了价值、制度、组织和动机四个条件，为现代化研究提供了新的逻辑起点。《文明的冲突与世界秩序的重建》（亨廷顿）认为，"冷战"后，世界格局的决定因素表现为文化意识形态的冲突，并提出七大或八大文明，即中华文明、日本文明、印度文明、伊斯兰文明、西方文明、东正教文明、拉美文明，还有可能存在的非洲文明。主宰全球的将是"文明的冲突"。亨廷顿试图通过世界政治的新时代、历史上的文明和今天的文明、普世文明、现代化与西方化、西方的衰落，权力、文化和本土化、经济、人口和挑战者文明、全球政治的文化重构、核心国家、同心圆和文明秩序、西方和非西方、文明间的问题、多文明的全球政治、从过渡战争到断层线战争、断层线战争的动力、西方、各种文明和全球文明等多维度建立和提出一个对于学者有意义、对于决策者有用的看待全球政治的框架或范式。

韦伯认为，只有新教伦理精神才能走向现代化，传统的文化精神比较研究显然不能满足美国社会所遭遇的新问题，对此，社会学家英格尔斯突破韦伯式研究的藩篱，提出了"人的现代化是国家现代化必不可少的因素，他并不是现代化过程结束后的副产品，而是现代化制度与经济赖以长期发展并取得成功的先决条件。"① 经济学家以国民生产总值衡量一个国家的现代化，政治学家以行之有效的行政管理机构来衡量现代性，但忽视实现现代化所需要的人，不去关心和探讨他们的心理是否能与现代的经济发展节奏相吻合，不去关注社会成员有没有从心理、思想和行为方式上达到传统向现代的转变，不能具备现代人格和品质，是不可能实现现代化的。由罗兹曼主编，国家社会科学基金"比较现代化"课题组翻译的《中国的现代化》（罗兹曼、布莱克、利维等，原版于 1981 年，中译本有江苏人民出版社 1988 年和上海人民出版社 1988 年两个版本），是西方世界集中研究中国现代化问题最具说服力的作品，该研究以近代中国社会的变迁背景为切入点，从国际环境、政治结构、经济发展、社会整合和科技进步五个方面，分别论述了中国的现代化事业在晚清、民国初年、北洋军阀时期、国民党政府时期和中华人民共和国成立之后的各个阶段的曲折发展。反映了美国学者对中国社会的深入了解和分析。

中国的现代化研究始于 20 世纪 80 年代，这与 70 年代国际学术界展开的现代化研究热潮是一样的，在经过一段时间的高潮之后，进入发酵过程，隐退为众多学术研究"隐形"或"显性"的话语基础。尽管有的学者未必赞同，但如今"几乎每一个人文学科、社会科学学科，都会自觉或不自觉地使用现代化研究的话语逻辑，受到它的学术影响。"② 然而，中国的现代化不能照搬照抄西方模式，必须根据国情民情，在吸取精华的同时弃其糟粕。

① ［美］英格尔斯. 人的现代化［M］. 四川人民出版社，1985.
② 钱乘旦. "现代化研究"远未过时［N］. 中华读书报，2010. 3. 17.

　　罗荣渠教授①通过历史过程分析的方法研究现代化是中国现代化研究的特色之一，并将中国的现代化置身于世界现代化的进程中，提炼和发展出一元多线的历史发展观，正如罗荣渠先生所言，"在本书中，现代化是作为一个世界历史范畴提出来的。西方学者对现代化的研究在过去居于领先地位，但大多数是从发展经济学或发展社会学的角度进行研究，而且大多是微观的政策性研究，是很少从历史学的角度进行研究的。至于从宏观史学进行整体考察，则几乎还没有人尝试过。"② 同时，根据历史的研究和现代化的进程不同，将现代化划分为"内源的现代化"和"外源或外诱的现代化"。"内源现代化"是指在西方基督教文明的历史背景和传统下孕育起来的现代化，它的原动力即现代生产力是从内部的需求而生长起来的。"外源现代化"是发生在欠发达国家的后发的现代化，现代生产要素和现代化的文化要素均来自外部移植，工业化投资在很大程度上借用外国资本，甚至受外国支配，市场发育不成熟，在经济生活中未形成自动运作机制，政治权力即中央国家作为一种超经济的组织力量，在现代化过程中一度或长期发挥巨大的控制与管理作用。纵观全世界的现代化过程，第三世界国家无一例外属于外源的现代化类型。对此，罗荣渠先生基于对东西方社会经济结构和历史传统的内涵不同，着重强调历史特点和文化传统对第三世界现代化的启动、模式、战略选择的制约性，提出第三世界国家不能照搬西方国家现代化的模式，必须选择一条适合自己国情的现代化道路。

　　以罗荣渠先生为代表的现代化研究主要有以下著作，《现代化新论》（罗荣渠）、《现代化新论续篇》（罗荣渠）、《世界现代化历程东亚卷》（钱乘

---

　　① 罗荣渠的主要研究有：关于中美关系史和美国史研究中的一些问题 [J]. 历史研究, 1980 (3). 有关开创世界史研究新局面的几个问题 [J]. 历史研究, 1984 (3). 现代化理论与历史研究 [J]. 历史研究, 1988 (3). 西方现代化史学思潮的来龙去脉 [J]. 历史研究, 1987 (1). 建立马克思主义的现代化理论的初步探索 [J]. 中国社会科学, 1988 (1). 从西化到现代化——中国近百年来现代化思潮的反思 [J]. 人民日报, 1989.2.21. 一元多线的历史发展观 [J]. 历史研究, 1989 (1). 论现代化的历史进程 [J]. 中国社会科学, 1990 (5). 中国早期现代化的延误——一项比较现代化研究 [J]. 近代史研究, 1991 (1). 现代化的历史定位与对现代世界发展的再认识 [J]. 历史研究, 1994 (3). 人文忧思的盛世危言 [J]. 东方, 1994 (5). 走向现代化的中国道路——有关近百年中国大变革的一些理论问题 [J]. 中国社会科学季刊 1999 年冬季号.
　　② 罗荣渠. 现代化新论 [M]. 北京大学出版社, 1997.

旦)、《第一个工业化社会》(钱乘旦)、《走向现代国家之路》(钱乘旦、陈意新)、《中国分省人口发展与教育现代化》(尹文耀、张亚鹏)、《中印现代化比较研究》(李云霞)、《突破重围——中国现代化研究》(郭世佑、邱巍)、《中国文化与文学的现代化》(王明科)、《中国文化的复兴之路:中国文化现代化转型的哲学思考》(李海彬)、《面向现代化——澳大利亚高等教育研究》(祝怀新)、《现代化的本质》(于歌德)、《启蒙与世俗化——东西方现代化历程》(赵林、邓守成)、《中国现代化的理论与实践》(卫忠海)、《英国政治经济和社会现代化》(王觉非)、《现代化第一基石》(侯建新)、《商品经济与荷兰近代化》(陈勇)、《日本近代化研究》(吴廷)、《日本:走向现代化》(金明善、徐平)、《日本现代化研究》(金明善)、《日本资本主义形态研究》(严立贤)、《文明的冲突与融合——日本现代化研究》(张旅平)、《美国现代化进程新论》(洪朝晖)、《美国现代化历史经验》(中国美国史研究会)、《美国现代化道路》(李庆余)、《拉美发展模式研究》(江时学)、《政治稳定与现代化——墨西哥政治模式的历史考察》(曾昭耀)、《通向现代世界的 500 年》(黄邦和、萨那、林被甸)、《农村公社、改革与革命——村社传统与俄国现代化之路》(《农民学丛书》之一,金雁、卞悟)、《新经济政策与苏联农业社会化道路》(沈志华)、《亚洲四小龙起飞始末》(谷源洋)、《韩国为什么成功》(尹保云)、《新加坡研究》(李一平)、《东亚现代化的历史进程》(江立华、杨燕树)、《伊斯兰教与中东现代化进程》(彭树智)、《未成功的现代化——关于巴列维的"白色革命研究"》(张振国)等著作,涉及社会科学研究的各个层面。

与此同时,章开沅先生用历史研究的方法融入现代化研究。"在历史学家并非消极地追随与附和,他们以深邃的历史眼光和历史研究方法投入现代化研究,并且根据历史学本身的特点推进多学科的整合。因此,历史学家的参与,不仅拓展了现代化研究的广度和深度,加强了现代化研究中的科际整合,同时也对历史学(主要是中国近现代史)自身的发展提供了新的活力。"[①] 其中,

---

① 章开沅.寻求历史与现实的契合——现代化研究与中国近现代史研究.载现代化研究 [M].北京大学出版社,1997.

《比较中的审视：中国现代化研究》（章开沅、罗福惠等）是这一研究的重要成果。作者紧紧围绕"一般现代化理论和中国近代史的本质特征"相结合的写作模式，全面深入地考察了中国现代化的艰难历程和先进的中国人关于中国现代化思想的发展变化，初步形成了中国现代化理论的模式。此外，《离异与回归——传统文化与近代化关系试析》（华师课题组编辑）、《国情、民性与近代化——以日中文化问题为中心》（华师课题组编辑）、《从闭关到开放》（李时岳、胡滨）、《晚清大变局中的思潮与人物》（袁传时）、《近代中国社会的新陈代谢》（陈旭麓）、《中西体用之间》（丁伟志、陈崧）、《市场·近代化·经济史论》（吴承明）、《近代中国的现代化与资本家阶级》（丁日初）、《商会与中国现代化》（虞和平）、《最初的纪元——中国现代化研究》（周积明）、《中国近代史记》（徐泰来）、《官商之间——社会剧变中的近代绅商》（马敏）、《晚清经济政策与改革措施》（朱英）、《美国传教士与晚清中国现代化》（王立新）、《基督教与中国现代化》（何光沪）、《传统佛教与中国近代化》（邓子美）、《台湾三十年》（茅加琦）、《台湾经济发展的历史与现状》（史全生）、《苏南现代化》（胡福明）、《中国城市化之路》（王春光）、《从上海发现历史——现代化进程中的上海人及其社会生活》（忻平）、《乡土心路八十年——中国近代化过程中农民意识的变迁》（张鸣）等。关于中国现代化的通史、通论性著作如《近代中国对民主的追求》（徐宗勉、张亦工）、《中国现代化问题》（汪熙）、《中国近代社会思潮》（高瑞泉）、《中国现代化的历史进程》（胡福明）、《中国现代化史 1800—1949》（许纪霖、陈达凯）、《历史与价值的张力——中国现代化思想史论》（高力克）、《现代新儒学与中国现代化》（方克立），《巨龙的苏醒——中国现代化道路的求索》（孙代尧、王文章）、《中国近代通史——中国现代化的尝试》（虞和平、谢放）、《震荡与冲突——中国现代化进程中的思潮与社会》（周积明）、《中国现代化历程的回顾——陈独秀社会思想发展研究》（陈晓刚）、《张謇：中国现代化的前驱》（虞和平）、《张之洞与武汉现代化》（程峰、张笃勤）、《中国教育的萌芽与成长》（苏云峰）、《晚清史研究新视野》（杨宗亮）等。

这些研究既有通史的维度，也有个案的分析。其中，蒋楠指出，沿海地区泉州在现代化的过程中，华侨作为一个特殊的社会阶层，通过办新式教育、组建出资建设民团、创办闽南最有影响力的《江声报》来沟通海内外华侨与乡土的联系，这是泉州现代化的一大特色。其次，"开放的沿海区位优势和多元的文化传统也为泉州现代化开辟了一条主要的道路。"① 王国平认为，江苏特别是苏南的社会经济发展水平在全国处于相对先进的地位，传统农业特别是苏南的传统农业提供了相对较多的农业剩余，支撑了区域现代化的启动。同时，地方强力士绅的"越位办事"在江苏现代化启动中具有特殊的意义，发挥了一种与地方督抚类似、与地方督抚相辅相成的作用，体现了中国区域现代化启动的"非制度化推动"② 的特殊性。

中国对现代化的向往和追求始于对历史的关怀，从鸦片战争爆发到中华人民共和国成立的近百年里，先辈们救亡图存心切，屡次引进外国模式，每遇挫折，总要更换和寻求下一个"合理模式"，然而，这些"模式"并没有带给国人一条康庄大道。中国特殊的历史文化背景和社会结构，决定了中国的现代化既要寻求现代化的共相，还要将共相寓于殊相，以此寻求更为深层的共性和个性的有机结合。

（二）教育现代化研究

教育现代化的研究历时较长，涉及范围较广，研究成果较多。比较典型的有，田正平教授主编的《留学生与中国教育近代化》《传统教育的现代转型》，多卷本《中国教育近代化研究》《中国教育史研究》（近代卷），分别对留学生、近代西方教育理论、学制、教科书、教会学校进行了分类研究；舒新城编纂的《中国近代教育史资料》（上中下三册），1961 年由人民教育出版社出版，为读者提供了许多丰富的、有价值的史料。陈元晖编纂的《中国近代教育史资料汇编》，在编辑体例上采取以"专题为纲，年代为目"的原则，分别编辑学制演变、普通教育、高等教育、实业和师范教育、教育行政机构与教育团体、教育思想、留学教育分册。陈学恂编纂的《中国近代教

---

① 蒋楠. 本土传统与现代化历程：泉州早期现代化及其启示 [J]. 闽南文化研究，2003（9）.
② 王国平. 江苏现代化启动的历史特点 [J]. 社会科学，2007（3）.

育史教学参考资料》选辑自 1840 年鸦片战争起至 1919 年 "五四运动" 前夕为止，辑录各个历史时期具有代表性的重要教育史料。李华兴所著的《民国教育史》从多学科联系的角度，主要论述教育思潮，教育运动，主要教育家的思想，教育制度及教育设施等。以及《民族文化传统与教育现代化》（顾明远）、《中国近代教育史》（陈景磐）等一批具有代表性和典型性的著作。此外，还有部分论著涉及个案研究，如余子侠教授以湖北作为中国教育现代化的标杆，从新型学制的建构、教育行政的改革、教育经费的筹措和留学教育的发展四个方面，构建了湖北教育现代化在全国的 "前驱地位"①。刘正伟从督抚与士绅的角度论述了江苏教育的现代化，提出江苏地处东南沿海的特殊地理位置，以及江苏士绅群体对于教育变革的敏感是促成教育现代化的主要原因，他们或通过组建教育会，或直接致力于学校的发展，从不同角度共同推动了江苏教育的现代化进程。②

（三）高等教育现代化研究

高等教育现代化研究是教育现代化的有机组成，这方面的研究成果主要有《西学东渐与中国高等教育近代化》（朱国仁）、《欧洲高等教育近代化——法、英、德近代高等教育制度的形成》（黄福涛）、《外国高等教育史》（贺国庆）、《中国近现代高等教育史》（董保良）、《高等教育史》（刘海峰、史静寰）、《中国高等教育史》（熊明安）、《中国大学教育发展史》（曲士培）、《中国高等教育史》（郑登云）、《近代中国的高等教育》（霍益萍）、《中国大学教育史》（刘少雪）、《中国高等教育制度变迁及其文化透视》（雷晓云）、《中国大学 1895～1995：一个文化冲突的世纪》（徐美德）等。以上研究主要从近代历史发展的角度论证了中国高等教育现代化的发展脉络和特征，呈现出我国高等教育发展的主体框架结构，为后继研究者提供了有益借鉴。

同样，高等教育现代化也呈现出区域研究的态势，王运来教授在谈及江苏高等教育现代化的过程中，着重时间和要素的经纬度，逐级论述了洋务运

---

① 余子侠. 综析湖北教育早期现代化的前驱地位 [J]. 华东师范大学学报，1995（2）.
② 刘正伟. 从督抚与士绅——江苏教育近代化研究 [M]. 河北教育出版社，2001.

动时期、新政时期、北洋军阀时期和国民政府时期不同的高等教育政策，并从物质、精神、制度等层面分析了江苏作为全国风气先开之地的现代化引领作用，认为在江苏高等教育现代化过程中，人是关键因素，体制是基础，课程是核心，完备的设施是实现高等教育现代化的必备条件。[①] 葛锁网则通过研究高等教育现代化的一些基本理论问题，明晰了 21 世纪初江苏高等教育改革和发展的目标、思路和对策，并据此提出江苏高等教育现代化的基本任务。[②] 王李金认为，山西大学堂及山西大学既是中国近代大学从创立、发展到渐趋成熟的参与者，又是中国大学教育逐渐成熟的主要代表[③]。此外，熊志翔采取区域社会研究的分析框架，在总结改革开放以来广东高等教育基本经验的基础上，借鉴国际先进经验，全面系统地论述了广东高等教育现代化的发展战略，探讨广东高等教育现代化的现实基点，明确了广东高等教育现代化必须走地方化与国际化相结合的途径，提出"大众化兼容型"的广东高等教育现代化目标模式，设计出层次、专业、形式、地区结构四个层面的指标体系，以此优化广东高等教育结构[④]。王东杰从政治、社会与文化的角度强调了四川大学"国立化"的过程，体现了高校与地方政府的互动和博弈，放大了中国统一运动在高校这一领域的独特表现，体现了政治权力的竞争、社会心态的变化以及教育制度的更替与学术典范的转移等[⑤]。

（四）甘肃教育现代化研究

关于甘肃教育近代化的著作散见于西部各省的年鉴以及《教育志》里面，关于"甘肃近代高等教育"的学术专著主要有《甘肃文史丛稿》（李鼎文，1986），《甘肃近现代史》（丁焕章，1989），《甘肃省志·教育志》第 59 卷（甘肃省地方史志编纂委员会、甘肃省志编纂委员会编纂，1991）、《甘肃

① 王运来. 江苏高等教育早期现代化 [M]. 人民教育出版社，2001.
② 葛锁网. 江苏高等教育现代化研究 [M]. 河海大学出版社，1999.
③ 王李金. 中国近代大学创立和发展的路径——从山西大学堂到山西大学（1902—1937）的考察 [M]. 人民出版社，2007.
④ 熊志翔. 广东高等教育现代化研究 [M]. 广东高等教育出版社，2000.
⑤ 王东杰. 政治、社会与文化视野下的大学"国立化"：以四川大学为例（1925—1939）[D]. 四川大学，2002（7）.

高等学校校史简编》（甘肃教育史志编辑室编，1992），《兰州医学院院史（1932～1954～1994）》（王镜，周正荣、郑林科主编，1994年）、《甘肃教育史》（傅九大，2002）、《兰州大学校史》（上、下）（张克非，2009）、《西北师范大学校史》（1902～2012）（刘基、王嘉毅、丁虎生，2012）、《中国西部移民纪略》（何懋绩，1992）、《甘肃近现代史话》（金其贵、丁孝智、张霞光，1995）、《培黎之光——艾黎与山丹培黎学校》（彭东军、王自刚，2011）等。其中，傅九大通过对甘肃教育发展变革特有的规律与特点的深刻认识，提炼出甘肃地方教育发展变革的个性特点。张克非和王嘉毅等人从校史研究的角度对甘肃省的两所高校进行了史料的整理和分析。张克非教授对兰州大学1902～1976年的发展做了详尽的梳理和评析，王嘉毅等人对西北师范大学的论述，更多地涉及史料的整理，这两部著作对研究甘肃省高等教育提供了重要的借鉴。相关代表著作还有《中国近代西部教育开发史——以抗日战争时期为重心》（余子侠、冉春，2008），余子侠认为，西部文教事业基础本来就相对落后，这种差距在教育现代化的进程中不仅没有弥合，反而日益明显，以至到20世纪30年代，西部多数地区仍被看作"文化的荒漠"。但在抗战期间，国民政府出于持久抗战、巩固后方的长远考虑，提升了西部的战略地位，文化发展也得到了前所未有的契机。《抗日战争时期中共高校内迁史略》（侯德础，2001）、《中国近代学制史料》（朱有瓛，1983～1992）、《中国西部开发与近代化》（戴逸，张世明，2006）、《中华民国档案资料汇编》第五辑第三编教育（一）（中国第二历史档案馆编）、《20世纪中国西部开发史》（马大正，李大龙，2005）、《西北高等农林教育史》（储常林，1995）等著作对这一观点进行了证实和补充。

相关学术论文多集中在2000年之后的研究成果，如《20世纪初甘肃高等教育史上的社会主义之争》（刘建仓，教育评论，2012.1）、《近代西部地区教育变迁发展的历史反思》（余子侠、冉春，河北师范大学学报，2005.5）、《近代甘肃地区高等教育发展探析——以1927～1949年为中心》（田正平、张建中，高等教育研究，2007，1）、《抗战时期高校内迁述论》（戴先华、成兵，许昌学院学报，2009.8）四篇论文最具代表性，分别从地域、高校、时间等角度阐述了甘肃地区近代高等教育的曲折发展。相关研究还有《甘肃学校教育纪事》（孟非，兰州学刊，1985.10），《浅议清末甘肃地方教育改革》（魏静，甘肃社会科学，2004.8），《左宗棠对甘肃近代教育的振兴与建设》（马啸，兰州教育学院学报，2002.2），讨论了甘肃近代教育的萌芽和开端。以及《抗战时期中国高等院校内迁研究》（李挺，西北大学硕士论文，2000）、《从甘肃官立法政学堂到国立兰州大学（1909~1949）》（朱常彦，兰州大学硕士论文，2008）等。《兰州大学历史上几个重要问题的考辨》（张克非，兰州大学学报，2009.4）和《从兰州大学的历史看西部高校与地方社会的关系》（张克非，科学经济社会，2009.9），这两篇文章回顾了兰州大学在近代历史上的不同发展时期，明晰了兰州大学校史研究的相关问题。这些论文论述了民国时期甘肃高等教育的艰难蜕变，以及在抗日战争过程中如何保存血脉，借机借势借力，延续发展的过程。在博士论文方面，有《中国高等教育从传统向现代的转型》（荀渊，华东师范大学，2002）、《近代中国高等教育与社会的嬗变》（王言发，山东大学，2011）、《〈大公报〉与中国的近代高等教育》（洪芳，苏州大学，2010）、《西南联大的文化选择与文化精神》（封海清，华中科技大学，2005）、《中国教育现代化研究》（张平海，华东师范大学，2001）、《近代社会转型与甘肃士绅》（陈尚敏，西北师范大学，2007）、《甘肃近代农业科学技术发展研究》（尹浩，西北农林科技大学，2003）等。以上论文论述了中国教育的现代化过程以及甘肃高等教育的艰难起步、缓慢发展和几经挫折的历程。

本书按照教育现代化物质、制度、观念三个层面分别予以陈述。

1. 教育经费的后期增加——物质层面的现代化

经费不足一直是困扰甘肃高等教育现代化的瓶颈。然而，随着国民政府对教育的控制加强，以及储备建国人才的长远规划和需要，加大经费投入也是情理之中。教育经费在20世纪30年代逐步增加，使甘肃高等教育在硬件设施、教师待遇、学科设置等方面有了长足发展。

首先，后期经费增加较快。左宗棠兴办学堂之时，均由官府筹措经费，聘请教师，免费发给学生书籍、笔墨，甚至提供生活费。但由于没有形成有效的经费筹措制度，在他离任后，学堂教育复归沉寂。甘肃官立法政学堂时期，由于募兵筹饷，库储一空，学堂停办。民国以来，甘肃公立法政专门学校校长蔡大愚多次向甘肃省巡按使张广建呈请增加教育经费，提高教师待遇。甘肃学院时期，虽然面临一系列困境，但在邓春膏、宋恪院长的带领下，学校开源节流，逐年建起礼堂、教室、办公室、师生宿舍、图书馆、实验室、解剖室、浴室、游艺室共30多间。刚建校时，接收法政专门学校政法书籍及古籍4000多册，以后每年都拨出资金派员赴上海购书，到1934年已有中文书籍12574册，西文书籍216册，1935年达到16355册图书，价值14437元，并订阅杂志近百种。1931年，在小西湖购置30亩地，辟为农场，次年又在雁滩中河滩购置140亩地的农场，充作农科实习园地。

1941年，由于物价飞涨，货币贬值等因素，甘肃学院的年度经费增加至237480元，支出教员薪俸127392元，占53.64%。1942年甘肃省政府将学院的年度经费增加到112117元①。并首次提出和制定了将甘肃学院改办为国立甘肃大学的申请计划，从教育部争取到补助费56400元。1944年，重庆国民政府行政院做出决议，批准自当年7月1日起，将甘肃省立学院改为"国立"，从1944年下半年开始由国家财政拨发教育经费，得到了国家层面、教育部门和地方的大力支持，并在著名教育家辛树帜校长的主持下，国民政府教育部先后拨款18亿元法币、15000美元，每年拨付7000万元人民币的经费，使学校在短短几年间就从国内外购置了5万余册图书和外文科技期刊，以及各种急需的仪器设备、药品等300余箱，兴建了天山堂、贺兰堂、祁连堂3座教学楼，可藏书30万册的图书馆积石堂，以及集教室、办公室、可容纳上千人的礼堂于一体的昆仑堂，改建了以"五岳"命名的5座学生宿舍楼。并设有文理、法、医和兽医4个学院。甘肃省国民政府将萃英门原贡院内所设省参议会等其他机构一并迁出，将所有土地皆拨归兰州大学，使校址面积在原国立甘肃学院基础上，进一步扩充为239亩。由此，兰州大学真正成为一所国家重点支持，师资、生源来自全国，学科、专业设置相对齐全，

---

① 数据来源：张克非. 兰州大学校史（1909—1976），2009：77.

办学条件明显改善，成为具有较大影响力的综合性大学。与此同时，国立西北师范学院向中央银行商借国币 200 万元，在教育部和行政院的支持下，花费 340 万元修建了可容纳 1200 人开会的大礼堂。

其次，学科门类不断丰富。作为一种专业的组织系统，大学主要由专业的分化与融合而发生、发展。大学的专业建构基于不同的社会需求，既要满足于内部学科知识的积累，还要满足国家和市场的需要。对落后的甘肃地区而言，从清末一直沿袭的法学专业到了民国时期，已不能满足社会对人才规格多元化、高标准的需求，建立的农医等学科既是地方高校对教育部令作出的积极回应，也是高等教育近代化发展的趋势。

在教育部通令"各省设立农学专科学校和医学专科学校"的要求声中，甘肃高等教育在一片百业凋敝中破土动工，开启了筚路蓝缕的创设之路。在甘肃学院邓春膏院长的努力下，于 1933 年春正式设立了甘肃省历史上第一个医学专修科。学制 5 年，其中 4 年专业学习，1 年医院临床实习，开设解剖、妇产科、眼科、耳鼻喉科、精神病、法医、理疗等 16 门课程。同年成立农学专修科，1939 年，农学专修科并入新成立的国立西北技艺专科学校，先后设农艺、森林、畜牧、兽医、农业经济和农田水利等科，使兰州成为畜牧兽医科技力量的汇集地。1946 年，兰州大学校长辛树帜提出为适应当地环境需要，防止家畜疾病及改良品种之需，在兰州大学开设兽医学院，下设解剖、生物化学、畜牧等 11 个专业，并聘请留德的第一位兽医学博士盛彤笙任院长。1947 年，国立兰州大学出于"通语文，娴风俗"的需求，在文学院设立边疆语文系（边语系），内设藏文、蒙文、维文三组。同时，甘肃学院和西北师院的师生们通过办理成人识字教育、下乡宣传演剧、调查兰州市郊居民发生疾病之种类、举办民众法律顾问处、会计训练班等方式，使师生们加深了对社会、对民众的了解，加强了学院与地方社会的联系，对转变民众观念和社会习俗、普及新文化、新思想做出了有益的尝试和探索。

学科是大学的基本构成单位，是形成大学生态格局最基本、最重要的成分。这些特色学科的设置在人才培养、科学研究、社会服务、知识创造和文化引领方面发挥着巨大作用。各个学科分别带动着不同的社会层面走向现代化，每个学科所在的大学成为现代化进程的主要推动力量，这些学科适应时代的需要，有目的、有步骤地将近代自然科学转化为学科设置，通过不同课程和教学内容的嬗变，达到教育目的的实现和大学职能的转变。事实证明，这些特色专业在甘肃现代化过程中构成了一个综合系统，同时又各成一体，成为大学发展、撬动甘肃地区现代化的有力支点。

2. 机构的建立——教育制度的现代化

建立机构和制度变迁反映着教育改革与发展的历史轨迹。

近代教育制度的生发源于两个角度，一是在国难深重与国人孜孜以求的完美教育过程中，始终贯穿着"教育救国"的理念。1916年1月25日，胡适与许怡荪通信讨论改造中国的根本途径，"适以为今日造因之道，首在树人；树人之道，端赖教育。"[①] "救国千万事，造人为最要。但得百十人，故国可重造"。"造人"者，只有通过教育才能培养一代又一代新式国民，才能挽救祖国危亡的威胁，表达了20世纪初盛行的"教育救国论"的核心思想。二是在欧风美雨的浸染下，学习和借鉴西方教育制度成为主流。从政府主导的政治经济文化制度的学习和改革为始，具体到学习和模仿西方教育制度，以制定和颁布"癸卯学制"为标志，启动了中国教育的现代化，中国开始学习借鉴日本、欧美的教育模式。

其中，改革教育体制、建立教育行政机构是20世纪中国教育改革的突破口。教育体制改革包括教育行政制度改革、学校管理体制改革、教育财政制度改革等内容，其中教育行政机构改革尤为关键。因为教育行政管理机构是组织和领导全国教育事业的核心机关，其职能的转变、内部机构的设置、人员的构成对一个时期各类教育的发展起着重要作用。最早设立具有近代意义的教育行政管理机构，是1905年设立的学部，1912年中华民国临时政府改为民国教育部，1917年明确提出建立省一级教育行政管理机构——教育厅，1927年10月~1929年7月，南京国民政府在蔡元培的倡导下设立了大学院和大学区制，之后又恢复教育部，同时规定县级教育行政机构为教育局。

---

① 胡适. 胡适日记 ［M］. 安徽教育出版社，2001.

甘肃省于 1905 年成立学务处，作为临时性的教育行政机构，总管全省学校工作，将甘肃高等学堂兼办的省教育行政事宜划归学务处办理。学务处直属省督府领导，设总理、参议各 1 人。下设专门教育、普通教育、实业教育、审计、文案和会计 6 处。1906 年，甘肃当局改学务处为提学使司，下设专门教育课、普通教育课、实业教育课、会计课、图书课、总务课，分管各项教育业务。下设省视学 6 人，分全省为东、西、南、北 4 路，由省视学分别视察所管学区、督导地方教育。由此，现代化的教育行政系统在甘肃基本确立。从民国以来，临时政府将甘肃划为第六个视学区，每区域派视学 2 人，视察该区域的普通教育及社会教育，并酌派部员协同视察。甘肃省于 1914 年 3 月设巡按使，隶属于巡按使署政务厅，由于巡按使位卑力薄，在教育监督和检查方面几乎毫无作为。范源濂任教育总长后颁布了《教育厅暂行条例》。甘肃省政府始设教育厅，直隶于教育部，负责执行全省教育行政事务，监督所属职员，办理地方教育及相关事宜。教育部任命湘籍学者马邻翼为甘肃省教育司长。马邻翼任职期间，对甘肃学务大加整顿，委任蔡大愚发展甘肃法政高等教育与回族教育。1927 年，甘肃省政府颁布《甘肃省教育厅暂行组织法》，规定教育厅为省政府部门之一，受省政府指挥，监督掌管全省教育行政事宜。抗战时期，甘肃作为抗日战争的大后方，实施了"军事化、生产化、普及化"的教育工作方针，制订了甘肃教育实施方案及分期发展计划，强调教育设施要"合乎时代、合乎地域、合乎实际"，并协助中央政府在兰州开办了西北农业专科学校、西北医学院兰州分院，开启了甘肃高等职业教育的先河。

3. 留学生与官绅阶层——促进教育观念的现代化

留学教育对中国高等教育的现代化产生了深远影响。留学人才带来的外来观念往往以曾经意识不到的方式影响了土著的思维和习惯，尽管甘肃留学生群体在数量上不足以与东南沿海诸省相比，但这些分布在世界各地的受教育者群体，没有中断与遍及世界的同道交流对话，他们分享着相同的价值观念，并将这种影响和价值观移植到甘肃，继续发挥着引领和带动文化的作用。

他们以现实精神和理性态度，对旧制度、旧传统、旧观念进行批判和否定，是社会现代性的重要促成部分。相关研究有：《对清末民初甘肃留学教育的思考》（魏静，丝绸之路，2004.12）、《近代甘肃的"留学生"及其对地方经济的影响》（王劲、杨红伟，兰州大学学报，2000.6）、《近代甘肃留学生创办的报刊略论》（杨红伟，郧阳师范高等专科学校学报，2006.2）、《"留学生"与甘肃近代文教事业》（兰州教育学院学报，1999.4）等，其中，王劲和杨红伟认为，甘肃地处内陆，交通不便，民生艰困，风气闭塞，不易选派国外留学生，故近代甘肃有国内留学一说，即凡甘籍学生到兰州以东之西安、京、津、沪、汉、宁、直隶等地高等学校肄业者，都称为"留学生"。包括少量的留学日本和欧美的留学生，他们通过办学办报，刊发杂志等途径，传播新文化、新思想，是促进甘肃社会现代化进程的重要力量。

（1）甘籍留学生。

20 世纪初，甘肃尚无一名学子负笈海外。以留日学生而言，"清末十余年间，中国留日学生人数累计约达 2 万人，留日高潮时在日留学生人数接近 1 万人，其人数之多，在世界各国的留学史上也极为罕见"。① 而甘肃则仍无去国外留学的记载，时至 1906 年，才开始在政府主导下打开了留学东洋的大门，自清末至 1930 年的近 30 年间，"甘肃赴国外的留学生共有 157 人，他们全是官费生，尚无自费出国留学者。30 年代后，情况渐有变化，自费赴国外留学者始有增多。"② 此外，还有部分在国内东部高校的"留学生"，以时任甘肃学院院长邓春膏、宋恪，教育厅厅长水梓、建设厅厅长赵元贞为代表。

甘肃学院院长邓春膏留学北京大学和美国斯坦福大学，曾参加过"五四运动"，反对封建意识，倡导个性解放。在执掌甘肃学院时，排除甘肃维持

---

① 吕顺长. 清末留日学生史研究的珍贵史料 [J]. 文献，2002（4）.

② 王劲，杨宏伟等. 近代甘肃的"留学生"及其对地方经济的影响 [J]. 兰州大学学报，2000（6）.

旧道德势力的舆论压力，聘用"有争议"的高抱诚①为秘书主任兼高中部主任，聘请时人眼中不合时宜的毛士莲女士，体现了邓春膏尊重人权、尊重个性的思想。在国立兰州大学发生学潮时，邓春膏作为顾颉刚在北京大学时的校友，向顾说明情况，并与地方人士张维、裴建准、水梓等陇上名人，向两方面作说服工作，发挥了重要的斡旋、协调作用。毕业于康奈尔大学、原金陵大学教授、著名农业经济学家张心一于 1940 年出任甘肃省建设厅厅长。他认为，甘肃建设事业完全靠自身的人才财力是不能够的，还要借助于中央的经费、省外的资本和省外的人才来办理。在其任职的 6 年间，办理各项建设事业费约 21 亿元，本省自筹者不过 1/10，其余 8/10 由中央补助，还有 1/10 由国际救济机关补助。在省内发行水利公债 1000 万元创办了水利林牧公司，经营轻工业和建筑业的兴陇公司、水泥公司、矿业公司等一批地方企业。同时，他大力提倡从外省招聘专家带动本省技术人员的工作思想，以至于大部分技术工人，9/10 以上都是来自河南、山西、四川等省。借助"外资"与"外脑"一定程度上"纾解了甘肃经济建设面临的严重的资金不足与人才短缺的问题，得以在农田水利、农业畜牧、工业、交通等方面取得较快发展。"②

　　毕业于北京法政学堂的陇上名人水梓，曾历任甘肃代理秘书长、甘肃自治筹备处处长、甘肃省教育厅厅长，甘、宁、青考铨处处长、中央考试院委员等职，让他最感欣慰的职业是从事教育事业，"而十年教育究为予一生差可自慰之事业也"③。水梓任教育厅厅长 4 年多，为甘肃的教育事业做出了卓有成效的努力。其中，致力于制订或修订多种教育法规、制度和保障教育经

---

　　① 高抱诚（1887~1954），字文蔚，狄道（今临洮）人。1919 年毕业于南通师范学校。曾任甘肃省立第一师范附属小学教员兼省立工艺学校教员、省立第三师范学校教务主任兼教员，第三师范校长。于 1922 年 3 月聘张从贞为妻，不意 5 月病故，11 月续聘张从贞之妹张淑贞为妻。1923 年正月完婚。由于高抱诚曾兼狄道从德女校图画教员，张淑贞为其学生，结果引起地方"端人正士"的一致反对。其理由是："师徒之谊，在父子兄弟之间，为维持人道，尊重师道计，万不可有结婚之举。"这些"端人正士"组建狄道维持纲常名教团，编印传单，在报纸杂志发表文章，反对高张师生结婚，成为当时轰动全国的事件。

　　② 李清凌. 甘肃经济史［M］. 兰州大学出版社，1996.

　　③ 水天中. 胞园春秋［M］. 北京艺苑出版社，2006.

费是最为有力的措施。"自民国十七年以来，甘肃经中央任命之省政府，以本届为始，所有各厅组织规程均应遵照现行法令——修正。厅长任职后，即着手修正本厅组织规程，以期适合而日臻完善组织规程，既经修正而附属之办事细则，亦经继续修正以期行政效率上之增进。"① 教育经费曾是困扰甘肃教育发展的最大瓶颈，对此，水梓通过指定中等以上学校专款专用的方式，"一面切实整理县教育经费，着教育局统收统支，力求事权划一，并一面督促各县设法增筹，以利教育之推进。"②

（2）外来留学生群体。

对大多数亚洲国家来说，现代化进程要求他们按照少数西方国家首先采用的技术模式和制度模式对自身进行修改和调整。"现代知识造就的组织形式和生产方式，自愿接受也罢，由武力强加也罢，都在 19 世纪的岁月里变成了一股强大的势力"③。这股强大的势力裹挟着帝国主义的坚船利炮侵入中原大地，清廷委曲求全地通过废科举、颁新政、派遣留学生等象征性的抵抗达到再次的祥和太平，然而，失语的底层、百姓的淡漠终使得这场战争成为一场侮辱性的闹剧。无意之举中，派遣留学生所取得的成绩成为 20 世纪中国改革最有力的力量。留学生"作为异质文化的载体和传播工具，充当了外界文化尤其是先进文化同甘肃传统文化交流的媒介，促进了甘肃文化模式向近代转型。"④

大学校长作为一个特殊的群体，在推动大学发展、促进社会民主化等方面具有重要作用。对于人才困乏的甘肃而言，大学校长的优劣直接影响着高等教育发展的走向和速度。相关研究主要有《甘肃早期高等教育的兴办者：邓春膏先生事略》（元瑞，《兰州日报》，2005.7.20）、《水梓与甘肃的教育事业研究》（董丽丽，甘肃民族大学，2012）、《李蒸：甘肃高等师范教育的拓荒者》（孙杰，教育与职业，2011.11）、《教育开发甘肃：李蒸的理论与实践》（熊贤君，《河北师范大学学报》，2004.9）、《李蒸的民众教育思想中的

---

① 水梓. 甘肃省教育厅工作摘要 ［M］. 甘肃省图书馆西北地方文献室藏，1933.
② 甘肃省教育厅编审会. 甘肃教育概览 ［M］. 甘肃省图书馆西北地方文献室藏，1936.
③ ［美］吉尔伯特·罗兹曼. 中国的现代化 ［M］. 上海人民出版社，1989.
④ 杨红伟. 近代甘肃"留学教育"研究. 西北近代社会研究 ［M］. 民族出版社，2008.

终身教育理念》（赵振，《西安欧亚学院学报》，2008.10）、《顾颉刚与辛树帜的学术交谊》（周文玖，《齐鲁学刊》，2012.1）、《顾颉刚与甘肃教育》（李芳，《兰州教育学院学报》，2003.2）、《大学校长的聚才之道——辛树帜与顾颉刚的交往及其启示》（张克非，《兰州大学学报》，2012.6）、《顾颉刚先生在兰州大学讲学活动考实（上）、（下）》（杨林坤，《兰州大学学报》，2013.1）等论文论述了甘肃高等教育史上成绩卓著的办学者，不同时期不同大学掌舵人的办学思想、办学理念和办学途径。外来留学生群体中的大学校长以甘肃法政专门学校校长蔡大愚、国立兰州大学校长辛树帜、西北师范学院院长李蒸等为代表。毕业于早稻田大学法政科的蔡大愚与教育厅厅长马邻翼作为回族翘楚，在兰州创办了回教劝学所，积极推广回族教育，并将清末创办的法政学堂改为甘肃公立法政专门学校，正式开启了甘肃高等教育的现代化。负笈欧洲的生物学家辛树帜为兰州大学跻身国家重点大学之列奠定了基础，他礼贤下士、尊重人才的做法，尤其是与顾颉刚半个世纪的学谊成为兰州大学史上最为动人的佳话，辛校长的办学之道反映了"大学崇敬学术，大学校长与大学教授之间平等互敬的大学理念"。[①] 这种理念于今也是值得传承的宝贵文化财富。西北师院院长李蒸曾是北平师范大学校长，后执掌于西北师范学院时，他不畏艰难险途，一路和学生从西固不断向西迁移，在扎根兰州期间，为西北地区培养了大批中等教育师资人才，开启了教育科学研究的先河，为闭塞的兰州带来了新的气息。还有留学法国巴黎大学、任西北师范学院的段子美教授，留学美国哥伦比亚大学师范学院、任西北师范学院的李建勋教授，是我国教育行政学的开拓者，和陶行知有着"南陶北李"之美誉。包括很多外省籍、留学欧美的兰州大学教授，以及在教育行政岗上的诸多人员，几乎充斥在甘肃社会的各行各业，正如舒新城所言，"现在的中国，留学问题几乎为一切教育问题或政治问题的根本……从国内政治教育实业诸事业无不直接间接为留学生所主持、影响的事实来看，更足见留学问题关系之重大。"[②]

---

① 周文玖. 顾颉刚与辛树帜的学术交谊 [J]. 齐鲁学刊，2012（1）.
② 舒新城. 近代中国留学史 [M]. 中华书局，1928.

4. 政治力量与绅商阶层的推进

从某种程度上来说，如果没有政治权力的介入和推动，现代化的过程可能还要慢上几拍。当借鉴西学思想成为主流话语之时，某些有先见之明的官员开始酝酿革新的具体办法。1893 年，学政蔡金台奏请变通甘肃书院教学内容，"裁汰冗员，以适应变化的形势。兰山、求古两书院加算学功课一门；省城筹设矿物养成所，购机开采，以免他国垂涎；河西宜设广方言馆，聘俄人懂汉语者为教习，三年毕业，遇有交涉不至为人所欺。"① 1896 年，新任陕甘总督陶模抵省垣，"时河湟肃清，烽燧不警，痒序重建，将延集学徒，才任国用，提倡甘肃实业，而制造之学、建筑之方、矿苗之化验、皆非笔算不可，请于兰山，求古两书院加算学一科以应时机而开风气。"② 翌年，他又"奏请咨取京都官书局，同文馆及各省局印官书并翻译外洋各种书籍有裨实用者，运送来甘，备士子观览。"③ 且不论这两项提案实施效果如何，能够在甘肃提出如此理念，已属创新之举。国民军入甘后，督署成立了宣传部，主要成员有共产党员宣侠父、钱清泉、邱纪民、姜屏周等，他们组织社团开展各种政治活动，创办刊物和剧团向国民军官兵、群众进行革命宣传，指导群众运动，举办培训班培养各类干部，宣传国民革命及三民主义，到处张贴国耻图、打倒帝国主义，打倒军阀，禁止缠足提倡放足等宣传画、标语和传单。这些举措"对于长期处于封闭落后状态中的甘肃人民起到了振聋发聩的作用，受到了一次远比辛亥革命和五四运动更为广泛的深入的民族民主革命教育，提高了人民群众的革命觉悟，在甘肃大地上激起了革命热潮，出现了生机勃勃的新局面"。④

甘肃地处疆域和文化的边缘，在中国社会集体转型的漩涡中，只有通过当地士绅才能表达政治利益诉求，促进地方现代化进程。陇上名儒刘尔炘在

---

① 甘肃省志编纂委员会. 甘肃省志. 第二卷［M］. 甘肃人民出版社，1989.

② 慕寿祺. 甘宁青史略正编. 卷25［M］. 甘肃省图书馆.

③ 刘郁芬修. 杨思，张维等纂. 甘肃通志稿［M］. 邵国秀主编. 中国西北稀见方志［M］. 中华全国图书馆文献缩微复制中心，1999.

④ 任效中. 大革命时期国民军在甘肃活动述评［J］. 西北师范学院学报，1986（4）.

1903~1907年，应甘肃总督松藩之聘，任甘肃文高等学堂总教习，相继讲授《尚书》《周易》《诗经》《春秋》诸经。他还着力研究了培根、笛卡尔、卢梭、孟德斯鸠等人的西方政治思想、西方资本主义的发展和现代自然科学的基础知识，提出了孔学与科学相结合、以"孔学化"驾驭"科学化"造就人才的教育方针。辛亥革命后，陇上名儒王之佐、慕寿祺、邓宗、李镜清等人组成甘肃临时省议会，作为议长的李镜清着眼于当前和将来提出了一系列富有建设性的议案，如"倡议进行宪政教育""注重中小学教育""开放报馆"等，表达了甘肃士绅作为群体的价值取向和行为方式。邓宗是西北宿儒刘古愚、刘尔炘的弟子，早年曾留学京师大学堂，是甘青宁地区的第一代大学生。毕业回甘后毕生从事教育事业，曾担任甘肃省立第一女子师范学校校长，并创立甘肃第一所幼儿园。抗战时期他出面组织成立了"兰州北京大学同学会"，联络甘青宁和流亡到兰州的沦陷区校友，齐心协力为抗日救亡工作做了一些文教方面的有益工作。著名学者顾颉刚、杨向奎等曾是该会会员。曾任甘肃文高等学堂历史主任教员兼经学分教的慕寿祺，曾受省当局委派，于1907年赴北京、天津、汉口等地考察学务。他每到一处，拜访名流，悉心学习，仔细研究，撰写调查录八卷，供教育界办学参考，对推动当时全省教育事业发挥了良好的作用。1935年，慕寿祺先生被甘肃学院邓春膏院长聘为文史系教授。他治学严谨，教学有方，在讲音韵学时，采取随问随答形式，在活跃的气氛中释疑解难。后将其研究成果整理为《音韵学源流考》刊行。著有《甘宁青史略》等，有着"学富五车，才储八斗"之誉。

自民国以来，传统的士绅脱胎换骨成为新的知识分子阶层，"传统旧学为他们攫取新的教育资源提供了前提，应该说他们是转型时代的佼佼者。"[①] 兼具旧学和西学之长的士绅成为高等教育现代化和社会转型时期的推动者。"须知在任之官，还乡即绅也。"[②] 官员和士绅之间具有很大的流动性。在传统中国以"读书"为最高追求，获得科举功名、晋升官员是普通阶层向上流动的唯一的、也是最公平的方式。在任时期的历练和经验为他们更好的还乡

---

① 陈尚敏. 近代社会转型与甘肃士绅 [D]. 西北师范大学，2007.
② 王先明. 近代绅士——一个封建阶层的历史命运 [M]. 天津人民出版社，1997.

建设奠定了基础，并由此获得声望和尊严。同时，这两者不是壁垒森严、截然不同的，早期的留学生还乡后亦为乡绅或官员，民国时期的留学生更多的是通过为官或任教达到改造社会的目的。

留学生、士绅阶层二者构成了近代甘肃社会转型的重要力量。留学生拓展了认识西方的广度和深度，造就了一支学习西方先进文化的专业性群体队伍，科举的废除，留学教育与新式学堂的发展与交互作用，加速了新知识分子群体的蜕变与形成，改变了新旧力量的对比，代表了最充分的民意表达。士绅阶层改变了四民社会的结构和运作方式，为社会流动创造了有利条件。他们亦官亦民，亦师亦学，从根本上将学习西方与抵御侵略、振兴民族有机结合起来，在对西方社会有准确、深入的了解基础上，对自身进行不断调试和吸收借鉴，制定系统协调的现代化规划，为甘肃高等教育现代化的顺利发展提供契机。

（五）其他相关研究

1. 甘肃民族教育研究

我国是一个统一的多民族国家，甘肃是中华民族灿烂文明的发祥地之一，这里聚集着大约 40 个少数民族，占全省人口的 8%。正确处理民族关系、搞好民族工作、加速民族地区的开发和建设是很长一段历史时期和当前的主要任务，为此，加强了解少数民族的历史和文化，尤其是教育状况，是促进社会发展与和谐的必由之路。这方面的研究有《甘肃少数民族》（甘肃省民族事务委员会、甘肃省民族研究所，1989）、《中国民族教育史纲》（谢启晃，1989）、《甘宁青民族教育史编》（朱解琳，1993）、《甘肃民族教育的回顾与前瞻》（李绍唐，1994）、《中国西部民族地区职业教育研究》（何波、刘旭东，1996）、《甘肃民族与宗教》（杨明前、范鹏、张世海，1996）、《西北回族教育史》（张学强，2002）、《中国少数民族教育史教程》（吴明海，2006）、《中外民族教育政策史纲》（吴明海，2006）、《民国时期的民族问题与民国政府的民族政策研究》（李国栋，2007）、《中国历代民族政策概要》

（龚荫，2008）、《民国时期边疆教育文选》（汪洪亮、王晓安，2010）等。相关论文有《回族教育历史的回顾与前瞻》（上、下）《西北民族学院学报》（马汝邻，1982.2）、《甘肃回族教育问题浅析》（马通，回族研究，1991.1）、《甘南藏汉双语教育历史与发展研究》（王洪玉，中央民族大学硕士论文，2010）、《民国时期甘青藏族教育研究》（唐艳丽，西北师范大学硕士论文，2007）、《民国政府甘肃民族政策研究》（郭胜利，兰州大学，2010）等。

宏观方面，《中外民族教育政策史纲》（吴明海）对中外的民族教育政策进行了统一的整理和规划，《中国历代民族政策概要》（龚荫）从民族演变和治理民族的思想方面切入，梳理了我国各历史时期的民族方针政策，提出在民族政策制定过程中，首先要观照各少数民族的复杂性和特殊性，平等对待少数民族、尊重少数民族的宗教信仰和文化习俗，通过兴办学校的方式提高民族素质。微观方面，《中国西部民族地区职业教育研究》（何波、刘旭东）将西部民族地区划分为回族伊斯兰教文化类型、维吾尔族伊斯兰教文化类型、藏族藏传佛教文化类型和蒙古族佛教文化类型四种文化类型，并以此探讨了多元文化生态下的民族教育应该尊重、继承和发扬民族文化，同时还要考虑到本民族文化与主流文化之间的互动关系与和谐发展。《甘宁青民族教育史简编》（朱解琳）从历史发展的角度，论述了从古代到近代的民族教育发展历程，并列举了相关人物对甘宁青民族教育发展的促进和贡献，如兴办甘肃回族新式教育的马邻翼、首开甘肃女子教育的马明仁、积极发展回族教育的张禹川、推进拉卜楞寺青年喇嘛职业学校建设的五世嘉木样等。

2. 相关史料研究

甘肃省图书馆西北文献阅览室关于西北旧方志的收藏十分丰富。据《中国地方志联合目录》统计，全国各图书馆现存1949年前西北方志793种，其中甘肃省图书馆收藏682种，占到总数的90%，在数量上占绝对优势。与本书有关的主要有《甘肃公立法政专门学校同学录》（甘肃公立法政专门学校编，1916）、《甘肃省公立法政专门学校毕业生一览表》（手抄本）、《兰州中山大学工作报告》（兰州中山大学出版科编，1929）、《兰州中山大学两周年纪念特刊》（兰州中山大学出版科编，1930）、《甘肃学院同学录》（邓春膏，甘肃学院编，1935）、《国立甘肃学院概况一览》（1945 年，手抄本）、《甘肃教育概览》（甘肃省教育厅编审委员会编印，现存甘肃省图书馆，1936）、《甘肃近三十年教育史要》（皇甫均等编，现存甘肃省图书馆，手抄本）、《甘肃解放前四十年教育史料》（手抄本）、《甘肃教育实施方案》（甘肃省政府教育厅编，1939）、《甘肃通志·教育志》（安维峻编纂，甘肃省图书馆于 1964 年 6 月刊印其中的十三部分）、《甘肃教育志》（杨思等编）、《甘肃教育志（草稿）》（甘肃省教育志编辑小组，1960）、《三年来之甘肃教育》（甘肃省政府编印，1940）等。

三、文献述评

通过对国内外研究的综述和比较，以及总结和规整所有分散资料，发现现代化的理论在高等教育层面有着较多的论述和研究，其中不乏区域的角度、个案的比较、高校历史的回顾、不同研究层面的涉及等。然而，关于高等教育现代化研究的全方位梳理和思考大部分集中在沿海发达地区，略有涉入甘肃高等教育的亦杂陈在西部教育之中，这就对其深刻性、全面性提出了质疑，存在着地区上的巨大差异。在个案方面，由于资料匮乏，研究显得过于单薄，如对兰州大学任职时间最久的邓春膏院长的研究，可谓乏善可陈、寥若晨星。缺乏对大学校长个体的深入研究是甘肃近代大学发展史上令人扼腕的，这一方面局限于甘肃近代落后的社会文化环境土壤，导致时人对资料保存意识的淡薄，另一方面是对相关问题缺乏足够观照和相应的敏感度。在研究层面上，缺少多层次、多领域的研究，如对民族教育、职业教育研究的不足，包括对甘肃高等教育深层次的社会文化土壤之上的关于政治、经济、文化的全方位分析，以及对于那些短暂存在过的学校，缺乏有力的研究和证明。针对以上种种研究的不足和缺乏，本书试图梳理出近代甘肃高等教育的发展关节点，解决甘肃近代高等教育的阙如现象，为后继研究者提供参考和借鉴。

第三节 研究思路、方法及创新点

一、研究思路

本书在梳理现代化及教育现代化等概念的基础上，将甘肃高等教育现代化的发展过程植入中国教育近代化的大背景中，通过对现代化理论的深入思考和史料的认真研读，梳理出甘肃高等教育现代化的发展进程，属于后发外生的半自觉行为的现代化类型，分析了甘肃高等教育现代化被延误的历史原因（见图 1.1）。

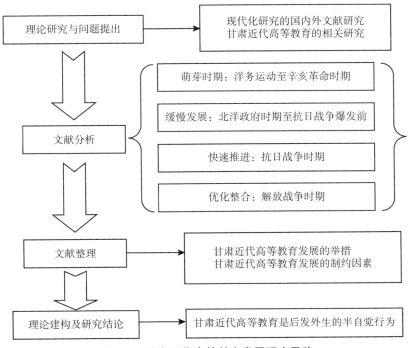

图 1.1 甘肃近代高等教育发展研究思路

二、研究方法

（一）历史研究方法

根据教育科学研究方法的定义，历史研究是指"借助对历史事件、运动、人物及其背后的社会经济文化等史料的破译、整理和分析，认识研究对象的性质、特点和发展过程，从而找出历史经验和教训以及预测未来的一种研究模式。"① 历史研究方法需要以分析历史资料而开展，需要通过研究教育历史的发展进程来探索发现教育发展的规律和经验，为促进教育发展提供借鉴。同时，历史研究强调"历史与逻辑的统一性"，也就是说，分析历史史料既可以从事实到理论，也可以在理论指导下，逆向进行史料分析。二者可相互促进、循环往复、螺旋式上升。在本书中，运用了大量的文献资料，注重文本分析，从文献分析中得出自己的研究结论，提炼出甘肃高等教育现代化的模式。

（二）个案研究

个案研究方法是指认定研究对象中的某一特定对象，加以调查分析，弄清其特点及其形成过程的一种研究方法。② 它强调对选择的个案进行深入剖析，旨在了解其行动的具体过程并从中有所发现。本书尝试对兰州大学、西北师范学院两所高校的组织架构、人才培养、学术研究、基础建设等内容进行研究与解读，并试图寻找总结西部大学发展的规律，给高等教育现代化"后发外生的半自觉行为"提供事实支撑和理论依据。

---

① 张红霞. 教育科学研究方法［M］. 教育科学出版社，2009.
② 教育大辞典编纂委员会. 教育大辞典（第一卷）［Z］. 上海教育出版社，1990.

三、研究的创新

甘肃高等教育现代化研究是中国区域高等教育现代化研究的重要构成部分。本书将现代化理论和近代甘肃高等教育的本质特征结合起来，梳理出了甘肃高等教育近代化的历史脉络。可能的创新之处有以下三个方面。

（一）史料搜集方面的突破

丰富完备的史料是完成本书的基础和必要条件。然而，由于对甘肃近代高等教育研究的重视程度不够，其相关文献也未能得到全面细致的整理。在本研究前期，笔者对南京第二历史档案馆、南京大学图书馆、南京图书馆、金陵图书馆、国家图书馆、甘肃省图书馆、兰州大学图书馆、西北师范大学图书馆、西北农业大学图书馆、宁夏图书馆、青海省图书馆的相关资料进行了甄别与阅读，并有针对性的在南京大学图书馆港澳台阅览室对台湾学者的研究进行了整理，在甘肃省图书馆西北地方文献阅览室搜集到了一些宝贵的手写资料，在兰州大学、西北师范大学档案馆、甘肃省档案馆进行了搜寻，对散失在各处的零星资料，如档案资料、相关书籍、报纸、期纸杂志、日记、信件、纪念文稿等，进行了初步的分类与筛选，以及相关性程度的全面考查，为全面深刻描述、分析、解释甘肃高等教育现代化的发展脉络，并为研究结论提供历史依据和有力支点。

（二）理论与史料分析有机结合的创新

本书在研究过程中，既体现了对高等教育现代化理论内涵、阶段的展示，又有对相关史料的剖析与论证。拓展了高等教育现代化的研究空间，开启了对甘肃高等教育现代化进程的系统研究。使现代化理论与史料相得益彰，既体现了现代化理论的运用能力，又展示了对史料的高效把握。

（三）对近代甘肃高等教育的系统整体研究

甘肃作为一个特殊的内陆省份，从清末到抗日战争开始之前一直处于一个"隐性"位置，在政治、经济、文化等方面属于从属地位和弱势群体，但随着抗日战争的爆发，甘肃作为抗战大后方，在"战时须做平时看"的方针下，成为"西部大开发"的部分"受益者"，获得了前所未有的发展机遇，成为西部诸多省份中颇具竞争力的省份之一。本书正是对于甘肃近代高等教育如何成为"显性"过程的梳理，相对于较为分散的校史研究、大学校长个体研究、课程研究等角度的分析，力求站在中国高等教育现代化的历史起点，理清思路，整理出甘肃高等教育的发展脉络，以期对当今回归求解西部高等教育的发展困境提供借鉴与参考。

| 第二章 |
甘肃高等教育的萌芽：洋务运动
至辛亥革命时期

　　清末，中国封建社会面临着千百年未有之大变局，此时的中国，社会经济衰败、土地高度集中、地租盘剥日重、社会矛盾重重。与此同时，西方列强殖民扩张的脚步已踏上中国疆域，而清朝的统治者们"没有意识到外部世界的广阔性和先进性。自我封闭，虚骄自大，故步自封，陶醉于天朝上国的迷梦中，拒绝和外国建立正常的外交和贸易关系，堵塞了交流的渠道，失去了借鉴和学习外部世界的机会。"①

　　甘肃作为西北内陆省份之一，宋代以前曾是丝绸之路的必经之道，有着政治、经济和文化上得天独厚的区位优势。然而宋代以后，随着海上丝绸之路的开发，其优势地位日益式微。但其处于西北边防的重要战略地位并未因此发生改变，近代以来，为挽救和振兴西北，曾开展了三次轰轰烈烈的开发活动。第一次是左宗棠任陕甘总督时期，第二次是清末新政时期，第三次是抗日战争时期。历史证明，"社会政治环境的重大改变常常成为大规模经济开发活动的先导。"② 左宗棠对甘肃的开发实践，第一次将西北开发纳入国家战略，从长远的经济发展角度进行开发式建设，以期"政教旁敷"。自此，西北开发被"注入了前所未有的新的推动因素，从而使之具有清代前期那种

---

① 戴逸. 失去了的机会. 系为朱雍. 不愿打开的中国大门，序言 [M]. 江西人民出版社，1989.
② 华立. 清代新疆农业开发史 [M]. 黑龙江教育出版社，1998.

完全封建生产力范畴内开发活动所不具备的新特点。"① 左宗棠的西北开发主要集中在三个方面，巩固边防、开发资源和发扬文化，这三方面缺一不可，"没有国防，就不能维护资源；没有资源，就不易树立国防；没有文化，也就无从齐一民众的心志，提高民众的知识水准，共同负起这一个巩固边防和开发资源的使命。"② 从开发的成效上来说，左宗棠对西北的开发奠定了西北国防安全和长治久安的基础，对提高捍卫国家主权的能力、增强西北各族人民对祖国的向心力和凝聚力、缩小西北与内地的经济文化差距、巩固西北边防等具有十分重要的历史意义。对此，秦翰才总结道，"在西北的成就，就是这一种对于西北大势健全的、准确的和实际的认识在起作用。"与此同时，清代朝廷在新政中逐步迈开了脚步，表达了从主观上求进步的姿态，并在教育政策等方面有了新的探索。然而，积重难返的境地已经无法从根本上延续封建旧制，辛亥革命的炮声彻底摧毁了封建统治的基石，为甘肃高等教育带来了一线光明。

第一节　洋务学堂：甘肃高等教育的酝酿

洋务学堂是中国近代最早的一批高等学校。19 世纪后期创办的天津中西学堂的头等学堂和上海南洋公学的上院已具有中国近代最高新式大学的雏形。这批学校的创设突破了中国封建社会以纲常名教为宗旨的儒学教育，对"西学""西艺"的引进，拉开了中国高等教育现代化的帷幕。

一、洋务学堂产生的社会历史背景

（一）晚清社会的经济崩溃

19 世纪末，资本主义国家为占领海外市场和原料产地，加快了殖民侵略

---

① 马汝珩. 成崇德. 清代边疆开发［M］. 陕西人民出版社，1998.
② 秦翰才. 左文襄公在甘肃［M］. 商务印书馆，1947.

的战争步伐。辛亥革命前，随着中法战争、甲午战争和八国联军侵华战争的爆发，清政府不仅屡战屡败，还被迫签订一系列不平等条约，付出了经济上的巨额赔款。第一次鸦片战争赔款 2100 万元，第二次鸦片战争赔款给英法各 800 万两白银。甲午战争对日赔款 2 亿两白银，八国联军侵华战争的庚子赔款竟高达 4 亿 5 千万两白银，39 年还清，本息合计约 98200 万两白银。"自 1842 年至 1901 年的 50 年间，列强通过战争讹诈勒索的赔款，竟相当于清朝政府 16 年到 17 年的全部财政收入。"①

　　清政府在多次战争中的失败，是一个多因素作用的结果，首先，最关键是由于清朝社会制度的腐败和经济技术的落后……，这是清政府在鸦片战争中遭到失败的根本原因。其闭关锁国的政策"正如小公保存在密闭棺木里的木乃伊，一接触新鲜空气便必然解体一样"。② 其次，传统知识结构中对自然科学的缺失直接导致多次海战中屡战屡败，"在近代海洋成为国际贸易联系通道的情况下，一个国家如果海防空虚，失去了对本国海域的控制力，它的主权势必难以维持，它的经济和文化发展势必遭受严重挫折。"③ 海洋知识的匮乏严重制约了水师的建设和发展。传统士大夫的知识结构中严重的重道轻术观念制约了技术的发展，当西方开始逐步把科技成果运用于军事技术的改进时，传统士大夫依然在埋头孔孟之道，皓首穷经，浸润于传统的宋明理学之中，远离社会现实，更远离军事领域。最后，太平天国运动的蔓延。1851 年 1 月 11 日，在广西桂平县金田村爆发的太平天国运动是清朝末年各种社会矛盾不可调和的产物。两次鸦片战争的巨额赔款直接转嫁到农民头上，导致民生益加凋敝。"这一切造成了两个后果：旧税捐更重更难负担，此外又加上了新税捐"。④ 也是政府腐败的直接后果。清末的各级官吏无不以敲诈勒索为能事，因拖欠钱粮捐税而被捕入狱者难以计数。因此，即使像曾国藩这样的清廷高级官员也不得不承认：统治残酷、民生困苦、钱粮难纳、冤狱太多等因素，是造成民变迭起的重要原因，它是由无数小规模农民起义的涓涓细

　　① 中国近代史编写组. 中国近代史［M］. 中华书局，1983.
　　② 马克思. 中国革命和欧洲革命. 马克思恩格斯选集［C］. 人民出版社，1972.
　　③ 王宏斌. 清代前期海防：思想与制度［M］. 社会科学文献出版社，2002.
　　④ 中国革命和欧洲革命. 马克思恩格斯选集. 第 2 卷［C］. 人民出版社，1972.

流汇聚而成，成为压倒清廷腐朽统治的最后一根稻草。

（二）晚清中国传统文化的式微

晚清处于思想潮流大动荡、大转变的时代氛围之中，经世致用教育思潮正是在社会危机日益加深、现实教育日益腐化，西风美雨日益浸渐等诸般社会变动因素的交感催迫下，逐渐孕育形成的。与此裹挟而来的西方"器物之学"在传统士大夫眼中成了争相追捧和学习的对象，先是拓宽教学内容，将西方器物文化引入中国，对传统教育实施功利性选择的有限改革；继而由表及里，开始着手新学制的建立，从教育制度上进行根本改革。

1. "西学"的传入——千年未有之大变局

中国在几千年封建社会里创造了灿烂的文明，有着强大的包容性，异域文化不断被纳入中国文化固有模式之中，并沿着中国文化的格局与方向发展。这一思维严重地阻碍了国人认识新世界的心理定式，养成了自尊与自大的文化心态，形成了"华夷之分"的观念与中国中心观，并以"今日之时势，观其外犹一浑全之器也，而内之空虚无一足以自固。"导致在与外界沟通时，"彼己之不知，情伪之莫辨，操纵进退迄不得要领"。① 在这种境况下，一批忧国忧民的知识分子开始正视现实，注重对实际情况的考察，在一些领域开始出现观念的嬗变。

林则徐是近代中国研究西方情况和西方文化的第一人。1839 年，林则徐在广州设立译馆，翻译外国书籍、报纸，派人到沿海观察敌情，将翻译馆译出的慕瑞所著《世界地理大全》中有关西洋各国地理、政治、经济、文化、教育、科技、风俗人情等情况的资料汇集而编成《四洲志》，这是中国近代介绍各国概况最早的著作之一，是中国比较确切和系统地了解介绍西方的开端。除此之外，林则徐还组织翻译了有关军事、政治、经济方面的书报，如《澳门新闻纸》文册、《华事夷言》《对华鸦片贸易罪过论》《各国律例》等，这些书籍对开展禁烟，了解国际法例、保护民族自主权、进行正常贸易，都

---

① 陈学珣. 中国近代教育史教学参考资料（上册）［M］. 人民教育出版社，1986.

有很大帮助。林则徐所做的这一开创工作虽然是初步的、粗浅的，但是在中国近代实是开天辟地之举。他考察"夷情"的意义已远超出他寻求"制夷之策"的初衷，开启了中国现代化的新趋势。

与此同时，魏源在林则徐主持编译的《四洲志》基础上，完成了著名的《海国图志》50卷，成为继林则徐之后中国近代睁眼看世界、了解世界的又一重要人物。魏源对西方的认识突出地表现在《圣武记》和《海国图志》这两本书中。他主张抛弃无助于国计民生的考据学和宋明理学，面对现实讲究"经世致用"；他批判了当时士大夫对西洋历史、地理知识的贫乏和对西方先进科技文化认识的偏见。魏源编纂《海国图志》时，广泛搜集了中外有关文献资料，详细地介绍了世界各国的地理位置、历史沿革、自然科学与社会科学，其目的是希望人们了解世界，认清世界大势，如此才能寻求富国强兵的道路，维护中华民族的独立与生存。此外，姚莹也是主张开眼看世界、了解世界的一个突出代表。鸦片战争期间，姚莹以坚决保卫祖国领土台湾、奋力抵抗侵略的卓著功勋闻名。姚莹认为要把"海外诸洋有名大国"的情况详加了解，并且还要"著之于书，正告天下"。他认为对世界地理的研究不仅可以使"四海万国，具在目中，足破数千年茫昧"，而且使"经略中外者，庶有所裁"。他把多年收集的各种世界地图、边疆地图汇编成卷，撰写成书，进行介绍和评论，并以此为主要依据，绘制成《今订中外四海总图》。

在清王朝最后的岁月里，得风气之先的中国沿海及腹地部分都市的新式学堂及知识阶层中，西方近代"格致学"各主要学术门类也已基本形成了一个完整的教育体系，而且通过译介日书引入的"法政学"各学术门类，很快被中国知识阶层所接受。[①]"事关民生国命者，必穷源溯本，讨论其所以然"[②]这股经世致用的社会思潮促使中国人建立具有独立人格意识的知识阶层精英，强调实事求是，注重调查研究，这种"广其闻见，而质证其所学"的实地勘查调研方法，成为探讨"国家治乱之源，生民根本之计"[③]的途径和方法。

---

① 梁启超.西学书目表序例［M］.大同译书局，光绪二十四年.
② 丁伟志，陈崧.中西体用之间［M］.中国社会科学出版社，2008.
③ 章太炎.与钟君论学书［M］.中华书局，1963.

2. "西学"的生长——师夷长技以制夷

魏源在其著作《海国图志》中提出"师夷长技以制夷"的主张，与之相应是林则徐提出的"师敌之长技以制敌"的主张，这是中国近现代史上"科学救国"的先声。林则徐在与西方的接触过程中，痛感"船坚炮利"和"器良物巧"在西方军事上的优势，反思传统教育之空洞僵化，认识到"彼夷之长技，正乃吾国之短缺"，从中找出了我国科技教育落后被动挨打的原因和差距。他认为，在学习内容上，初期主要着眼西方列强军事科学技术知识。"洋人制胜之道，专以轮船、火器为先"。在这种情况下，不发展军事技术，增强自己的实力，仅仅"以忠信为甲胄，以礼义为干橹等词，谓可折冲搏阻，足以制敌之命"①，实在是空言无补，自欺欺人。为了制敌取胜，林则徐组织人翻译有关欧式大炮瞄准发射技术的书籍，训练军队学会使用欧式大炮；根据《炮安南轮船书》介绍的西方技术，林则徐改筑和加固了虎门炮台，在广州督铸了一批利于远攻的600~800斤重的大炮；他积极倡导吸收中西战船的优点，制造新式战船；主张自铸银钱；他收藏明末传入的《泰西水法》，对外国农田水利加以认真研究学习；他提倡书院和官学生徒、教官学习"西技西文西艺"，学习"切实有用之学"，组织学生翻译了大量外文书籍；主张创办新式水师学堂，依照西式课程，兼学传统中学，培养水师将弁，建设一支有近代化武器装备的新式海军。魏源在《筹海篇》中也主张向西方学习，训练新式水师。他认为西洋之长技并不限于船炮，对于西方养兵练兵之法，也必须贯彻"师夷长技"的原则。林则徐、魏源向西方学习的思想已从物质层面——西方的船坚炮利逐步过渡到精神层面——人才培养模式、教育内容等层面，学习的广度和深度不断扩大。

倡导学习西学，在当时的意义是巨大而深远的。首先是对"重道德、轻功利"这一传统思想的颠覆。传统观念历来重视精神文明而忽视物质文明，对于生产技术更是鄙薄，对于精巧的工艺往往视之为败坏人心风俗的"奇技淫巧"。魏源公开反对这种偏见，倡言"有用之物，即奇技而非淫巧"，认为

---

① 朱有瓛. 中国近代学制史料（上册）[M]. 华东师范大学出版社，1983.

里面大有学问。随着认识的深入，其结果必然推动人们去考察认识这些器物背后更深层次的制度和文化背景。其次，促进了中国教育现代化思想的最早萌芽。尽管明清之际中国也曾学习西方先进的科学技术知识，但那主要表现为中国文化教育对异质文化的不断接纳与吸收，鸦片战争之后地主阶级改革派所倡导的学习西学却是基于对中西文化教育的比较，是为自强和实施"师夷长技以制夷"思想的应变，这种学习使中国文化教育对西方文化有了认同感，为中国后来教育思想的演进与进步奠定了基础，成为传统教育向现代教育转变的起点。最后，改良派在倡导学习西学的启发下，进一步提出了开办新式学堂，倡言既要培养精通科学技术的人才，也要设立翻译书院，培养翻译人才，输入西学的新鲜血液，成为我国近代学习西学的先声。虽然他们提倡学习的主要是军事科学技术以及民用工业技术，但毕竟迈出了近代先进的中国人向西方寻求真理的第一步，在中国教育史上是划时代的创举，是开放的文化心态的反映，是中国教育近代化的首次思想解放，意义深远重大。

（三）洋务学堂的创办

洋务运动是洋务派官僚为镇压国内反抗、应付西方侵略，维护清王朝统治而进行的有计划、有目的的学习西方资本主义国家的一次实践活动。他们创办了中国近代教育史上第一批新式学堂，派遣了最早的官费留学生，培养了中国第一批新型人才。这些无疑是封建教育的异军，虽然力量有限，但终究给僵化的封建教育体系打开了一道缺口，开启了中国教育的现代化。

洋务派先后共创办了京师同文馆、上海同文馆、广州同文馆、新疆俄文馆、台湾西学馆、珲春俄文馆、湖北自强学堂7所外国语学堂。外国语学堂以西文为主课，同时兼习汉文，要求读四书五经，有的要求学习满文。西文课程开始主要以英语、法语、俄语、德语等外国语言文字为主，后来又增设算学、天文舆地、代数、几何、化学、物理、医学生理、万国公法等课程。从19世纪后期开始，洋务派认识到，西方之所以强于中国，不仅在于他们的船坚炮利，更在于他们的国富民强。中国要抵御外侮，不但要"自强"，还要"求富"。因此，洋务派相继创办了电报、医学、铁路、矿务等专业科技学堂14所,以培养通信、救护、运输等技术人才,以满足国防需要和资本主义工商业的发展。

与旧学堂相比,洋务派办的新式学堂比较讲求实用。它第一次把"西学"付诸实践,改变了传统的以儒经为主的教育内容,增添了外国语、自然科学、实用技术科学等课程。这些新式学堂不但培养了近代中国第一批翻译人才、外交人才、科技人才和海军人才,对传播和学习西方近代自然科学起了积极作用,它们是资本主义教育制度在中国的先声,为中国以后建立新学制奠定了基础。

除了创办新式学堂,洋务派培养人才的另外一个途径是派遣官费留学生。1872～1875年,在容闳的奔走努力之下,由洋务派主持,先后分4批各30人,向美国派遣官费留学生,此次选派的留学生皆为10～16岁的幼童。然而遗憾的是,幼童们未能按原定计划完成学业,于1881年提前撤回。1876年,即最后一批30名留美幼童派遣完毕的翌年,清政府开始向欧洲派遣留学生。至甲午战争前约20年间,先后向欧洲派遣留学生共4批,计145人。这批学生以学习船政的规模最大,准备最充分,组织管理最有成效,取得的成绩也最显著。

二、左宗棠的甘肃教育开发实践

左宗棠作为洋务运动的领袖和推动者,根据洋务派的各种统治策略和甘肃的具体情况,通过举借外债,增加捐税、举办捐输、清丈地亩、增改县治、编审户口、修筑道路等措施,缓解了甘肃的财政危机,并在兰州进行规模化的近代工业生产,创办兰州制造局和机器织呢局。当时,中国最早进行机器和轮船制造工业的只有上海、南京、福州、天津四个沿海临江城市,外加兰州,成为我国最早的机器纺织业城市。这两个企业的先后出现,标志着甘肃地区近代化过程的开始。同时,他提出,"陇西人民质直近古。三代以还,自西徂东王者迹熄,孔、孟辙迹并不到秦,老子入胡且化为佛,秦汉后更无论也。自有天地以来,此方不沾圣人教泽。"他亲身触及西北文化落后、读书人少的现状，深切感受到在西北边疆面临严重危机、强邻窥伺、民族杂居的情况下，提出"关陇要事，读书为急"的观点，以此达到"经正民兴，人才从此出，风俗亦从此厚矣"的治理目的。所以，他上任伊始，就采取了一系列行之有效的教育振兴措施，力图改变甘肃教育落后的状况。

（一）创办义学，兴建书院

左宗棠上任伊始，就要求各府厅县兴办义学，并要求西征军"师行所至，饬设汉、回义塾，分司训课。"同时，他在崇信设学，掀起了甘肃近代儿童启蒙教育的新篇章。在左宗棠的大力倡导下，甘肃各县的义学私塾达到了七八处左右，有的多达几十所。这些义塾都由官府筹措经费，聘请教师，免费发给学生书籍、笔墨，甚至提供生活费。他还非常重视民族教育的发展，尤其是对回族子弟的教育，他"嘱各善后局、各防营广设义学招收回民子弟。先用《千字文》《百家姓》《三字经》等，教他们识字，并用楷书仿格，教他们写字。"他认为，欲"化回、汉之见，则义学不可不设。"① 为了使回族子弟学习文化，光绪元年（1875 年），他又"拨（兰州）北山荒绝田 775亩，收租供各官学经费，于是有四个义学重新修建，就是正德、序贤、养正和存诚，后面两所专收回民子弟。"② 这对促进民族团结，稳定甘肃局势，弘扬中国传统文化都起到了不可磨灭的功效。各地义学在教授四书五经等法定课本外，根据左宗棠的建议，还增加了《小学集注》《吾学录》《圣谕广训》三种。书院是近代学校出现以前的最高学府，从左宗棠上任伊始到 1881 年，甘肃新建了 16 所书院，恢复了 17 所书院。兴办书院的经费主要来自地方官员、士绅捐款和各地财政拨款。后来新政时期左宗棠开办的书院都成为了新学堂，一般省属书院改为师范学堂，府属书院改为中学堂，县属书院改为小学堂。

---

① 左宗棠全集·札件［C］. 岳麓书社，1996.
② 秦翰才. 左文襄公在甘肃［M］. 商务印书馆，1947.

（二）陕甘分闱，广育人才

甘肃自 1663 年建省以后，在 210 多年内与陕西合闱举行乡试，闱所设在西安。甘肃生员赴陕应试路途艰辛，所费不赀，而且中选者寥寥无几。因此，左宗棠力主甘肃乡试分闱和分设学政。他在奏稿中写道："边塞路程悠远，又兼惊沙乱石，足碍驰驱，较中原行路之难，奚翅倍蓰！"① 正所谓皓首穷经，一试无缘！对此，他主张效仿湖广、云贵等省分闱取中的办法，将陕甘乡试也予以分闱，"俾边徼寒微得照各省一律就近应试，则投戈讲艺，士气奋兴，文治之隆，可计日而待也。"在他的努力下，至光绪二年每科乡试，甘肃可以产生 40 名举人，还可以另加满族士子 3 名。这对于当时甘肃士子是一个巨大的鼓舞，极大地调动了他们发奋求学的积极性。同时，左宗棠亲自督率官员、花费 50 万两白银在兰州修建可同时容纳 4000 多人参加考试的贡院，并在此举行了分闱后的第一次乡试。参加考试者达 3000 余人，较以往赴陕人数多出数倍。为了能保证回族士子每两科至少有 1 人中试，左宗棠奏请朝廷批准，甘肃乡试，一科汉回合试，另一科则另用"良"字编号，专取回族士子一名，为回族士子开辟了一条进入仕途的通道。陕甘分闱的落实再次激发了甘肃士子，陕甘合闱时共取 62 名举人，且绝大多数录取的是陕西士子，分闱后，自 1876 年每科乡试甘肃可考取 40 名举人。其中特设回族举人 1 名。"从 1875 年至 1903 年，共选取了 681 名举人赴京会试，至 1904 年共考中进士 116 名"②。

（三）编校、刊发书籍

甘肃地域偏远，书源很少，再加上战乱，几近枯竭。甘肃贩运去的书籍，都是"写的错字，圈的是破句，实在要不得。"③ 左宗棠应各地州县禀请，创设崇文书局、关中书院（附有刻书机构）、迪化书局等出版机构。同时在西

---

① 左宗棠全集·奏稿（卷五）［M］.岳麓书社，1996.
② 邓明.陕甘分闱拔英才［J］.档案，2005（10）.
③ 秦翰才.左文襄公在甘肃［M］.商务印书馆，1947.

宁知府设立西宁尊经书局。所刻书籍涉及各科门类，第一类是《六经》。左宗棠认为，"《六经》传注，读者少而刻者亦少。此次影刊鲍氏善本，即前所刊旧式而重加复校者也，当为海内孤本，以视浙刻尤精。"第二类是《四书》，西北自有这两部书后，学校考试命题都以此作为标准版本。第三类为宣传道德与法律知识的书籍，主要供给各级官员阅读，使各级官员"除官常习气，存读书面目，以言学治。"主要数目有左宗棠亲自编订的《学治要言》，以及前人所编的《在官法戒录》等。此外还有供给普通人阅读的普及礼教与法律常识的《吾学录》《训俗遗规》《圣谕广训》等。第四类是传播农业技术的书籍。主要有《棉书》《种棉十要》等关于推广农业生产技术方面的书籍。左宗棠的做法在某种程度上促进和统一了边民忠君爱国的传统道德观念，并通过技术的传播和推广提高了社会生产力。

左宗棠在甘肃的开发实践是近代甘肃开发中比较成功的，他对教育不遗余力地倡导和热爱，激发了甘肃士子求学、考取功名的热情，为培养甘肃人才做出了巨大贡献。1876年，甘肃分派了学政，主持甘肃的教育事业和科举考试，而在此前陕甘学政每三年才到甘肃一次，各州府的岁试和科试都是合并举行的，对此，研究者秦翰才感慨道，"光从这一点上看，就知道他们对于边方政事，没有放在心上。于是文襄公的举措，格外值得人们重视了。"[①] 说明左宗棠对甘肃文教事业的开发是着眼于未来、造福于西北人民的可持续建设，是近代中国开发西北的首次成功尝试。尽管是在全国科举考试没落的时候举行了分闱改革，但在人才缺乏、经济文化落后的甘肃和西北仍不失为一项有积极意义的开发措施，为西北复兴传统文化补上了一课，对于加强西北各民族的民族文化认同，促进民族团结等方面做出了突出贡献。值得注意的是，左宗棠并没有或很少在甘肃传播洋务思想和西学，这与甘肃的特殊情况有关。西北各地义学、书院虽设，但其儒教、义理基础并不可靠，"查看狄道民风，虽不乏读书明理之人，而一时望其丕变，复我华风，殊非易易。惟礼义廉耻数字则必须先与讲明，俾革其旧染之污，得免刑戮，亦云幸矣。"在洋务教育方面，主要是在洋务企业内部进

---

① 秦翰才.左文襄公在甘肃 ［M］.商务印书馆，1947.

行，在筹办兰州织呢局时，他曾从陕甘士兵中选拔聪慧之人学习，但并不在士子之中传播，而且织呢局两年后关闭，此后洋务之学在甘肃并无传播。说明左宗棠对甘肃的教育开发是分层次、分类型进行的，他深谙甘肃脆弱的社会文化基础尚未做好接受洋务思想的准备，这一点也体现了他深谋远虑的考量。

然而，这次清政府的西北开发并非完美，缺乏通盘的考虑和整体的规划成为制约其发展的瓶颈。左宗棠初到西北之时，西北正处于混乱动荡、军情紧急的状态，因此，军事问题是摆在他面前最大的难处。可以说，他"在西北有十二年八个月之久，实在他的精神和时间，可说百分之九十以上，用在军事"。① 由于这方面的掣肘，在开发过程中没有形成主体的、科学的开发西北系统方案，更遑论教育开发建设的顶层设计。所筹经费多为地方官捐廉银兴办，或另想办法，总之都是为了响应左宗棠的个人号召独自筹办，缺乏经费保障和长效机制。此外，甘肃地处偏远，运输机器极为困难，"万里甘凉，艰于转运，资本太重，不利行销。"② "左宗棠在西北只完全恢复了这一地区的主权，却没有完全改善该地区的政治和社会状态。……所以文襄公一去，地方弊政很容易恢复了原状。财政在甘肃根本因为阶级力量所限，本是不易积极开源，所以文襄公离位的次年，（后继者）竟不惜破坏文襄公禁烟的成规，公然征收烟厘。"实际上，左宗棠离开西北之后，很多政策也随之失效，甘肃大地再次沉寂，直到新政时期，又开始活跃起来。

三、士绅：新兴知识分子的代言

士绅是古代社会中一个举足轻重的群体。一方面，"须知在任之官，还乡即绅也。"③ 士绅阶层是各级官员的主要来源，这些饱读诗书和儒家经典教义的读书人或者通过科举考试，或者通过捐纳、赏赐、恩荫、军功等挤入统

① 左宗棠全集．奏稿（卷五）［C］．岳麓书社，1996.
② 孙毓棠．中国近代工业史资料（第一辑）下册［M］．科学出版社，1957.
③ 王先明．近代绅士——一个封建阶层的历史命运［M］．天津人民出版社，1997.

治阶层行列，代表皇权实现对百姓的直接统治，所以这些官员政绩的好坏直接关系到国家政权的稳固与否；另一方面，即使是那些没有挤入统治阶层行列，或者从官场退出的知识分子，他们在地方基层社会中仍发挥着不可忽视的作用。"强大的皇权或中央集权国家的直接行政统治，从未真正深入到中国县以下的社会中，广大农村及农民的直接统治机构和统治者，是作为皇权延伸物的家族和士绅。"① 所以，"士绅充当了政府官员和当地百姓之间的中介人。"②

对于士绅在乡村社会的作用，学术界多持肯定的言论。"在地方政府—士绅—村民的权力网络中，士绅在完成国家权力对村落共同体的社会控制职能方面，起着不可小视的作用。在乡村社区里，士绅是个管理社区的群体，执行着许多社会任务。如充当社会领袖，组织社区的防卫，调解人民的日常纠纷，关心人民生活，为社区人民树立楷模，以及帮助人民主持婚丧事宜等。……士绅并不像官员那样拥有钦命的权力，却享有基层社会赋予的天然的实际权威。"③ 士绅在基层社会的作用"以社会权威而不是以法定权力资格参与封建政权的运作，士绅阶层便集教化、治安、司法、田赋、税收、礼仪诸功能于一身，成为地方权力的实际代表。"④ 他们深受儒家文化的教育和熏陶，有着积极的入世精神，通过积极办教育、建书院等方式，以培养人才为己任，弘扬着儒学价值所传递的观念和物质表现，在社会转型时期成为新型知识分子的胚芽，引领甘肃文化发展。

（一）培育人才，开化风气

在中国古代"重义轻利"思想的严重侵蚀下，居于四民之首的士绅在贫困交迫下不得不从事教授一职。教书不仅可以养家糊口，赡养双亲，对自己

---

① 李路路，王奋宇. 当代中国现代化进程中的社会结构及其变革［M］. 浙江人民出版社，1992.

② 张仲礼. 中国绅士——关于其在十九世纪中国社会中作用的研究［M］. 上海社会科学院，1991.

③ 王先明. 近代绅士——一个封建阶层的历史命运［M］. 天津人民出版社，1997.

④ 王先明. 中国近代社会文化史续论［M］. 南开大学出版社，2005.

也是一种资助。当然从事教书的士绅是他们所在地享有知识和声望的人，他们对儒家礼仪的践行和遵守常常使其成为乡邻言行的示范和榜样。同时，他们优秀的学识和声望被地方官员所倚重，得到地方官员赏识的士绅，往往可以借此招来更多的学生，得到更多的报酬，提高他们在地方社会中的声望。此外，有部分士绅通过撰写教育调查或联络其他士绅，共同致力于甘肃风气的开化。甘肃士绅慕寿祺①于 1908 年撰呈《调查录》8 卷，针砭旧教育的习弊，指出改良方略，被甘肃教育界同仁誉为"开拓万古心胸，推倒一时之豪杰"。1911 年 12 月，黄钺在秦州起义成功，兰州惊恐，被顽固派操纵的舆论工具大肆造谣攻击，民众彷徨。慕寿祺凭借个人的声望和影响，奔走联络革命党人、学生和同事在机关学校开展宣传活动，支持起义。1912 年 4 月，他与邓绍元等捐资邮购京、津、沪、汉等市出版的《民报》《革命军》等各种进步报刊，"在兰州庄严寺开设阅报社，宣传民主思想和全国各地革命活动，鼓舞了甘肃民众的革命斗志"。②

（二）兴办书院，倡导义学

在地方文化建设方面，士绅有着得天独厚的优势条件。甘肃地处内陆，与经济、文化发达的江苏等地无法比肩，尤其是教育机构的创立和规模方面，更是无法比拟。然而，这并不影响甘肃士绅的积极性。地方士绅除了掌管社学和义学以外，还动员各方力量筹资。甘肃士绅"赵联甲、韩泰、童蓉镜，俱贵德贡生。创立书院、义学，多方造士。倡建学舍，督修文庙，均有功于斯土。金文同，皋兰人，由优贡中副榜，光绪己卯举于乡，庚辰成进士。……邑有兴文社，久而渐废，文同倡议整顿，请大府拨叛产为膏火资，人文益盛。"③

---

① 慕寿祺（1874.11.12~1947.12.3），字子介，号少堂，甘肃镇原人。1892 年 5 月，赴泾州童子试，获第一名，时年 18 岁。督考官甘肃学政蔡燕生在慕的考卷上评赞为"甘之俊人，必速飞矣"。次年，考取增广生员，入兰州求古书院。1896 年，又中丙申科拔贡首名。1897 年，中丁酉科副贡。

② 慕思贡. 甘肃辛亥革命领袖慕寿祺［J］. 档案，2002（3）.

③ 刘郁芬修. 甘肃新通志. 卷 66. 人物志·群才一［M］. 甘肃省图书馆，1964 年. 油印本.

（三）投身商贾，捐助士子

"徒以资斧无措，不能远行。"士子的贫困是甘肃地区的普遍现象，面对士绅的贫困，对于读书应试、士子膏火费等的积极筹措和支持成为地方士绅致力于地方文化建设的重要内容。在具体的资助方式上，除了直接给予应试者银两外，他们还常常通过建立市房，通过赚取租金、捐助资金、发商生息的方式援助应试者。地方绅商的兴学热忱是地方教育发展的主要因素之一。尽管官吏扮演着主导作用，但这种自上而下的办学方式受到颇多政局动荡的掣肘，相对而言，绅商则是从本地区生长起来的兴学力量，呈现出更加稳定和持久的特性，对地方教育的促进也更为直接。

第二节 清末新政：甘肃高等教育的萌芽

出于统治需求，清政府打起了"变法"大旗，以期缓和同侵略者和国内爱国群体之间的矛盾。这次变法主要围绕兴工商、练新军、促教育等方面。其中，有关教育改革的谕旨占总数的 1/3 以上，如废科举、改书院、设学堂标志着教育制度的根本转变，是近代中国教育史上的重要转折。如果说洋务运动中进行的教育改革是解决一时之需的局部要求，那么，清末新学制的颁布与实施则是对中国几千年传统教育体制的根本变革，尽管封建教育的遗毒尚未荡涤干净，但是中国教育毕竟在一条狭窄小道上走出了自己的足印，打开了通向现代教育的大门。

一、布新政：变革令发

洋务学堂的创办和书院改制极大地推动了近代新式学堂的发展，新学堂的发展呼唤着近代学制的改革。1901 年 9 月，在要求各地继续办好各类洋务学堂的同时，清政府正式颁布了《兴学诏书》，拉开了晚清十年间教育立法活动的序幕,《兴学诏书》强调,"兴学育才,实为当务之急",但"近日士学,或空疏无用,或浮薄不实,如欲革除此弊,自非敬教劝学不可",为此,《兴学诏书》规定:"除京师已设大学堂,应切实整顿外,诸各省所有书院,于省城外均改设大学堂,各府及直隶州均改设中学堂,各州县均改设小学堂,并多设蒙养堂"①。1904 年,清政府颁发张百熙、张之洞等拟订的《奏定学堂章程》,使中国教育步入近代化道路。

1902 年 8 月 15 日,清政府颁布了张百熙主持拟订的《钦定学堂章程》,这是中国教育史上第一个由政府公布的法定学制系统。其中包括《钦定蒙养学堂章程》《钦定小学堂章程》《钦定中学堂章程》《钦定高等学堂章程》《钦定京师大学堂章程》等,分别规定了各级各类学堂的目标、性质、年限、入学条件、课程设置及相互衔接关系。张百熙认为,"值智力并争之世,为富强致治之规,朝廷以更新之故而求之人才,以求才之故而本之学校,则不能不节取欧、美、日本诸邦之成法,以佐我中国二千余年旧制,固时势使然。"②《壬寅学制》贯彻了"端正趋向,造就通才,明体达用"的旨意,规定学堂为 3 段 7 级。其中,高等教育设立高等学堂或大学预科、大学堂和大学院 3 级。高等学堂设于省城,大学预科设在大学堂内,均为中学毕业后欲入大学专门者之预备,分政、艺两科。该章程除从蒙养学堂到大学院的普通教育系统外,还有师范、实业两个旁系。实业学堂分简易、中等和高等 3 级,简易实业学堂 3 年,相当于高小程度。中等实业学堂 4 年,相当于中学程度。高等实业学堂 3 年,与高等学堂和大学预科相当。师范学堂附设于中学堂,学制 4 年,招贡、监、增、廪、附生入堂肄业。旨在造就小学师资。高等学堂附设师范馆,学制 4 年,以造就各地中学堂教员为宗旨。于高等学堂和大学预科外,分设速成科,称仕学馆,招收已入仕途的人员。

1903 年,张之洞主持制订《癸卯学制》,结束了我国新式学堂无章可循的历史。癸卯学制在纵向方面分为 3 段 7 级。第一阶段是初等教育,内分蒙养院、初等小学堂和高等小学堂。第二阶段是中等教育,仅设立中学堂一级

---

① 朱寿朋. 东华续录 [M]. 上海集成图书公司铅印, 1909.
② 张百熙. 进呈学堂章程折. 光绪二十八年七月十二日.

4 年。第三阶段是高等教育，内分 3 级，即高等学堂或大学预科 3 年，分科大学 3~4 年，通儒院 5 年。在横向方面分师范教育和实业教育两个旁系。师范教育方面，与中学堂程度相当的是初级师范学堂 5 年，与高等学堂程度相当的是优级师范学堂 4 年。实业教育方面，与高等小学堂平行的是实业补习学堂 4 年，初等农工商实业学堂 3~4 年，还有艺徒学堂。与中学堂平行的是中等农工商实业学堂，与高等学堂平行的是实业教员讲习所和高等农工商实业学堂。此外，还设有译学馆及文言学馆，属于高等教育阶段，修业年限约 5 年。还有为新进士学习知识而设的进士馆，为已仕官员学习新知识设立的仕学馆，属于高等教育性质。其中，高等学堂招收中学堂毕业生，学习年限为 3 年。"以教大学预备课为宗旨，以各学皆有专长为成效。"要求各省城设立 1 所，考试及格准毕业，可升入分科大学堂。大学堂招收高等学堂或大学预备科毕业生，修业年限除政法、医学为 4 年外，其余皆为 3 年。大学堂"以谨遵谕旨，端正趋向，造就通才为宗旨。"[1] 下设 8 科，称分科大学堂。通儒院属研究院性质，是全国最高学府，设在京师大学堂内。以"中国学术日有进步，能发明新理以著成书，能制造新器以利民用"为宗旨。须具备分科大学毕业资格或学力相等者，经分科大学教员会议选定，复由总监督核定，方可升入通儒院。

癸卯学制在一定程度上发展了壬寅学制，也为规范各级各类学校的章程和内容作出了示范，但是，仍带有明显的封建制度残留，张之洞认为，"西方学堂皆有宗教，经书即中国之宗教也。"[2] 因此，学校不废经书，"以人诵经书，纲常名教礼仪廉耻之重浸灌人心，深固而不可摇动故也。"《各学堂管理通则》中对教职员和学生规定了许多旨在维护封建统治秩序的禁令和严厉的惩罚条例，显示了较强的封建专制性，如张之洞等人认为，"少年女子，不宜多读西书，误学外国习俗，或受母教，或受保姆之教，令其能识应用之文字，通解家庭应用之书算物理及妇职应尽之道，女工应为之事，足以持家

① 舒新城. 奏定大学堂章程. 中国近代教育史资料（中册）[M]. 人民教育出版社，1981.
② 舒新城. 近代中国教育思想史学 [M]. 中华书局，1929.

教子而已，故女子之无弊者，惟有家庭教育。"① 同时，癸卯学制规定对从高等小学堂直至通儒院的毕业生，分等级奖给与科举无异的出身，并确定了相应的可授官职，这与推进新式教育的初衷背道而驰，使学校成为"一变名之科举"，违背了近代教育的内涵与精神。"前清学制之弊，其误国最甚者，莫如奖励出身之制，以官制为学生受学之报酬，遂使学生以得官为求学之目的，以求学为得官之手段。其在学校之日，所希望者为毕业之分数与得官之等差，毕业以后，即抛弃学业而勉力作官亦。故中国兴学十余年，不仅学问不发达，而通国学生，不知学问为何物。"②

二、变革的先导：教育行政机构的建立

清末，虽然废除科举，兴办学堂，但并未从根本上冲破封建制度的束缚，有学堂之名，并无学堂之实。甘肃的各类学堂不但管理上仍沿用旧制，而且由于缺乏师资，西学课程仍然只是点缀，难成主流。然而，随着开"民智"，育"新民"，主张效法西方，建立资本主义性质的学校体系的呼声日益高涨，以及甲午之役的失败，民族资产阶级不断意识到人才的重要性，纷纷要求变法。1898 年 6 月 11 日，光绪皇帝下"定国是之诏"，开始了"百日维新"。期间，康有为、梁启超等资产阶级维新派，通过光绪皇帝发布一系列"除旧布新"的变法诏令，涉及政治、经济、军事、文教诸多方面。其中，教育是这场改革的重要内容。据不完全统计，戊戌年康有为等人草拟的 68 件奏折中，涉及教育改革的就有 21 件，占 30%。主要措施有废八股，改试策论，建立各种专门学堂和实业学堂等，将近代中国的新教育向前推进了一大步。

甘肃由于特殊的地理环境所限，推行"新政"从 1903 年一直延续到辛亥革命爆发，期间主政甘肃的清廷官员崧蕃、升允、长庚都积极推行新政，涉及政治、军事、经济和文化教育四个方面。军事方面，整顿编练新军，督办全省警务。1905 年甘肃省设立省巡警总局，1907 年设高等审判厅、检察厅

---

① 陈景磐. 中国近代教育史 ［M］. 人民教育出版社，1983.
② 梁启超. 清代学术概论. 饮冰室合集 ［M］. 华东师范大学出版社，1987.

和兰州地方审判、检查两厅和模范监狱等。经济方面，1906年陕甘总督升允任命兰州道彭英甲为甘肃农工商矿总局总办，该年5月彭英甲在兰州贡院内建起了劝工厂，从国外引进机器设备，聘请技师恢复和创办了一批新式机器工业，如兰州机器织呢局、官铜厂、官铁厂、洋蜡胰子厂、石印书局。文化方面，在全面推行"新政"过程中，为满足对大量人才的需求，甘肃通过废科举、建立新的行政机构、创办各类新式学校、办报纸等方式加以改进和发展甘肃高等教育。1909年，甘肃设立咨议局，共设议员46人，议长为张林炎。省咨议局成立后并没有吸纳众多接受新思想影响的绅商和留学生群体等新型知识分子，所以对地方政治没有产生重大影响。辛亥革命后，省咨议局被封建顽固势力把持，成为甘肃反动当局的驯服工具。

1905年，清政府成立学部为统辖全国的中央教育行政机关，设置视学官，巡视各省学务。同年，甘肃省成立学务处，作为临时性的教育行政机构，总管全省学校工作，原由甘肃高等学堂兼办的省教育行政事宜，划归学务处办理。学务处直属省督府领导，设总理、参议各1人。总理为叶昌炽，参议为杨增新。下设专门教育、普通教育、实业教育、审计、文案和会计6处。1906年甘肃当局改学务处为提学使司，命陈曾祐为提学使，下设课分为专门教育课、普通教育课、实业教育课、会计课、图书课、总务课，各课设正副课长各1人，课员若干人，分管各项教育业务。另外设议长1人，议绅4人，协助提学使规划学务，并提供随时咨询。下设省视学6人，分全省为东、西、南、北4路，由省视学分别视察所管学区、督导地方教育。同时，甘肃提学使根据学部规定，通令府州县设立劝学所，劝导地方人士推广新式教育。由此，现代化的教育行政系统在甘肃基本确立。

三、新式学堂举要

清末，全国均处于一片轰轰烈烈的变法声中，"变法之本，在育人才，人才之兴，在开学校。"① "亡而存之，废而举之，愚而智之，弱而强之，条

---

① 梁启超. 饮冰室合集（第1册）[M]. 中华书局，1996.

理万端，皆归本于学校。"① 在兴办学堂的呼声中，甘肃省开始陆续开办新式学堂。截至 1911 年，全省先后办起高等学堂 2 所，师范学堂 2 所，实业学堂 2 所，军事学堂 2 所，普通中学堂 13 所，高等和初等小学堂 992 所，总计开办各类学堂 1013 所（含分省前的宁夏、青海地区的中小学堂数）。尽管大多数学堂是在原有书院的基础上改设的，但是由于缺乏新式师资和教材，近代科学文化的教学难以进行，或比重较小，故有"类皆有名无实，实与书院无异"之说。

（一）高等学堂

1. 甘肃文高等学堂

甘肃高等教育"当以光绪二十九年（1903 年）成立之高等学堂为先河"。② 陕甘总督崧蕃于 1902 年创修甘肃大学堂，1904 年改为甘肃文高等学堂。学堂始设于兰州畅家巷，校舍为新建，学堂"设置庶务长一员，文案、监学、掌书、会计各一员，正教习一员，英文、日文、俄文、算学、地理、理化、博物、教育、体操教习各一员，学生一班二十二名，二班二十七名，三班二十九名。"③ 总督崧蕃派候补知府杨增新赴京、津及东南诸省调查，考察高等学堂教学和管理情况，并在北京招聘俄文、法文、日文教习。1905 年开学，时开设课程有英文、日文、俄文、算学、地理、理化、博物、教育、体操九门，"学生系招收贡监生员，共三班，总计 78 名，实照高等学堂程度毕业者仅一班而已"。宣统二年（1910 年）停办。民国初，改为"甘肃省立第一中学"，虽如此，但"毕竟将近代自然科学知识第一次引进到甘肃学士的课堂，对启迪知识分子的思想进步，有积极意义"。④

在甘肃文高等学堂存在的约 7 年时间里，有两位对甘肃高等教育做过巨大贡献的执掌者，其中之一为全国维新运动的领袖，和康有为齐名，有着

---

① 舒新城主编. 中国近代教育史资料（下册）[M]. 人民教育出版社，1981.
② 皇甫均等编. 甘肃近三十年教育史要 [M]. 现存甘肃省图书馆. 手抄本.
③ 甘肃省地方史志编纂委员会编纂. 甘肃省志（第 59 卷）[Z]. 甘肃人民出版社，1991.
④ 丁焕章. 甘肃近现代史 [M]. 兰州大学出版社，1989.

"南康北刘"之誉的陕西名儒刘古愚。刘古愚在陕西时曾创办并担任过味经书院、崇实书院的总教习，他以满腔的爱国热情为中国的独立和富强培养了于右任、张季鸾、李仪祉等多名既有爱国思想又有近代科学知识的人才。刘古愚在任职总教习的 8 个月时间里，针对甘肃教育落后的实际状况，提出了具体的办学意见。首先，在人才培养目标上必须讲求实用，尤其是先要满足地方建设之需，才有余力为朝廷服务。其次，在课程设置上，主张设政治、历史、舆地、典章、掌故、算术、西文、体操等课，"讲阅之书，必须官备"，学生日记、算册作业，按规定交授课教师批阅。为此，刘古愚还带了一名懂数学的王章做助教，规定每日授算术一时。此外，他还强调设置西文科目，《甘肃省大学堂功课提要》对外语课时尚未做具体规定，刘古愚认为，"华文不过温习，而西文则全未寓目，时势又迫，不能不略重西文也"。"今之学，当横推横行，知己必兼知人，方能有用"。为此，刘古愚极力强调西文的重要性，并主张增加西学课程。最后，创新教学方法，贯通中西之学。他不仅考虑到课程设置与现代科学相衔接，而且在教学内容上要求尽量反映现代科技新成就。如伦理课，虽规定《四书》《五经》为基本教材，但要求对"中国道学家言，西国哲学家言"有所比较，规定"春秋三传"通历史的同时，还须兼明西史，"故阅近日报章及各国事实、典章之书，其益百倍于旧史"。这些对传统的扬弃和对新知的吸收，为改造旧学和建立现代教育的教学体系，起到了除旧布新的作用。他的这些举措奠定了甘肃高等学堂的办学框架和基本蓝图。由于积劳成疾，刘古愚于1903 年 8 月 13 日在兰州去世。翌年 7 月，甘肃学人立《教思碑》，碑文云："曰取古今中外兴亡与甘肃切要事，以至诚启发，闻者兴起。且拟广储师范，遮设乡校，开一省民智而于西北呃。……别选回蒙番三族聪颖子弟入学，教以大意，使与汉人同心同德，固西土屏落。"[①] 肯定了他的教育思想在甘肃社会的深远影响。

甘肃文高等学堂第二任总教习为甘肃醇儒刘尔炘。1903～1907 年，相继讲授《尚书》《周易》《诗经》《春秋》诸经。刘尔炘以为，"不以孔子之学

---

① 周培贞 . 刘古愚与甘肃文高等学堂［J］. 丝绸之路，1994（5）.

主持世界，则所谓人道主义者无从说起，孔子之学人道主义之极致也"。他要求学生学习算学、地舆、军政、财赋、中外交涉等，将孔学与科学相结合，达到以"孔学化"驾驭"科学化"，造就人才的教育目的。他要求学生读书要"推其究竟，融会贯通"，读史要"设身处地，真识当时事势，有所论断"，读经要"发明经旨，反诸身心，见诸事业"，修养要"寡欲、寡言，剔除杂念，忘怀名利"，做到"坦荡宽平，心境如光风界月"。当"理欲交争之际，必坚持理"。"事必思而后行"，但必须有"刚断果决之意，慈祥和厚之心"。在教学方法上，他深入浅出，对待学生严于督导，深受学生爱戴。刘尔炘在执教之暇，创办了两等小学堂、兰州修学社、皋兰修学社、陇右公社义赈处及陇右乐善书局等文化、教育、慈善社团，为发展甘肃文化教育事业付出了毕生心血，培养了王煊、杨巨川、水梓、水格、蔺象祖、杨沛霖、赵元贞、金翼乾、牟荫梓、魏振等陇上翘楚。他逝世后不久，一些社会团体筹资创建了"志果中学"（现兰州市第二中学），以此表达对刘尔炘的纪念。

无论是刘古愚，还是刘尔炘，都秉承着求实学、贯通中西之学的治学思想，在这一点上，刘古愚和刘尔炘是一脉相通的，成为文甘肃高等学堂的治学新风。

2. 甘肃官立法政学堂

清末时期，针对下层和候补官员的培训教育，清朝政府成立了学吏局，1900 年，清政府委派魏光焘任陕甘总督后，将学吏局改为学律馆，别称"法官养成所"。1903 年，改为专门学习政治法律的课吏馆。1907 年，又将课吏馆改为法政馆，遂增设建筑，设置讲堂，学校初具规模。不久，清朝陕甘总督升允向慈禧太后和光绪帝上奏折建议"甘省人才消乏，且需次半系寒员，为期过长未免望而生阻，拟酌定为三学期分期毕业，较旧章则少延长，按学科仍趋简易，授受得法，其效自臻。二曰分学科。"而且，"甘肃风气不开，由于绅智锢闭，阻力横生，知屡准部咨各省应设咨议局，尤须养成合格之选。拟附设绅班五十人，每县选送一人，择重要科目，为宪法、选举法、户籍法、警察法、教育行政、地方制度之类，以一年毕业，循环招致，周而复始，其愿入官班者听。庶学成而归，黝助新政不无裨益。"① 这些建议对甘肃破土而出的高等学堂意义非凡。

1909 年 2 月，清政府学部批准将甘肃法政馆改为甘肃官立法政学堂并准予备案，法政学堂正式成立，其筹建工作也全面展开。法政学堂位于兰州城内西大街，有讲堂 2 间，学生休息室 4 间，教员、监学休息室、教员宿舍、阅报室、绅班宿舍等 66 间房屋。主要招收官绅入堂肄业。该学堂主要开设大清律例、大清《宪法大纲》（即《钦定宪法大纲》）、民法、刑法、政治、行政、法学、国际学、民事诉讼、监狱学 10 门课程。学堂开办共花经费 56974 两；以后每年经费为 12200 两，每月给官班学生发放每人银 4 两的津贴，客班每人银 3 两，绅班每人银 2 两。

与此前的学律馆、课吏馆和法政馆相比，甘肃法政学堂不再是以往的官员培训机构，在隶属关系、管理方式、学生来源、教学方式、办学规模等方面有了明显变化，开始成为一所相对正规的高等专科学校。具体表现在如下几个方面：

第一，在行政隶属关系上，甘肃官立法政学堂改归省一级专门的教育管理机构——提学使司管辖，并在学部备案。学堂成立之初，即设有监督、正副提调、教务长、文案兼关防收掌、会计各 1 员，监学 2 员。第二，在招录学员方面，甘肃法政学堂前后共招收 3 届学生，分别为讲习科与别科。每科又分官班、客班、绅班，另有部分自费生。原法政馆招收的一班学生由法政学堂继续培训，以 1909 年招收的 138 名新生为例，官班 37 名学生是已有一定官衔的候补人员，分别有典史 11 人，巡检 9 人，县承 8 人，准补府经历、从九品各 2 人，吏目、从捡、州同、教谕、训导各 1 人；客班 34 名学生都是在甘肃的外省籍官吏子弟，其中湖南 16 人，四川 4 人，江苏、陕西各 3 人，河南 2 人，浙江、湖北、河北、福建各 1 人。绅班 47 名学生来自甘肃省各州县。学生年龄相差极为悬殊，有六十多岁的老人，也有十几岁的少年。第三，在课程设置上，开设律例、宪法、民法、国际法、刑法、民事诉讼、监狱学、政治学、行政学、法学、经济学 11 门课程，后增至 17 门课程。第二届别科

---

① 政治官报．光绪三十四年十一月十二日．第 400 号，折奏类，第 10 页．

学生毕业于 1913 年，根据民国教育部有关清末尚未毕业法科学生须全面补课的规定，又补修 7 门课程，共计 20 余门课程。第四，师资方面，截至 1909 年底，法政学堂有职员 8 人、教员 4 人、学生 135 人，法政学堂成立初期，任课教师有王家彦、程宗伊、王国柱、赵敏岳 4 人，他们中有 1 人为大挑知县、2 人毕业于日本法政大学、1 人毕业于日本警官学校，皆有知县、县丞等头衔，分别讲授宪法、民事诉讼法、经济学、法学、政治学、民法、刑法、国际刑法、监狱学等课程。

应学部要求，甘肃法政学堂制定了严格的规章制度，办学章程中规定除官班外，客班和绅班的学生一律住校。但实际上，由于甘肃风气开化较晚，学生的自主学习意识不强，管理十分松懈。"按照规定，绅客班均须住堂，但实际住堂者，多系在省城无家之绅班，客班多系官僚子弟，在省均有公馆，并不住堂。"[①] "教职员由长官遴委，校务皆奉命而行，无重大责任。其教授也，学科不分难易，时间亦无多寡，由教员平均分任。"他们平时多不讲课，只编写讲义，由学堂印发给学生。学生领取讲义后可在讲堂自修或带回住处阅读；许多不住校者，隔三五天到学堂领取讲义；还可托人持本人名章代为领取。考试也很随意，"学生各录试题以归，辄三日或五日始交卷"。恰逢陕西兵变、甘肃募兵筹饷，遂以无力支付学堂预算为由停办。甘肃法政学堂的停办，乃是甘肃经济落后、经费短缺及地方当局对高等教育的不重视所致，不仅没有延续刚刚开始的高等教育植苗，反而压抑和破坏其生长环境。直到中华民国成立后，蔡元培任中华民国第一任教育总长后，任命湘籍学者马邻翼为甘肃提学使，重新开办甘肃官立法政馆，此后，甘肃高等教育才走上正轨。

（二）师范学堂

1. 师范馆

1904 年，甘肃省师范馆附设于文高等学堂，由文高等学堂提调杨增新兼

---

① 邢邦彦. 清末法政学堂到兰州中山大学. 存于甘肃省图书馆.

任总办。生源主要来自各府、州、县配额选送的举人、贡生，师范馆只开设人伦道德、经史、国文、算术、教育、体操 6 门课程。其中，"经史"课程为首要，由文高等学堂刘尔炘讲授，其他西学课程形同虚设。甘肃师范馆修业期限规定一年，然因沿袭书院自由散漫的学风，学堂的很多章程都没有严格执行。学生入馆、出馆时间十分混乱，从 1904~1905 年，肄业期满正式毕业、或肄业虽未期满而为学堂承认其毕业的学生共 135 名。由此可见，甘肃省师范馆实际上只是一所短期速成性质的师资培训机构。随着 1905 年甘肃学务处的成立，对师范教育机构进行调整而结束历史使命。

2. 优级师范学堂

1906 年 2 月，杨增新兼理筹备甘肃优级师范学堂，系兰山书院改建而来，5 月开学。学生由各府、州、县选送的禀、增、付、监生。正式开学后派裕瑞为首任提调，提学使陈曾佑为监督，张林炎任总教习（后改称教务长）。

优级师范以培养中学堂和初级师范学堂的教习为目标。修业期限共 5 年。预科超过《奏定学堂章程》规定 2 年，与学部所定《优级师范选科简章（1906 年颁布）》相比，预科仍超过 2 年，这是由于学堂成立时尚未在学部立案的原故。直到 1907 年冬学部派员视察之后，自 1908 年起，才重新按照预科 1 年、本科 2 年的学制办理。学堂开设的公共学科有伦理、经学、子学、国文、算学、史学、地理、博物、理化、英文、日文、教育、心理、图画、体操等 16 门。选科共分史地、数学、理化、博物 4 科。博物大致开设了动物、动物实验、植物、植物实验、地址、矿物、生理卫生、图画、物理、化学、伦理、心理、教育、国文、英文、日文、体操等通习学科外，开设的本科主课为历史、地理、法制 3 门。但在"中学为体、西学为用"的教育原则和实际上重体轻用的影响下，教学中属于"西学"范围的课程并无多大起色。按照《奏定学堂章程》规定，优级师范毕业学生，可以"赏"给师范科举人，服务期满后，奖给中书科中书。导致一般学生身在学堂，却是信念科第，部分学生在校学习时，还不愿放弃八股时艺，所以当 1909 年因溥仪即位而重开特科（恩科）时，优师学生即有部分人前往参加考试。1911 年，优级师范学堂与初级师范学堂合并，改名为两级师范学堂。

3. 速成师范学堂与初级师范学堂

速成师范学堂在求古书院的基础上改建而来，主要培养初高等小学堂师资。首任提调为王鸿福，总教习刘光祖。生源主要来自各府、州、县案配额从生员择优选送，课程主要开设经学、史学、舆地、教育、格致、图画、体操、算数、英文等 11 门课程，然而，速成示范学堂的科举气氛很浓厚，不仅有大量"夫役"为师生服务，学生的待遇也相当优厚，前后两届学生共 118名，每月发给学生 8 两银子，而当时省城一般的文书撰写人员每月仅有 4～6两，因此速成师范学堂的生源十分广泛，成为当时炙手可热的学堂。

1908 年，速成师范学堂改为初级师范学堂，招收简易科（1 年）和完全科（预科 2 年，本科 3 年）的预科学生各 1 班。学生由各府、州、县按配额选送，课程主要开设修身、教育、读经、中国文学、历史、地理、理化、博物、图画、体操、算数等 12 门课程，其中以读经、讲经为重点，"西学"课程涉入不多，初级师范学堂开办 3 年，正式毕业 69 人。

（三）陆军学堂

1902 年，陕甘总督嵩蕃奏办甘肃武备学堂，设于兰州南关外。1906 年，改为甘陆军学堂。1910 年，甘肃为加强常备军的辅助力量，陕甘总督长庚创办甘肃高等巡警学堂，并附设警察传习所。除设置普通学生班外，还设置士绅班，由各县保送，另外还有官班，由省垣考收。这些班均是简易班，学习法学通论、刑法、民刑诉讼法、法院编制法、监狱学、警察学等①。学生毕业后多分配在省州府县做巡警官。1912 年改为甘肃陆军小学堂，次年停办。

学堂设总办、监督、提调、文案、收支各 1 员，学长 9 员，正副教习 20员。教学人员主要由游学日本的士人、日本士官学校毕业生、保定陆军速成学堂毕业生担任。教学工作充分体现"中学为体，西学为用"的原则，分内堂功课和外场功课两部分。内堂功课设置修身、国文、外国文、历史、算学、

---

① 甘肃省地方史志编纂委员会编纂. 甘肃省志（第 59 卷）［Z］. 甘肃人民出版社，1991.

地理、图画、格致、兵学、医学等课程，由教习在讲堂按教科书或教材分科讲授。外场功课在操场操练，或在野外军事演习。学生在教习指导下，分为马队、步队、炮队、工程等兵种行体操、林操、野操训练，还进行围攻、狙击等战术训练及演习。

甘肃陆军学堂是甘肃、宁夏、青海历史上的第一所军事学校，它是清廷与民国培养中下级军宫的学堂。办学期间，共有一百多名毕业生考入湖北陆军中学堂深造，成为民主建国的主要参与者和建设者。

（四）职业学堂

为进一步适应甘肃"新政"期间对实业建设人才的需求，甘肃省陆续设立陕甘电报学堂，矿物学堂、农林学堂和仵作学堂。

1906 年 10 月，在甘肃贡院内创办矿物学堂，由兰州道兼甘肃农工矿商总局总办彭英甲亲任学堂总办，具体工作由提调负责。学校聘请比利时人林阿德教英文，贺尔兹教化学，法国人狄代纯教授法文，学制 3 年，学生 50 名。主要开设国文、历史、算学、化学、物理、英文、法文、体操等，实习课有地质学、采矿学、冶金学、试金术、测量制图等。同年 11 月创办农林学堂，学制 2 年，学生分农、林、蚕 3 科，课程有经学、国文、历史、地理、农林、东文、英文、番文、体操等。随着省地两级审判庭、检察厅的建立，需要配合以先进的、科学的办案手段，为此，总督长庚令候补县丞胡俊在庄严寺内开设仵作学堂。在兰州招收 100 名学生，学习"相验蒸检之法"，以为办案所需。1911 年，全省建成 11 个电信局，所属职员基本由电报学堂毕业生担任。

新式职业学堂输入了新的劳动观念和商业观念，注重培养学生的实践能力，极大地冲击了传统教育重义轻利的思想。在教育内容上，涉及大量西学、新学知识。更新了知识分子的思想观念，促进了甘肃地方近代化的转型。同时，新式学堂教育成为促进人的现代化的主要途径，人的观念变革，增强了趋新的主观能动作用，对形成新的社会风尚、引领新的价值规范、更新民族心理素质、改良文化土壤结构具有重要意义。

第三节　颁布学制：甘肃高等教育的开端

　　辛亥革命是中国近代历史上的一次伟大的资产阶级民主革命，具有深远的历史意义。它推翻了统治中国二百六十多年的清王朝，结束了中国两千多年的封建君主专制制度，建立起资产阶级共和国，推动了历史的前进。辛亥革命使人民获得了民主和共和的权利，使民主共和的观念深入人心，并在中国形成了"敢有帝制自为者，天下共击之"的民主主义观念。南京临时政府成立后，以振兴实业为目标，设立实业部，先后颁布了一系列有利于工商业发展的政策和措施、以推动民族资本主义经济的发展，使随后的几年成了资本主义发展的"黄金时代"。为高等教育的发展奠定了较好的社会基础。

一、南京临时政府的教育改革

　　1912 年，中华民国南京临时政府教育部建立后，主持召开了第一次教育工作会议，于 1 月 19 日颁布《普通教育暂行办法》，规定"初等小学可以男女同校""小学读经科一律废止""小学手工科，应加注重""初等小学算术科，自第三年起兼课珠算""中学校为普通教育，文、实不必分科"；"废止旧时奖励（科举）出身"的做法，一律称该类学校的毕业生；"凡各种教科书，务合乎共和民国宗旨，清学部颁行之教科书，一律禁用"。并立即着手编写新教科书。这些措施在与封建教育彻底划清界限方面是相当有力度的，直接体现了辛亥革命的成果。同时表明中国资产阶级第一次执掌国家的教育行政权，对清末封建主义的教育宗旨、学制及课程体系，及时做出了相应的重要改革。"这对保障政体变更之际普通教育的顺利过渡，保障民国教育稳定发展起到了重要作用"[①]。在 1912 年 7 月召开的全国临时教育会议上，蔡元培把制定教育方针的问题放在首位，提请大会讨论，他大力呼吁："当民

---

① 杨东平 . 艰难的日出［M］. 文汇出版社，2003.

国成立之始，而教育家欲尽此任务，不外乎五种主义，即军国民教育、实利主义、公民道德、世界观、美育是也，五者以公民道德为中坚，盖世界观及美育皆所以完成道德，而军国民教育及实利主义，则必以道德为根本。"[①] 7月，教育部公布"注重道德教育，以实利主义教育、军国民教育辅之，更以美感教育完成其道德"的民国教育方针。9月，教育部颁布《壬子学制》，自该新学制公布至1913年8月，又陆续颁布了各种学校规程，对新学制有所补充和修改，于是又总合成一个更加完整的学制系统，即《壬子癸丑学制》。该学制规定：初等小学校（4年）为义务教育，毕业后得入高等小学校（3年）或乙种实业学校（3年）。高小毕业后得入中学校（4年）、师范学校（本科4年、预科1年）或甲种实业学校（3年）。中学校毕业后得入大学（本科3~4年，预科3年）、专门学校（本科3~4年，预科1年）或高等师范学校（本科3年，预科1年）。全部教育年限为18年，6岁入学。该学制为参照日本明治维新后新学制拟定，施行到1922年。废除了教育上的两性差别和清贵胄学堂。除高师外，允许开办私立学校。

随着壬子·癸丑学制的推动，各类学校教育呈现出迅速发展势头，据统计，1912年全国有各类学校8.7万所，学生293.3万人，教育经费支出2966.8万元；1915年学校数达13万所，学生429.4万人（其中女生为15.09万人），教育经费支出3740.6万元。"从1916年到1922年，小学生数量增长71.77%。"[②] 中学生数量增加了近6万人，师范教育发展相对缓慢，学生数量增加了约1万人。可以说，《壬子癸丑学制》的颁布成为中国近代第一个资产阶级性质的学制，它废除读经讲经，为"五四"新文化运动打下了一定的基础，并促进了学校教育事业的发展。

1913年，民国政府教育部公布《视学规程》，将全国视学区分为八个地区，分别为：一、直隶，奉天、吉林、黑龙江；二、山东，山西、河南；三、江苏，安徽、浙江；四、湖北，湖南、江西；五、陕西，四川；六、甘肃，新疆；七、福建，广东、广西；八、云南，贵州。内蒙古和西藏暂作为特别

---

① 陈学恂. 中国近代教育史教学参考资料（中册）［M］. 人民教育出版社，1987.
② 舒新城编. 中国近代教育史资料（上册）［M］. 人民教育出版社，1961.

视学区域，另定规程。"每区域派视学二人，视察该区域之普通教育及社会教育，并得酌派部员协同视察。"① 甘肃省于 1914 年 3 月设巡按使，设教育科，隶属于巡按使署政务厅，其后巡按使称省长，而教育科制依旧，因循办理，行政效率低下。当时，巡按使只是一省教育的总指挥官，势单力薄，在教育监督和检查方面几乎是空白，对此，各省代表在全国教育会联合会第一届、第二届年会上，针对地方教育无主管的现状，以及欧美国家现行的管理体制与模式展开了热烈的讨论，"因复互证各地方教育之现状，拱之教育行政上关系之要点，各省教育厅之设，实有不能再缓者……欧美先进诸邦之对于地方教育，莫不各设主管机关……我民国肇建，邦基甫定，扩张教育最为救国之要图，允宜参酌欧美良法，特设专官，提掣纲维，期收速效，则尤不能不设教育厅也。"② 上任伊始的范源濂任教育总长后，也力主各省建立教育厅，以方便和促进地方教育事业的发展。在社会各界的呼吁下，民国教育部于 1917 年 9 月颁布了《教育厅暂行条例》，规定各省教育厅直隶于教育部，设厅长一人，负责执行全省教育行政事务，监督所属职员，办理地方教育及相关事宜。甘肃省在全国建立教育厅的大浪潮下，任命马邻翼为甘肃省教育司长。

二、甘肃近代高等教育的酝酿

1910 年，中国东南部民主革命运动高涨，同盟会会员黄钺受黄兴委派，转战甘肃传播火种。1912 年 3 月 11 日，黄钺联合革命党人向燊、陈贞瑞等在秦州宣布独立，成立甘肃临时军政府，被举为都督。秦州起义是全国辛亥革命运动中的最后一次起义，是辛亥革命时期甘肃省最有代表性的革命事件，是甘肃省第一次真正意义上的民主革命，它首次将民主共和的旗帜插到了甘肃大地，不仅扭转了封建顽固派疯狂破坏陕甘革命运动的严重局势，而且沉重打击了封建残余势力的垂死挣扎，促进了全国革命形势的顺利发展。

---

① 教育杂志. 第 5 卷. 第 3 号. 1913.6.
② 邰爽秋. 教育参考资料选辑［M］. 教育编译馆出版，1935.

处在甘肃最东端的秦州，即今天的天水地区，在区位上近陕西、远兰州，陕西起义的风潮首当其冲，因得风气之先，民主革命思想的火种传入较早，造就了起义爆发的有利条件。1912 年 11 月，中国国民党甘肃支部成立，激励了革命志士继续为反帝反封建斗争。1917 年 11 月，在孙中山的号召下，甘肃资产阶级革命派和进步知识分子响应全国范围的护法运动，发动了维护民主共和、推翻封建军阀统治的武装起义，被称为甘肃的护法运动。因起义准备不足，甘肃护法运动最终以失败告终。但这是甘肃近代史上第一次由资产阶级革命派领导的民主革命运动，促使了资产阶级民主共和的思想进一步深入人心。"尤其是一批革命青年通过对辛亥革命的再认识，开始接受马克思列宁主义思想，踏上寻求救国救民的新路。"①

此时期，由于甘肃地方当局逆潮流而动所进行的征陕军事活动加重了百姓的负担，更使各类学堂遭受因经费无着落而停办的境地。1912 年 2 月 24 日，甘肃提学使王新桢以"预算经费为数过巨"为由，暂时停办法政学堂、文高等学堂、优级师范学堂和矿业学堂等 4 所专科学校。1912 年 9 月 21 日，马邻翼②被任命为甘肃提学使。他到任后，对法政学堂进行了大刀阔斧的改造。延聘蔡大愚为法政学堂教务主任，从而使法政学堂进入恢复整顿的阶段。

小结：

清朝末年，清政府相继颁布了一系列教育制度和措施，开始在传统教育上附设一些现代教育的因子，封疆大吏左宗棠倡导的教育事业，使贫穷落后的甘肃尚文之风日盛，文人士子渐繁，他所开设的书院和义学为晚清改进新

---

① 甘肃对辛亥革命的历史贡献［N］. 甘肃日报，2012. 05. 17.

② 马邻翼（1865～1938），回族，湖南省邵阳县人。中华民国教育部次长，教育家。1904 年公费留学日本弘文学院速成师范科，始接受西方民主思想。1905 年学成归国，任湖南省视学，兼全省师范传习所监督，创办妙高峰简易师范及邵阳驻省中学。1908 年任补学部普通教育司主事，搜选公牍刊为《学部奏咨辑要》，编制《全国教育统计图表》，为中国教育统计之始。与侍郎严修、咨议危静生被教育界称为"学部三杰"。

式学堂奠定了基础，促进了甘肃地方新式学堂的发育，提高了学校数量和学生人数，使甘肃开始了从传统教育向近代教育的第一次转变，并在一定程度上改变了知识分子的思想观念、知识结构，为甘肃地方传播新知、开化风气扫清了障碍。同时，甘肃在宣统元年选派 5 名学生赴日本留学，此前，还保送文高等学堂等学校的优秀毕业生水梓、邓宗、聂守仁、赵元贞等到北京京师大学堂、京师法政学堂深造，进一步反映了甘肃学习和引进新知识的魄力和勇气。

　　然而，清末新式学堂在教育内容上没有彻底摒弃对"忠君、尊孔"的强调，随着资产阶级民主共和思想的日益高涨，1906 年学部颁布新的教育宗旨："中国政教之所固有，而亟宜发明以拒异说者有二：曰忠君，曰尊孔。"①以存古学堂为例，甘肃总督升允于 1905 年仿张之洞在湖北省城设存古学堂，改兰州求古书院为存古学堂，开设课程以义理、辞章、考据、六艺等为主，新学、西学的知识根本未涉及。优级师范学堂教习张林炎以"经学"为主要讲授内容，对封建专制的讴歌不遗余力。说明这个时期的教育改革仍然是非常不彻底的。此外，辛亥革命后，甘肃封建顽固势力陕甘总督长庚在甘肃封锁清帝退位的消息，在此情况下，甘肃省教育界知名人士王之佐、慕寿祺、水梓等 28 人于 1912 年 2 月 26 日在甘肃官立法政学堂集会，提出三条决议："1. 选派代表会见长庚，要求宣布共和；2. 停止攻陕；3. 采用民国年号，西历纪念。"② 迫于压力，甘肃省于 1912 年 3 月 19 日宣布共和，比清帝退位晚 21 天。纵观清朝末年的教育改革，清政府虚与敷衍、眷恋权位的行为仍有相当保留，但在进步与保守、急进与缓进、在朝与在野的各种力量的推动和影响下，近代教育伴随着西学东渐之风已成为不可阻挡之势，学校教育呼之欲出。

　　中华民国临时政府成立后，对封建教育进行了一系列革故鼎新的改革措施，在甘肃大地广泛传播民主共和思想，促进了资产阶级文化教育的发展，同时，随着学校的改制和建立，为近代化人才培养肃清了道路，有利于人才

---

① 舒新城编. 中国近代教育史资料（上册）［M］. 人民教育出版社，1961.
② 陆润林. 兰州大学校史（1909—1989）［M］. 兰州大学出版社，1990.

的储备。这些与清末"洋务运动"的改革有着质的区别。1906年，清廷学部打着"新学"的幌子，提出旨在巩固腐朽封建统治的《大清教育新法令》，规定"忠君、尊孔与尚公、尚武、尚实五端"，强调"所有京师及各省学堂师长、生徒，尤宜正本清源，辨明义利"。但是，民国初年的教育改革已经完全摒弃了"忠君"等封建主义思想，将儒家传统思想的精华与西方近代教育的新思想融合在一起，并敏锐地抓住了教育方针和教育宗旨这个根本环节。蔡元培在《对于教育方针之意见》一文中指出："据清季学部忠君、尊孔、尚公、尚武、尚实的五项宗旨而加以修正，改为军国民主义、实利主义、公民道德、世界观、美育五项，前三项与尚公、尚武、尚实相等，而第四、第五两项却完全不同，以忠君与共和政体不合，尊孔与信仰自由违，所以删去。"这是对延续2000多年封建教育的挑战。在"破旧"的同时，蔡元培又提出"军国民主义、实利主义、公民道德、世界观、美育"等五育并举的新型教育方针。尤其是以道德养成为目标的教育方针更是中国近代第一个实行了的资产阶级国民教育宗旨，体现了资产阶级受教育者德、智、体、美和谐发展的教育思想。

辛亥革命后的教育重在"变革"二字，也在于对封建专制思想遗毒的涤荡清理。南京临时政府的教育政策是在推翻清王朝，建立资产阶级共和国的资产阶级革命高潮中产生的，所以，它是一种革命性的教育政策，具有划时代的伟大意义。然而，由于南京临时政府存在时间不长，资产阶级革命派还未来得及制定完备详尽的、符合资产阶级革命需要和资本主义发展的教育法令与政策，在文教领域也没有来得及彻底清除清政府封建专制教育的余毒，它所公布的教育政策也没有在南方独立的各省全部实施，因此，它取得的成效是甚微的。对西北内陆甘肃省而言，已是微乎其微。

| 第三章 |

甘肃高等教育缓慢发展：北洋政府时期至抗日战争爆发前

北洋政府是指中华民国前期以袁世凯为首的晚清北洋军阀，1913 年 10 月 6 日，袁世凯当选中华民国首任正式大总统后，正式形成北洋政府。1916 年，袁世凯倒行逆施宣布称帝，改年号为"洪宪"，废除民国纪元，遭到全国人民的一致反对，以孙中山为代表的革命党人坚持反袁，组织中华革命党与中华革命军发动起义，袁世凯被迫于 1916 年 3 月 22 日宣布取消帝制，恢复中华民国，不久病逝。袁世凯之死打开了近代中国的军阀割据时代，先后有皖系军阀（1916～1920）、直系军阀（1920～1924）、奉系军阀（1924～1928）。为便于行文统一，本书将统称为北洋政府时期。1927 年，以蒋介石为核心的中国国民党建立，宁汉合流后成为中国国民党政权，1928 年东北易帜后成为代表中国的合法政府。

第一节　北洋政府时期的高等教育改革

北洋政府时期，中西文化的冲突，传统与现代、先进与落后的冲突再次迸发，强烈的民族危机意识激励着一大批知识分子形成了一股从事新式教育改革、宣传西式教育的潮流，逐渐形成了以陈独秀、李大钊、胡适等为代表的以宣传西方民主与科学精神为主流的文化教育运动，即新文化运动。新文化运动对新式教育文化思想的宣传和发展起到了强烈的推波助澜的作用。

一、新文化运动对教育的影响

新文化运动主张运用自然科学知识反对迷信落后，通过大量翻译西方发达国家的哲学与科学著作介绍西方资产阶级唯物主义哲学思想。1924 年，陶行知曾撰文评价新文化运动对推进新式教育、促进教育改革的巨大影响，现时影响中国教育的所有各种力量之中，始于 1917 年"文学革命"的影响最为深刻，其领袖胡适博士和陈独秀先生宣称，"文言已经过时，白话乃是合法的继承者"，为中国人重新发现一种"活的语言，已经使中国能够产生适应新时代的新文学作品，彻底革新小学读物及教学法，并使普及教育运动得以继续扫除文盲的计划。"[①] 随着杜威、孟禄来华讲学，科学与民主教育思想在中华大地上广泛传播，掀起了又一轮中国教育改革的浪潮，那些主张"教育救国"的爱国教育家"开始了各种各样的教育实验，形成了形形色色的教育思潮和教育运动"[②]，如平民教育思潮、工读主义教育思潮、职业教育思潮、实用主义教育思潮、勤工俭学运动、科学教育思潮、国家主义教育思潮等，其中，科学教育思潮对高等院校的教学和科研影响深远，并为中国现代教育观念和教育制度的初步形成发挥了巨大作用。

在各种教育思潮的冲击和推动下，北洋政府于 1922 年 11 月 1 日颁行"壬戌学制"。新学制的指导思想紧随新文化运动的潮流，提出了适应社会进化之需要、发扬平民教育精神、谋个性之发展、注意国民经济力和生活教育、使教育易于普及、多留各地方伸缩余地等。与"壬子·癸丑学制"相比，在高等教育方面主要有以下三点不同。第一，规定大学设数科或 1 科均可。其单设 1 科者称某科大学校，如医科大学校、法科大学校。突破了大学必须设

---

① 陶行知. 1924 年世界教育年鉴（中国篇）［M］. 哥伦比亚大学师范学院国际教育研究所编辑，1924.

② 孙培青. 中国教育史［M］. 华东师范大学出版社，2000.

数课的单一综合性模式，单科设大学有利于增加大学数量，提高质量。第二，取消了大学预科，减轻了大学的普通教育教学任务。第三，实行选科制，使学生有选择学科的自由，有力地促进了学生的个性化发展。此外，新学制改变了旧学制小学时间过长，中学时间过短的缺点，延长了中学年限，改 4 年为 6 年，提高了中学教育的程度，改善了中学与大学的衔接关系，所以又称"六三三学制"。"壬戌学制"是中国现代教育史上影响最深的一次变革，不仅提出了"多留各地方伸缩余地"的弹性教育理念，而且在自下而上的改革中，民间知识分子教育群体扮演了主角。

1924 年 2 月 23 日，北洋政府教育部颁布《国立大学校条例》，同时废除 1912 年和 1913 年颁布的《大学令》和《大学规程》。规定国立大学校以教授高深学术、养成硕学闳材、应国家需要为宗旨。国立大学校得设数科，或单设一科，各科分设各学系，修业 4～6 年，毕业生称某科学士。为大学毕业生及同等学力者设大学院，大学院研究生有成绩者依学位规程给予学位。附设各种专修科及学校推广部。但由于其中规定国立大学董事会除校长召集外，其他董事或教育总长由教育部部员中选派或由董事会推选经由教育总长聘请，体现了政府对国立大学校的控制与干涉，这一点遭到教育界人士的强烈反对。他们认为，大学是研究高深学问的学术机构，学术活动有其内在的规律性，高等学校需要更多的办学自主权，极力反对政府通过董事会控制和干预学校内部事务。

二、甘肃公立法政专门学校

1913 年 3 月，原甘肃提学使司改为教育司，由马邻翼担任司长，并将甘肃官立法政学堂改为甘肃公立法政专门学校。由原校长兼教务主任蔡大愚具体筹办。甘肃公立法政专门学校至 1927 年末、次年初改为兰州中山大学，共持续了 14 年。此时的甘肃，既受全国军阀战乱的影响，在社会政治、思想、文化等方面有了一些新的变化，但仍处在荒灾不断、经济萧条、民生困顿的落后状况。甘肃公立法政专门学校由蔡大愚校长开创，后由于护法运动失败后被迫离职，之后由李獬、施国祯、张瑛、赵元贞、沙明远、杨集瀛6任校长任职，其中，李獬、张瑛任职都很短，赵元贞、沙明远是以省教育司长省份兼任，在职时间较长且对学校贡献较大的主要是蔡大愚①、施国祯和杨集瀛。他们对学校的建立、延续和发展，各种规章制度的制定实施等有着直接的贡献，他们对甘肃公立法政专门学校的发展发挥了巨大的积极作用。

（一）拓宽生源，严格管理

清末民初，甘肃的中等教育刚刚起步，全省的中学及合格的毕业生数量很少，1912年仅有十余所中学堂，在校生不足300人。而真正具有办学条件、较为正规、教学水平符合要求的中学更是凤毛麟角。1913年，甘肃省教育司根据本省财力和高小毕业生升学人数，将全省划分为兰州、平凉、天水、武威4个中学区，每区设一所中学校，把原有的10所中学归并为4所省立中学。将设在兰州的"全省中学堂"（由清末的原文高等学堂改设）改为甘肃省立第一中学、将平凉的陇东中学堂改为省立第二中学、将天水的秦州中学堂改为省立第三中学、将武威的凉州中学堂改为省立第四中学。划区并校以后，学区原有各中学堂的财产和学生并入新校。"1914年，全省4所中学校，在校学生412人。"② 为此，蔡大愚呈请"大帅饬行省立四中学及各县知事，限于1916年元月内将中学毕业各生送来省以便试验，否则，不但不能盈额，既求其半数亦不可得，乃实在情形。"③

甘肃公立法政专门学校有学生4个班，除已毕业者外，仅有政治经济本科第二、第三班及法律预科一班，招录更多学生成为当务之急。对此，校长蔡大愚呈请添招新生时指出三点必要，如不继续添招新生，极少前后年级之班次，升级降级之作用，则程度必多迁就之途，其弊一也；仅学生一班，每一学科教授钟点无多，所得薪水必少，则不足以养有专门学识之教员，势必

---

① 蔡大愚（1874—?），字冰吾，回族，四川成都人，1904～1908年留学日本法政大学，期间加入中国同盟会，与孙中山、宋教仁、黄兴等革命领袖关系密切。回国后曾在成都、上海、北京等地任教，学识渊博，治学严谨，勤励笃行，是近代著名的教育家、革命家。

② 陈元晖. 中国近代教育史资料汇编［G］. 上海教育出版社，2007.

③ 兰州大学档案2—（1）—58（甘肃公立法政专门学校）.

趋于敷衍，其弊二也；夫程度多迁就，教授复敷衍，一切管理规则又必不能执行，而学生之操行坏矣，其弊三也。所以，甘肃法政专门学校通过各中学校长向毕业生讲明法专人才的就业前景，以及将来甘肃发展所需的主要人才，以此吸引更多学生报考甘肃法政专门学校。尽管如此，学校的毕业生仍然非常少，从表 3.1 中得知，1916 年的毕业生仅占学生数的 1/5。

表 3.1 　　　　　　　　1915 年 8 月～1916 年 7 月甘肃法专学校情况

学生	毕业生	辍学	教员	职员	岁入	岁出	生均费
205	37	24	14	6	26736	26736	94.141

资料来源：陈元晖. 中国近代教育史资料汇编［G］. 上海教育出版社，2007.

在学生管理方面，甘肃法政专门学校制定了各项规章制度，使其有章可循。1913 年 9 月，制定《学则章程》，共 11 章 34 条，对办校宗旨、招生条件、课程开设、修业年限、假期、休学退学、考试奖惩、学费、教职员职责等都做了详细规定。其中尤为突出的是对学生的奖励，"按照部令，学生每月除讲义费外，纳二元以上二元五角以下之学费，甘肃情形较他省不同，暂不征收"①。这对当时经济落后的甘肃省学子而言，成为激励报考甘肃法政专门学校的一大理由，学校也为此做出了实质性的努力，仅以 1914 年的决算为例，"预科、本科、别科学生共三班，计 144 名，每名月奖银 2817 元，除缺席学生不支奖励外，全年共支奖励 2892995 元，占全年经费 16408556 元的17%。"②

（二）延聘师资，提高待遇

蔡大愚上任后，依据中华民国教育部第 119 号训令"专门以上学校聘用兼任教员需酌加限制，专门以上学校聘用教员，应注重专任教员，每学门至

---

① 兰州大学档案 2—（1）—39（甘肃公立法政专门学校）.
② 兰州大学档案 2—（1）—29（甘肃公立法政专门学校）.

少需有专任教员一人。"① 的规定，聘请毕业于日本早稻田法政大学的王道昌、林钟蕃，日本早稻田大学的黄芝瑞，日本东京警官学校及东京法政大学校的周秉钧，北京法政专门学校的彭立木，湖南法政学堂的胡镜清，湖北法政学校的万宗周等为教师。当时专业教师达到 35 名，其中，"外国留学经历者 7 人，而且都是留学日本，本国高校毕业者 28 人，专任教师 26 人，兼任教师 9 人"。② 从教师籍贯上来看，外省籍所占比例为 69%，其中湖南籍 10 人，占 29%，甘肃本土的教师比例非常少。鉴于教员稀少的原因，蔡大愚校长还亲自兼授西洋史课程。通过主讲孟德斯鸠、卢梭、拿破仑等历史人物传记，向学生们推崇民主革命精神，并曾以"董卓、王莽、拿破仑、华盛顿四人优劣试比较之"为考试题目，以检验学生学习程度。

民国以来，国家财政入不敷出，且军费开支居高不下，甘肃公立法政专门学校的教师待遇和教育经费十分支绌。1917 年 5 月，北洋政府颁布的《国立大学职员任用及薪俸规程》规定："国立大学教员分为 4 等，每等 6 级，共 24 级。其各级教员月薪，正教授 300~400 元，本科教授 180~280 元，助教 140~240 元。除助教第 6 级至第 3 级的工资差为 10 元外，各级间级差均为 20 元"。③ 当时北京大学本科教授月薪为 180~282 元，预科教授月薪 140~240 元，助教月薪 50~120 元，与此形成鲜明比照的是甘肃法政专门学校教师薪资的微薄，根据 1921 年 6 月甘肃法专的薪俸调查表，"法专职员 1 年所得在 500 元以上者只有 3 人，校长兼教务主任施国祯年薪 1260 元，奉省令以九成扣发实得 1134 元；学监主任燕王基年薪 720 元，九成扣发实得 648 元；学监兼管书员陆秉文年薪 600 元，九成扣发实得 540 元"。④ 为此，校长蔡大愚于 1915 年向甘肃省巡按使张广建呈请，为鼓励教育人员，明定条令作为实官或优给俸薪，列出四点理由：

"查我国近年来趋向多在狭义行政之一途，而教育事业恒轻视之，而不肯就，即就之亦不过迫于一时，稍有机会则去而之他，在腹地各省此种现象

---

① 兰州大学档案 2—（1）—58（甘肃公立法政专门学校）.
② 蔡大愚. 甘肃公立法政专门学校同学录. 甘肃省图书馆甘肃文献室藏书.
③ 中国第二历史档案馆编. 中华民国史档案资料汇编. 第 3 辑［G］. 江苏古籍出版社，1991.
④ 兰州大学档案 2—（1）—71（甘肃公立法政专门学校）.

亦属不免，而况边省，此所以难于得人者一；夫以能任专门教育之人，其学
识能力亦不在一般官吏之下，以其力为教员之俸薪，与为官吏之所获，比盈较
弱，相较甚远，然其学识才力既不在人之下，而其所得又不及人，自非至贤之
人，则不免有难平之隐，此所以难于久安者二；是禄既无可重士，又无由劝，
无怪贤者之士不肯为，多不肖者滥竽其间，此学务难于进行者三；以甘肃言之，
地处边陲，交通不便，风气晚开，他省学问之士多不肯来，本省人才又属有限，
今年司法、行政各界，虽不无一、二可以兼任之人，然其之目的不在教育，则
其责备也难至，薪水一项尤不能与他省较，每月至多者不过数十金，除养家应
世外，所余无几，安能久于其职，此边省所以特别困难者四。"[①]

　　由表 3.2 所知，甘肃法专的办学经费每年在 2 万 ~ 3 万银元，其中教师
薪俸占多半支出，对此，蔡大愚在维持学校较小的办学规模下，努力提高教
师质量。在蔡大愚先生的奔走和斡旋下，制定了《职教员支薪及加薪标准
表》。规定：（1）职教员初任职时，每月应支薪如下：教务主任 70 元，学监
主任 60 元，学监 45 元，庶务员 40 元，会计员 40 元，文牍员 30 元，管理图
书员 30 元，教员每小时 1.6 元；（2）职教员任职满 3 年后，确有成绩者每满
1 年，应加薪 1 次，其每月应加数目如下：教务主任 15 元，学监主任 12 元，
学监 10 元，庶务员 10 元，会计员 10 元，文牍员 10 元，管理图书员 10 元，
教员 0.4 元；（3）加薪次数职员加至原薪 1 倍为止，教员以 3 次为止。[②] 这
种做法极大地调动了甘肃法专教职员工的积极性。

表 3.2　　　　　　　　　　1915 ~ 1925 年甘肃省财政支出表　　　　　　　单位：银元

年度	岁入	军费支出	教育支出	甘肃法专经费	薪俸费	占比（%）
1915	3265051	1670577	106797	24485	16549	72
1916	3348658	2053267	144918	25855	19563	74
1917	3749950	2814543	171612	28811	20821	80

---

① 兰州大学档案 2—（1）—42（甘肃公立法政专门学校）.
② 兰州大学档案 2—（1）—75（甘肃公立法政专门学校）.

续表

年度	岁入	军费支出	教育支出	甘肃法专经费	薪俸费	占比（％）
1918	4266519	3395219	231583			
1919	3371752	2631928	203483			
1920	2364386	1990787	183159	28410	23595	86
1921	3304141	2327784	208881	28410	15032	54
1922	3404515	2320722	303444	29210	14186	49
1923	1869551	1408454	245561	30810	16626	56
1924	2062837	1246110	214598	30810	16826	57
1925	3197599	1777608	297809	23962	19261	72

资料来源：兰州大学档案 1－1－42、1－1－65、1－1－83、1－1－87.

（三）增设专业，丰富学科设置

按照国民政府教育部对全国法科学校专业设置的规定，甘肃公立法政专门学校增设政治经济科、经济科、政治科，先后举办了 7 种科别的 13 个班。其中法政别科班、法政讲习班、法律别科班，属于过渡阶段的法学专业教育，前 2 个由原法政学堂移交、由甘肃法专接办后，对学生进行了全面补课，经考试合格发给毕业证书。甘肃法专成立后招收的政治经济科（4 个班）、法律科（3 个班）、经济科（2 个班）、政治科（1 个班），都属于民国时期正规的高等专科学历教育。其学制都是预科 1 年、专科 3 年（有的班为 3 年半），符合教育部对高等专科学校学生学习年限的要求。

甘肃法专各科预科阶段所开设课程基本相同，包括国文、英文、心理学、法学通论、经济原论、伦理学、西洋历史等课程；个别班级为给学生补中学的基础，还开设数、理、化和地理、中国历史等课程；最多的达 11 门课。日语被作为第二外语开设，由本校留日教师讲授。进入专业学习阶段，各科开设课程才有所区别。其中，政治经济科开设行政法、平时国际法、战时国际法、刑法总则、民法概论、商法概论、经济史、政治学、政治史、财政学、银行论、货币论、统计学、票据学、商行法、公司条例、工业政策、农业政策、交通政策、殖民政策、簿记学等课程。法律科开设宪法、民法总则、民事诉讼法、民法物权、民法债权、民法亲属、民法继承、刑法总则、刑法分则、刑事诉讼法、监狱学、强制执行律、刑法政策、商法、海商法、商行发、破产法、公司条例、国际私法、平时国际法、战时国际法、罗马法、行政法、法院编制法、心理学等课程。经济科开设英文、宪法、财政学、财政史、货币论、银行论、政治学、民法概论、商法总则、刑法总则、工业政策、农业政策、经济政策、殖民政策、破产法、保险学、商行法、海商法、公司条例、行政法、统计学、簿记学、平时国际法、战时国际法等课程。政治科是甘肃法专后期设立的一个专业，课程尚未学完，即因甘肃法专改为兰州中山大学，而并入中山大学政治专门部学习。甘肃法专的专业、课程设置相对完整、系统，教学较为规范，各个班级基本能按照既定的教学计划组织教学，并分别予以考核。

（四）护法运动：法专学校爱国师生的创举

1915 年冬，袁世凯颁布洪宪年号，甘肃总督张广建受封为一等子爵，帝制复辟声喧嚣于兰州，蔡大愚在校长室"顿足大骂袁世凯断送了民国"①。1917 年 7 月，孙中山为反对封建军阀的独裁统治、维护民主共和理想，毅然南下广州成立中华民国军政府，出师北伐，举起了"护法"义旗。在孙中山的号召下，甘肃的资产阶级革命派和进步知识分子起而响应。

甘肃护法运动的主要领导者和组织者是甘肃法政专门学校校长蔡大愚，教务主任赵学普、教师杨希尧与谢智文，学生师世昌和青年军官焦桐琴、郑瑞青、胡登云等。蔡大愚利用北京总统府侍从武官马廷勷对甘肃督军张广建的不满情绪，鼓动他动用其父马安良的势力，共同推翻张广建，并准备在临洮策动兵变。同时派法政专门学校毕业生师世昌前往广州，寻求孙中山的指示和帮助。孙中山得知甘肃的行动计划后，大为赞许，并发给师世昌秘电本和路费，答应必要时帮助解决款械。师世昌回到兰州后，转达了孙中山的勉

---

① 王希隆. 蔡大愚先生传略：为纪念兰州大学建校 90 年而作. 西北少数民族史研究 ［M］. 民族出版社，2003.

励和支持，蔡大愚、马廷骧大为振奋，乃商议决定在兰州以法政学校为总部，在城内官升巷设"二阳公寓"作为秘密联络点，联络省城军政学界进步人士。在狄道由师世昌通过同乡郑瑞青、赵学普设联络点，河州方面由马廷骧负责。

11月初，蔡大愚邀马廷骧到兰州，在法政专门学校召开秘密会议，布置具体行动，决定冬至节起事，届时通电全国，响应孙中山北伐。另派法政专门学校教员杨希尧赴藏区策动藏族武装经拉卜楞赴临洮策应。为保证起义顺利进行，会议还制定了"简明纪律三条"，不抢劫、不妄杀、不各自为阵。准备就绪后，师世昌再赴广州向孙中山报告，请求拨发款械，孙中山同意蔡大愚的行动计划，并发给委任状。但关键时刻，由于焦桐琴部下酒后失言，消息走漏，在狄道中了张广建的埋伏。其他各地的起义由于失去了总集结点和统一领导，全部陷入了孤军奋战的境地，无一例外遭到失败。蔡大愚被通缉令悬赏二万银元捉拿，无奈之余在马安良的护送下出走四川。护法运动失败后，孙中山得知赵学普、边永福、郑登云牺牲后，亲书"为国捐躯"四个大字的白色挽幛一副以慰忠魂。

甘肃护法运动是孙中山领导的广东军政府组织发动的护法运动的重要组成部分之一，以蔡大愚为主要领导、甘肃法政专门学校教师参与策动的护法义举虽未能成功，但它是甘肃近代史上唯一的一次直接受孙中山领导的资产阶级民主革命运动，促使了共和观念更加深入人心，体现了法政学校作为甘肃地区唯一的高等学校和文化机构，有力地推动了甘肃各族人民的反封建斗争，在闭塞的甘肃吹响了拥护资产阶级共和国的号角，发挥了高等教育引领社会文化、引导社会风尚、促进社会变革的重要职能。

三、"五四运动"：甘肃高等教育接受洗礼

"五四运动"是近代中国最为深刻和全面的一次反帝反封建斗争。1919年1月，第一次世界大战结束后，由英、美、法、意、日五个帝国主义战胜国操纵在巴黎召开"和平会议"。中国作为战胜国，提出了取消帝国主义的

在华特权，废除与日本签订的"二十一条"等，但这场会议拒绝讨论中国代表的提案，并把德国在山东的特权全部转让给日本，北洋军阀政府对此毫无回击能力。这一消息传回国内，立刻成为五四运动爆发的导火索。5月4日，北京三千多名学生汇集天安门前，举行游行示威，一致要求"外争国权，内惩国贼""收回山东权利""拒绝在巴黎和约上签字"等。愤怒的学生火烧赵家楼，痛打章宗祥。同时，北京学生实行罢课，组织学生联合会进行讲演宣传，抵制日货，同北洋军阀政府的镇压政策作坚决的斗争。北京学生的爱国行动相继得到了天津、济南、上海、武汉、长沙、南京等多地学生的支持和响应。

（一）开启风气，"五四运动"在甘肃的连锁反应

早在1915年，甘肃省教育会会长牛载坤在兰州创立了"正本书社"，专门销售科技文化书籍和进步刊物，是新文化火种传向甘肃的中转站。新文化运动兴起后，正本书社成为《新青年》杂志在兰州的代销点，成为在甘肃宣传、传播新文化的唯一阵地。在封建统治的压力下，该书社一直坚持到1920年才结束其历史使命。五四运动爆发后，在京的甘肃大学生们节衣缩食，创办了"新陇杂志社"，从1920年创刊到1930年停刊，刊行时间长达10年。《新陇》杂志一方面向甘肃民众传播新文化运动的新思潮、新知识，另一方面向全国报道甘肃社会政治、经济文化落后的原因和弊端，揭露和批判封建统治势力在甘肃的黑暗统治。《新陇》的刊行宗旨，既是当时甘肃先进知识分子的愿望，也是甘肃进入现代化的先声。

1919年5月4日，北京3000多名学生在天安门前集会，举行游行示威，抗议"巴黎和会"和北洋军阀政府的卖国行径。正在北京求学的甘肃籍学生张一悟、丁益三、张亚衡、王和生、王自治等数10人踊跃参加了这场斗争。在6月3日的游行示威中，在京甘肃籍学生王和生、邓春膏、王自治、张明道、张继忠、冯聘山等10余人被捕。为坚持斗争，营救被捕同学，号称"榆中三杰"的张一悟、丁益三、张亚衡等人被推选为甘肃籍旅京学生代表，到段祺瑞官邸前请愿，要求废除不平等条约，无条件释放被捕学生。

甘肃籍在京学生及时把北京的革命斗争消息、传单、报刊通过邮寄、自带等方式传到甘肃，动员家乡人民奋起救国。五四运动的革命风暴波及了全省。这场运动的浪潮大大促进了甘肃人民的觉醒，推动了甘肃地区民主共和思想的普及。

1922年，甘肃法专学校联合兰州省立一中、师范学校、农林学校等6所学校学生组成了"甘肃中等以上学生联合会"，拟定《甘肃中等以上学校学生联合会简章》，提出了"研究学术，交换知识，改良社会，拥护国权"①的宗旨。1923年3月，甘肃学生为收回旅顺、大连，废除"二十一条"卖国条约，维护祖国领土完整与独立，以甘肃法专为首的省城各校学生发动了大规模的反日活动，并得到了市民的支持。"五九"国耻纪念日上，甘肃中等以上学校学生联合会发动甘肃学生4000余人和市民2万余人，在左公祠召开群众大会。大会通电北京总统府、外交部和参、众两院，慷慨陈词，坚决要求废除"二十一条"，拒签"巴黎和约"。并举行游行示威，高呼口号，宣传抵制日货，游行队伍手执白旗，上书"收回旅、大""坚持到底"等口号。游行终日，声势浩大，秩序井然。②"五四运动"大规模的游行活动极大地刺激和促进了甘肃的社会发展和思想进步，特别是对爱国青年的思想觉醒产生了巨大的影响。

（二）女子教育，创甘肃女子高等教育之先河

女性解放是五四运动反封建斗争的重要内容之一。在五四运动的影响下，甘肃的社会风气日开，要求女性解放的呼声日益高涨。1919年秋，甘肃省全省教育行政会议通过了"提倡女子天足案"，在兰州成立"天足总会"，宣传女性放足。5月19日，甘肃女青年邓春兰在《北京大学日刊》上读到北京大学校长蔡元培先生的《贫儿院与贫儿教育的关系》一文，其中关于男女教育平等的思想大大鼓舞了她，促使她上书北京大学校长蔡元培，要求大学开女禁、招女生。

---

① 丁焕章. 甘肃近现代史 [M]. 兰州大学出版社，1989.
② 新闻报. 1923. 5. 29.

邓春兰（1898～1982），出生于甘肃循化（今属青海省循化县）的一个开明的知识分子家庭。其父邓宗曾毕业于京师大学堂，后在兰州教育厅任职，母亲梁析熙在甘肃省立师范教书。开明的家庭给了邓春兰异于同辈人的影响与教育。她几乎没有受到那个时代盛行的许多陋习诸如"缠足"的影响，7岁入循化起台堡小学接受教育，后转省立女子师范学校学习，在此期间，邓春兰接触到更多的新鲜事物和进步书刊，了解到蔡元培等人对男女教育平等的主张。在当时，这样的家庭环境和教育背景实属难得，这也成为她日后上书蔡元培的直接动因。

邓春兰上书之时，蔡元培由于不满军阀对学生运动的血腥镇压，愤然辞职。但这并没有浇灭邓春兰的求学之心，她又写了一份《请报界诸先生转全国女子中学毕业暨高等小学毕业诸位同志书》，连同《春兰上蔡校长书》一起寄给北京诸报，公开呼吁妇女同胞为大学解除女禁、教育平等而奋起抗争，发出了"女子要求入大学的第一声"。北京《晨报》和上海《民国日报》分别以《邓春兰女士来书请大学解除女禁》《邓春兰女士男女同校书》为题进行报道，英国人主办的《民心报》、法国人主办的《益世报》等外文报刊也相继发表和转载，在国内引起强烈反响。

与此同时，北京女子师范学校在全国招生，邓春兰参加了甘肃省招考官费赴京学生考试。在进步势力的影响下，甘肃破天荒地录取了6名成绩优秀的女学生，邓春兰名列其中。邓春兰到达北京后，为实现女子上大学而付出的行动震惊了社会各界。北京诸报刊纷纷组织文章，要求大学破除女禁，男女同班接受高等教育。少年中国学会还邀请北大教授胡适作报告。该会会刊《少年中国》出版"妇女专号"讨论解除女禁问题。1910年10月，胡适在该刊发表《大学开女禁的问题》，提出了解除大学女禁的三个步骤，先在大学聘用女教授，再招收女子旁听生，最后全面改革女子学制，使女子中学课程与大学预科的入学程度相互衔接。这一主张在当时的教育界引起了不小轰动。

在社会舆论的推动和各界进步人士的支持下，蔡元培与当局几经磋商研究，于1920年2月，考核录取邓春兰等9名女学生为北京大学文科旁听生，邓春兰成为甘肃的第一个女大学生，也成为中国的首批女大学生之一。

一石激起千层浪，邓春兰进入北京大学不仅成为甘肃高等教育史上的一段佳话，也为全国的知识女青年树立了楷模，当起了标兵。紧接着，全国各高等学校纷纷效法，陆续解除女禁，招收女大学生。山西省教育联合会也通过了男女共学提案；湖南三十几位旅居天津的女青年联名呼吁北京大学解除女禁；协和女子大学生奚浈联络上海、南京的女青年要求进入北京大学男女同校同班学习；即将赴法国勤工俭学的向警予还在百忙中，代表蔡和森和她写了一封长信给湖南女青年陶毅，建议她从速加入要求北大公开招收女生的运动。

　　但是，女生入校与男生同班学习，被一些封建遗老遗少视为不遵祖训，有伤风化，他们四处造谣诽谤，恶意中伤。北洋政府也出面横加干涉，大总统徐世昌亲自发出公函，教育部甚至致函北京大学，企图将邓春兰等人逐出校门。对此，在蔡元培等人的支持下，邓春兰毫不屈服，发起主办"春晓学社"和《春晓学社季刊》，积极参加《新陇》杂志的出版发行活动。她陆续撰写了《妇女解放声中之阻碍及补救的方法》《思乡》《勉学》《北方学界的风潮》等文章。对妇女解放、男女平等问题进行了深入的研究剖析，倡议婚姻自由，认为妇女不是男子的附庸和玩物，应废除纳妾宿娼，禁止早婚、多育、缠足，强调妇女有权参加政治活动，有资格在政府中任职等观点。她的这些主张赢得了各界进步人士的热烈掌声，在知识女界产生了深远的影响。邓春兰后来因病没有能在北京大学毕业。她于 1923 年回到兰州，在省立女子师范学校任教，从事妇女教育，并在中共甘肃特别支部负责人宣侠父、钱清泉等人支持下创办《妇女之声》杂志①，在西北地区颇有影响，成为甘肃女性中的翘楚，开启了甘肃女性接受高等教育之先河。

第二节　南京国民政府前期的教育变革

　　1928 年，"宁汉合流"和张学良"东北易帜"后，南京国民政府正式成

---

① 赵宗福. 青海历史人物传 ［M］. 青海人民出版社，2002.

立。同时改组国民政府，以国民政府行政院为最高行政机关，下设内政、外交、财政、教育、交通等部和蒙藏、侨务委员会等部门。国民政府力图仿照西方资本主义国家的民主政治，在中国营造资产阶级民主共和的理想，并着手社会各项事业改革，加快社会现代化的进程。例如，在各类宪法中对人权的规定促进了社会结构的分化和社会流动的增加，扩大了社会政治参与的范围，改观了传统的政治生活秩序，使传统中国由"封闭性"逐步走向"开放性"，为社会发展增添了活力。

甘肃省政府在此期间颁布《甘肃省教育厅暂行组织法》，规定教育厅为省政府部门之一，受省政府指挥，监督掌管全省教育行政事宜。1932 年，依据省政府《暂行组织法》有关条款，经省务会议通过颁布《甘肃省教育厅组织规程》，规定教育厅在不抵触中央法令和省政府委员会决议的范围内，对主管事务发布厅令及单行规程；对全省各县行政机关执行教育事务有指挥监督权；就主管事务对全省各县行政机关的命令或处分，认为有违法、逾权或其他不当时，得以厅令停止、撤销。正式确定了省教育厅的行政权力。1935 年，省教育厅呈请教育部核准，颁布《甘肃省教育行政会议规程》，就教育行政会议的"人员组成，代表产生以及代表资格审定、会期、议案的提交、审议、决议等，做了具体规定"①。

一、南京国民政府初期的教育改革

1927 年，南京国民政府成立后，设立中华民国大学院为全国教育行政及研究学术的最高机关，管理全国学校及教育行政事宜。大学院直属国民政府，设高等教育、普通教育、社会教育、文化事业、总务、秘书 6 处，其中高等教育处掌管大学、专门学校、留学、各种学术团体及学位开始等，另设中央研究院主管学术研究工作，这是中国现代研究机关之肇始。同时，任命蔡元培为教育行政委员会常务委员。蔡元培是我国近代著名的资产阶级民主革命家、思想家、教育家。曾先后担任民国教育总长、北京大学校长、南京政府

---

① 甘肃省地方史志编纂委员会编纂. 甘肃省志（第 59 卷）［M］. 甘肃人民出版社，1991.

大学院院长、中央研究院院长等职。蔡元培的教育思想深受德国大学理念的熏染，蔡元培曾 4 次赴德国学习或考察，前后累计达 6 年之久，德国高等教育经洪堡、费希特等人的改革后经过 1 个世纪的发展，正处于巅峰时期，德国大学模式已成为当时世界各国争相学习、模仿、借鉴的对象。这些丰富的阅历使蔡元培从传统旧学成功地跨入西方新学，并游刃有余，从借鉴莱比锡大学到改革北京大学，成为蔡元培实践大学理念的新起点。蔡元培对中国近代高等教育作了大刀阔斧的改革，出台了一系列法规和政策措施，使高等教育的发展走上了正规化、制度化的轨道，大学教育质量有了明显的提高。

（一）试行大学区制

大学区制主要是仿效法国建立大学区制，初衷在于赋予大学享有教育行政的领导决策权，是国民政府改教育部为大学院的直接产物。大学院成立之后，依据现有的省级行政区域划分，把省教育厅并入大学区中。每个大学区设校长 1 人，总理区内一切学术与教育事宜。下设评议会、秘书处、研究院、高等教育部、普通教育部、扩充教育部。1927 年 7 月，国民政府令江苏、浙江率先试行，裁撤教育厅，组成大学区。由国立东南大学、河海工程大学、江苏法政大学、江苏医科大学、上海商科大学、南京工业专门学校、南京农业专门学校、上海商业专门学校 8 所大学合并组成第四中山大学区，后改名为中央大学区，张乃燕为校长；由浙江大学、浙江省工业专门学校、浙江省农业专门学校合并组成第三中山大学区，后改名为浙江大学区，蒋梦麟为校长。但由于矛盾重重，只见其弊，不见其益，国民政府又于 1928 年改大学院为教育部。

（二）颁布《大学组织法》等法令

1929 年，随着《中华民国教育宗旨及其实施方针》的公布，大学教育以三民主义教育为指导方针，进行立法与管理。相继颁布了《大学组织法》《大学规程》《专科学校规程》。其中，《大学组织法》规定大学应依照三民主义教育宗旨及其实施方针，以研究高深学术、养成专门人才为宗旨。阐明了大学与其他高等学校的最大不同之处在于其学术性。按办学主体的不同，大学分为国立、省立、市立及私立 4 种。国立大学由教育部审查全国各地情形予以设立，省立大学由各省政府设立，市立大学由市政府设立，私立大学由私人或私法人设立。但不管哪一类大学，其设立、变更及停办，都需要经教育部批准，从而确立了教育部对于全国大学的组织权与规划权。同时，《大学组织法》明确规定：大学分文、理、法、教育、农、工、商、医各学院，必须具备 3 个以上学院者始得称为大学，《大学规程》进一步补充为"大学须具备三学院，并遵照中华民国教育宗旨及其实施方针'大学教育注重实用科学之原则'，必须包含理学院或农工医各学院之一"。不符合上述条件者为独立学院，独立学院得分两科。大学各学院及独立学院各科，得分若干学系，各学系遇有必要时再分组，大学医学院或独立医学院不分系科。大学各学院及独立学院设专修科，大学设研究院。大学的修业年限，医学院为 5 年，其他科系均为 4 年。

根据国民政府教育部 1931 年 6 月的统计，"全国有公立大学 33 所，公立专科学校 18 所"①。截至 12 月底，公立大学增加到 37 所，而公立专科学校则减少到 15 所，人才结构倒置现象十分严重。为此，国民政府大力倡导发展专科学校教育，在《专科学校组织法》和《修正专科学校规程》的基础上，出台《扩充专科学校办法》，要求各省尽快创办农、工、医等专科学校，以发展与国计民生密切联系、社会急需的矿冶、机械、机电、土木、河海、农艺、蚕桑、水产、税务、交通等类专科学校，为当地经济建设服务。

（三）改革大学教学制度

从 1922 年新学制公布至南京国民政府成立以前，正值高等学校数量扩充时期，各大学的自主权很大，往往自行制定各系科课程，造成全国大学课程设置标准混乱零杂的局面。为了加强对大学的控制，提高大学教学质量，教育部长朱家骅在《九个月来教育部整理全国教育之说明》中提出了具体意

① 廖世承．最近三十五年至中国教育［M］．商务印书馆，1931.

见。首先，大学课程改革必须遵循三条基本原则，一要遵循课程的学术体系，使学生易于学习掌握；二要注意客观条件，即与课程相配套的图书资料、仪器设备是否齐全；三要通盘筹划，统一设置，避免课程重复，并使其互为选修、必修。其次，把课程分为四大类，即共同必修课程、基础课程、每系主要课程以及辅助课程，突出基础课程比重。再次，采用学分制。但学生每学年所修学分应有限制，不准提前毕业。对于聪明、勤奋的优秀学生，可允许他们在完成应得学分的情况下，在最后一学年学习特种课目以资深造。最后，专门成立"大学课程及设备标准起草委员会"，但因思想不统一及大学课程繁杂，直到抗日战争爆发，只公布了医学院暂行课目表。

这一时期的教育改革主要围绕着肃清清末封建专制主义的遗毒，实施开展资产阶级革命派蔡元培的教育思想和大学教育思想。这一时期，蔡元培主持制定的法令、规章达 30 多种，其内容几乎涉及教育的各个领域，为各级各类教育事业提供了良好的顶层设计蓝图。

二、兰州中山大学时期

民国时期，甘肃都督赵惟熙与回军统领马安良之间的斗争以及赵惟熙的败走，张广建、陆洪涛和马福祥之间的争都督之战，以及 1925 年的国民军入甘等，造成不同军阀势力之间的连年混战。随着蒋介石集团发动"四·一二"反革命政变和各汉族军阀势力的被消灭，国民军与各回族军阀之间的矛盾日益加深，尤其是在"河州事变"和"凉州事变"后，引起了甘肃统治集团的恐慌，国民军一面采取分化瓦解的手法，拉拢回族上层人士，一面派兵围剿，于 1928 年对河州发动了总进攻，回族军阀势力受到严重打击。在国民军和军阀之间连绵不断的战争过程中，甘肃省各项社会事业遭受严重打击，近代化发展步履维艰。

1927 年前后，国内很多省份相继建立省属大学，甘肃教育界也提出在省内建立大学事宜。甘肃省政府主席刘郁芬就此事请示冯玉祥。1927 年 6 月 2

日，冯玉祥自河南信阳复电刘郁芬，决定甘肃所办大学应称"兰州中山大学"①，以纪念1925年3月逝世的孙中山，并以国民党中央政治委员会开封分会第五次会议决议方式，命令甘肃省政府遵照办理。刘郁芬命教育厅召集省垣教育界人士商议，决定将甘肃公立法政专门学校与兰州中山学院合并，共同组建兰州中山大学。省教育厅将此次会议讨论结果上报省政府，经省政府第34次委员会讨论同意，并责令有关部门组成"兰州中山大学筹备委员会"。

兰州中山大学筹备委员会于1927年12月19日正式成立。筹委会委员有教育厅长马鹤天、法专校长杨集瀛，水梓、吴至恭、杨慕时、董健宇、王德厚等7人，后又增补张允荣为委员。筹委会成立后，先后拟定《兰州中山大学筹备委员会章程》和《兰州中山大学组织大纲》。《兰州中山大学组织大纲》提出"本大学以研究高深学术，养成建设人才，实现中山主义为宗旨"；并将根据情况逐步设置文学、哲学、教育学、史地学、社会学、法律学、政治学、经济学、数力学、化学、生物学、地质学、医学、矿冶学、土木工学、农学等系。学校"设本科及预科，但预科经相当时期后酌行废止"；"设专门部、中小学或其他专修科"。"采取学分制，视各系学术之性质，分别定订学生肄业期限预科二年、本科四年或五年，专门部三年、专修科一年或二年"②。校务会议是学校的最高决策机构，"以校长、副校长、教务长、训育长、事务长、各主任及课长组织之"，其职权为讨论和确定教育方针，本校课目及课程、系与科之增设与变更、学生成绩考查事项、建议于评议会之议案、提交教务会之议案、其他关于各部科系共同事项、审定本校学生毕业事宜及其他。教职员联席会议由全体教职员组成，主要承担选举评议会之教职员代表、建议评议会及校务会议之事项、关于教职员全体之重要事项等。教

---

① 中山大学是为纪念孙中山先生而建立的。国立广东大学改名为国立中山大学后，国民政府批准四所大学命名为国立中山大学。国立中山大学改名为第一中山大学；国立武昌中山大学命名为国立第二中山大学；杭州创办国立第三中山大学；南京以国立东南大学等多所高校为基础创办国立第四中山大学。除这四所国立中山大学外，还有河南中山大学、南昌中山大学、上海中山大学、安徽中山大学、兰州中山大学、西安中山大学等等。1928年初，国民政府大学院将各地中山大学以所在地命名，只留广州第一中山大学，以资纪念总理。

② 兰州大学档案13—（1）—1（兰州中山大学）.

务会议由全体教员组成，主要负责协议本校关于教务方面一切事宜及评议会、校务会议之事项、教员全体之重要事项。

参照 1912 年 10 月教育部《大学令》中有关大学建立评议会的规定，筹委会于 1928 年 4 月 2 日制定《兰州中山大学评议会组织大纲》，规定："本评议会为兰州中山大学最高会议机关"，主要由甘肃省政府代表 1 人、民政厅长、财政厅长、教育厅长、省教育会长、兰州中山大学校长、大学本部各科系主任及教员所推代表 3 人、甘肃学术界有声望热心教育者 2 人共同组成。"设校长 1 人，总理全校校务，并设副校长 1 人协理之""设教务、训育、事务 3 处"和教务长、训育长、事务长各 1 人；设秘书处、图书馆、出版课；"各部科系主任由校长得评议会之同意聘任之"；教务长、训育长、事务长、秘书处主任、出版课课长、图书馆主任、中学及小学主任等，均由校长分别聘任。评议会职权包括：（1）评定大学教育方针；（2）筹划大学经费；（3）审查大学本部及附中预算决算；（4）决议各项建议案；（5）决定大学校长提出之各系主任聘任问题；（6）大学校长有失职时得提出弹劾（评议此款时大学校长不得列席）；（7）关于本校修正事项。

经过两个多月的筹备工作，兰州中山大学于 1928 年 2 月 29 日正式成立，甘肃法政专门学校宣告结束，校长由教育厅长马鹤天兼任。3 月 8 日，正式启用甘肃省政府颁发的"兰州中山大学关防"，后因建校庆典之日恰与 1911 年广州黄花岗起义烈士纪念日相重，经 1929 年 3 月 21 日第 6 次校务会议决定，将校庆日改为 4 月 1 日，以此纪念和庆祝甘肃历史上第一所多学科的本科大学建立。

兰州中山大学的建立，主要凭借军阀冯玉祥及其国民军的支持，在很多方面并不完全具备办学条件，如课程设置单一、组织机构的未曾实现，存在时间较短等，在以后走过了十分艰难曲折的道路。但它的出现，对于甘肃高等教育的发展及法政专门学校的转型，具有划时代的意义，标志着甘肃第一次出现了本科教育和法学之外的其他学科和专业，是甘肃多学科大学建设中迈出的重要一步。

三、甘肃大学到省立甘肃学院时期

1929 年初，南京国民政府教育部下达命令，为了不使"中山大学"校名过多，除广州国立中山大学外，其他各省中山大学一律更改校名。1931 年，兰州中山大学更名为甘肃大学。学校的校长、体制、科系、人员等则一仍其旧，均无变动。

根据《大学组织法》关于大学分为国立、省立或市立、私立四类、大学分文、理、法、农、工、商、医各学院、凡具备三学院以上者，始得称为大学的规定，当时的甘肃大学，仅设有法律系、教育系、中国文学系、美术专修科、政治专修科，全校每年的办学经费只有 9 万余元。1931 年 1 月 12 日，甘肃大学校长邓春膏为招收新生以增加学校已有各系班次和筹建理学院，专门向甘肃省政府呈文，恳请增拨学校办学经费 54144 元、临时经费 29903.93 元，共计 84047.93 元。但未获批准。此后，直到 1940 年，学校的办学经费才随物价的飞涨而有所增加。因此，甘肃大学无论在专业、科系的设置和数量，学校经费及办学条件等各方面，都与教育部对于大学的上述规定相去甚远；而且这种不利局面也不可能在短期内有大的改变。1931 年 5 月 26 日，教育部在下发各学校填报该年度基本情况调查表的文件中，将甘肃大学核定为"省立甘肃学院"。1932 年 3 月 1 日，教育部正式颁发"甘肃省立甘肃学院关防"，邓春膏任校长。

邓春膏（1900~1976），字泽民，别号哲民、哲明。甘肃循化县（今属青海）人，其父邓宗从甘肃文高等学堂进入京师大学堂学习伦理学和英文。毕业回兰州后，在甘肃巡按使署任教育科长，继任甘肃省教育厅科长。由于家庭开放的民主氛围，使他较早的接受了新文化运动。1917 年在北京大学学习期间，参加了北京各校学生发动的五四运动，并和部分学生组成演讲团到北京街头宣传爱国主张，在北京发起成立"春晓学社"，创办《春晓学社季报》和《新陇》杂志。作为杂志的编辑兼校对，邓春膏在《新陇》上发表了一系列宣传新文化、新思想的文章和译作。1921 年，邓春膏从北大毕业。次年，考取留美官费生，与吴有训、杨武之等同船赴美。先后获得斯坦福大学文学学士、硕士，芝加哥大学哲学博士学位。返回国内后，他谢绝沪上一些大学欲聘其为教授的好意，决意回到甘肃。

作为一种专业的组织系统，大学主要由专业的分化与融合而发生、发展。大学的专业建构基于不同的社会需求，满足于内部学科知识的积累，同时还要满足国家和市场的需要。对落后的甘肃地区而言，从清末一直沿袭的法学专业到了民国时期，已不能满足社会对人才规格多元化、高标准的需求，随建立的农医等学科既是地方高校作出的积极回应，也是对教育部相关政策的落实。然而，由于近代甘肃军阀势力与国民军之间的争权夺利，以及 20 世纪二三十年代甘肃自然灾害频仍，导致仓库空虚、人民乏食、农村萧条、土地荒芜。[①] 严重破坏了生态环境和社会生产力，加剧了甘肃经济的凋敝和文化的衰败。这使得办学经费成为当时甘肃省高等学校面临的最严重问题。"1931年，全国专科以上学校有 103 所，该年度总经费为 33619237 元，而当时甘肃省高校的经费只占到 1/371；全国专科以上学校的平均经费为 326400 元，甘肃省高校占 27.6%，当时的中央大学经费是甘肃省高校的 23 倍之多，包括四川大学、山东大学也在甘肃省高校的 5 倍以上。在全国 36 所独立学院经费名次中，甘肃学院位居 23 位，在全国 103 所专科以上学校经费中占第 71位"[②]。这不仅令筹设新学科困难重重，也成为甘肃学院专业发展的最大瓶颈。

邓春膏在此等不利环境中接任院长一职后，在继承和发扬兰州中山大学的基础上，不断开拓创新，向前发展。

（一）调整系科，向综合大学迈进

甘肃大学时期，仅设有法律系、教育系、中国文学系、美术专修科、政治专修科，学科单一，发展极为不平衡，难以对社会起到支撑作用。尤其是

---

① 1927～1929 年，连续三年发生了甘肃近代史上最为严重的特大旱灾。仅兰州一地灾民就达 11.6 万余人，牲畜饿死大半。此后 1932 年全省有 44 县大旱，1934 年有 45 县大旱。

② 二十年度全国高等教育概况见表．存于甘肃省图书馆．

医学人才的匮乏，一般百姓既没有预防，更没有医治，得了病，都是"非乞灵于符篆，即能名于巫现，死亡之数骇人听闻"①，适逢教育部通令"各省设立农学专科学校与医学专科学校"②，校长邓春膏于 1931 年 10 月 8 日呈请省政府将设农医专科学校之款拨归甘肃大学设立农科与医科，如此"一则不负教部之功令，再则适应甘肃之现状"③。省政府于 1933 年春正式批准甘肃学院成立医学专修科，学制 5 年，其中 4 年专业学习，1 年医院临床实习，开设解剖、妇产科、眼科、耳鼻喉科、精神病、法医、理疗等 16 门课程。据 1941 年该科奉令独立设校前的统计，医学专业各学科共有 11 名专任教师，其中教授、副教授共 5 人，讲师 3 人，教员 3 人。

医学是一门实践性很强的学科，学生在积累一定的理论知识之后，必须以实践加以巩固和提高，为此，邓春膏院长呈请将甘肃中山医院划归甘肃学院作为附属医院，以便学生实习，甘肃省政府于 1932 年 11 月 27 日将中山医院拨归甘肃学院。甘肃学院附属中山医院不仅担当着医学院学生的实习，而且兼办诊治疾病、公共卫生、紧急救济、预防时疫等多项任务，为改善当地的医疗卫生事业做出了开拓性的贡献。然好景不长，1936 年，附属医院并入省立兰州医院，学生的实习又成为一大难题。1941 年 11 月，甘肃学院院长王自治报甘肃省政府批准，将戒烟医院拨归甘肃学院为附属医院。

建院之初，邓春膏院长为筹得医疗设备，派事务长朱铭心到南京、上海等地募集经费，从中募得中英庚款董事会 5000 元，得其医疗设备费 20000 元，这才初步建立起了一批实验室和设备。1942 年，应教育部要求，将甘肃学院医学专修科并入新建的国立西北医学专科学校。1942~1945 年，共招生 269 人。1945 年夏，教育部将国立西北医学专科学校并入设在陕西的国立西北医学院，改名为国立西北医学院兰州分院。1946 年夏，教育部又将国立西北医学院兰州分院并入新成立的国立兰州大学，在兰大校长辛树帜、院长于光远的积极呼吁下，1948 年教育部批准兰大医学院设立附属医院，由此医学

---

① 杜鹏侠. 甘肃行 [M]. 甘肃人民出版社，2002.
② 兰州大学档案 6—（2）—190（甘肃学院）.
③ 兰州大学档案 6—（2）—208（甘肃学院）.

院进入了稳定发展时期。

同时，农学专修科的设置也颇费周折。甘肃地域辽阔，人烟稀少，自古以来就是少数民族赖以生存的天然牧场，然而这种开放性、粗放型的经营模式严重阻碍了甘肃省农牧业的科学发展，为此，邓春膏院长再三上书甘肃省政府开设农学专修科。他以"非彻底改良农业技术，增加多量生产，不足以救偏弊，而裕民生"① 为由，遵照中央普设农、工、医的决议，按照地方情形，创设农学专修科，培养农业专门人才，以满足改良农业的需要，并提交甘肃学院院务会议通过。1933 年 3 月，委任毕业于北京农业专门学校、时任甘肃学院农科森林系主任郑祖武，兼代农场筹备员，筹备一切事宜。1933 年 4 月，邓春膏院长向甘肃省政府呈送农科预算书，后因受经费限制，不再重新规划，于甘肃学院经费项下详核支拨，改设为普通农学专修科，1933 年 5 月，邓春膏院长又将改设该科情形详加呈复省政府，并恳通饬令"每县报送学生一名，资格是中学四年制毕业，三三制初中毕业亦得与考，考取以后，一切书籍用品，由甘肃学院供给，成绩优良者酌给奖金，三年毕业后仍由省府分发各县改良农业，则专门人才得以深入民间，建设事业殊不致呈畸形之发展"。1933 年秋，甘肃学院成立农学专修科。

同样，农学专修科也面临着学生的实习问题，邓春膏院长为此上书甘肃省政府，提出要"以教授农业应用科学，养成农业技术人才为宗旨，学理与实验并重"② 的教育方针，迫切需要省政府划拨实习基地。在经过邓春膏院长的多方斡旋下，甘肃省政府将兰州市雁滩中河滩荒地划为农学专修科农场。1935 年 2 月，甘肃学院向建设厅承租黄河北庙滩子农场 183 亩，并重修灌田水车一架，农场内辟实验区、繁殖区、经济区三个部分。1939 年，教育部拟在兰州设立国立西北技术专科学校，以"教授应用科学，培植技术人才，发展甘肃生产事业"③ 为宗旨，令省立甘肃学院停办农学专修科，人员调往国立西北技术专科学校，省立甘肃学院农学专修科遂于此时结束。

---

①② 兰州大学档案 6—（2）—134（甘肃学院）.
③ 国立甘肃农学专修科概况 [J]. 甘肃青年，第 8 卷第 1 期，1945：28.

（二）延聘师资，提倡兼容并包的办学理念

师资缺乏是甘肃学院面临的最严重问题之一。大学毕业或留学外国的甘肃籍师资不敷聘用，加上东南一带的大学师资或不习惯甘肃气候与生活，或受不了数千里的长途劳顿，加之甘肃的教师待遇比东南诸省低，更是难以聘到合适人才。对此，邓春膏院长提倡兼容并包的思想，以办学需要和真才实学为最高标准，想方设法聘得一批学有所成的人才。

聘毕业于日本东京大学法律科的张次房为甘肃学院教员兼政治专修科主任，讲授《劳工法》《行政法》《民事诉讼法》。张次房思想活跃，是新陇社后期的社员和撰稿者，是甘宁青三省最早介绍马克思科学社会主义学说的学者，在 1930 年第三卷第二期《新陇》上发表《现代生产评论》一文，认为科学社会主义"集大成者为大名鼎鼎的马克思""无产阶级的革命目的，完全为人类谋幸福，不是争王位，也不是争地盘"。"由现在两阶级的对峙，经过无数的阶级战争而到全无产阶级扑灭了有产阶级的时候，社会便成无产阶级的社会。那时的经济组织，根据著者的测想言之，一定是'各尽所能，各取所需'。如现今的资本主义的经济组织，那时的人们绝对不会来采用的"。聘请美国哥伦比亚大学哲学博士赵宗晋教授《法律哲学》《英文》，聘日本明治大学法学士杨清汉为教务长，聘日本早稻田大学文科毕业生王维屏教授《日语》，聘北平私立中国大学政治经济系毕业生谢斌教授《社会学纲要》。

邓春膏对于中国传统优秀文化十分敬重，对于前清有真才实学的科举人士亦十分尊重。曾礼聘光绪举人慕少堂（1875～1948）讲授《经学概论》和《音韵学》；聘光绪甲辰科进士、曾赴日本考察过法政的杨巨川（1873～1954），讲授《诗学》和《三通概论》（杜佑《通典》、郑樵《通志》、马端临《文献通考》）；聘光绪戊子科举人、平番（今永登）周应沣讲授《国文诗词》。慕少堂曾被甘肃学政蔡金台誉为"甘之俊人"，他著有《周易简义》《十三经要略序》《甘宁青史略》《西北道路志》《敦煌艺文志》《中国小说考》《甘宁青恒言录》《求是斋丛稿》等20多部著作。杨巨川著有《梦游四吟》《诗学萃言》等。周应沣在晚清当过学正、训导等学官，民族意识强烈，秋瑾遇害后，赋诗两首，遥向悼念，其中的一首发出"天演竞争冠五洲，秋娘一死可千秋。甘为俄国苏菲亚，耻作爱兰波宁流。赤手开创新学界，丹心留照旧神州。炜煌彤管续《麟经》，杀身女士气犹生"[①] 的呼声。他博通内典、外典，兼涉西学，著有《棣园诗集》《棣园文集》《希腊哲学列传》等。聘请四川法政学堂毕业的曹兆镜讲授《国画花卉》。曹兆镜师从聋道人刘锡龄，擅长花卉、松石、翎毛、山水，是清末民国前期的国画家，誉满甘宁青，其一幅五尺花卉，售价抵一院房产，晋商、陕商多所购置，以备增值。他在五泉山半月亭所绘《明月松泉图》，饮誉一时。聘赵西岩（1901～1955）为艺术系教员。赵西岩毕业于北平艺术学院美术系，得齐白石真传，擅长羽毛花卉，用墨纵横雄健，造型简练质朴，色彩鲜艳浓郁，形神兼备，真切自然。

邓春膏院长对教师才学的重视和认同还反映在聘请教员毛士莲。毕业于北京大学数学系的教员毛士莲女士由于穿着入时，有人认为有失世道尊严，不宜聘用，对此，邓春膏并未盲从，而是通过听课和学生的反映决定该教师的去留，结果发现毛士莲讲课深入浅出，指导学生逻辑性很强，而且学生反映良好。邓院长据此力排众议，毅然聘任毛士莲。

经过多方努力，截至1934年，甘肃学院专职教员达到18人，到1935年达39人，其中留学生11人，获博士学位的5人，解决了师资缺乏的问题，保证了教学质量。同时，邓春膏院长自己也登台授课，亲自讲解《哲学概论》《西洋哲学》《法律哲学》《经学通论》与《英文》等课程，还举办各种讲习会，请社会名流王庚山、赵元贞、田炯锦等先生演讲，活跃了学术气氛，开阔了学生视野。

（三）催要经费，加强基建

《大学规程》第15条明文规定大学各学院或独立学院各科开办费及每年经常费之最低限度，即：文、法、商、教育学院或科，开办费为10万元，每年经常费为8万；理、医学院或科，开办费为20万元，每年经常费为15

---

① 周应沣. 棣园诗集 ［M］. 铅印本，1924.

万元；工学院或科，开办费为 30 万元，每年经常费为 20 万元；农学院或科，开办费和每年经常费各为 15 万元，以此保证高等教育最低开办费和经常费的发放。

然而，甘肃学院每年仅获得 9 万多元经费，还常常拖欠不拨，到 1934 年经费积欠已达 20 多万元，成为全国经费最少的一所高等学校。1931 年 1 月 12 日，院长邓春膏呈请省政府增设班次，筹设理学院，恳请增加经常费和临时费，"计划增设班次需经常费大洋 54144 元，计划购置图书、标本、仪器、药品及设备实验室等临时费为大洋 2990393 元"①。1933 年 2 月 16 日，院长邓春膏曾呈请教育部补助农、医两科经费，教育部第 191 号训令回复，"甘肃近数年以来，灾祸频仍，兵匪蹂躏，财政艰窘，公私交困，省府对于省立甘肃学院旧日经费积欠尚属累累，新请增拨，限于环境，势有未能"②。1933 年 9 月 20 日，邓春膏为改进农医两科设备，恳请转咨财政、教育两部拨助经费以资弥补，"事情未果"。1935 年 2 月 2 日，邓春膏呈请省政府拨发积欠中山医院经费，中山医院每月经费均由义务捐项下开支，但"因此项收入减少，一直未能按时拨给，所有在此捐项下开支各项均属积欠。"

甘肃学院在如此窘境下，经过院长邓春膏多方催要经费，团结教职员工，开源节流，惨淡经营，在求生存中获得稳步发展。1932 年 6 月 23 日，邓春膏致函蒋介石，"本院为适应甘肃社会之需要，今岁开办医科，草创伊始，经费艰窘，特派职员朱铭心，前往京沪募款，以资弥补"③。并逐年建筑礼堂、教室、办公室、师生宿舍、图书馆、实验室、解剖室、浴室、游艺室共 30 多间。刚建校时，接收法政专门学校政法书籍及古籍 4000 多册，以后每年都拨出资金派员赴上海购书，到 1934 年已有中文书籍 12574 册，西文书籍 216 册，价值 1760。1935 年图书数量达到 16355 册，价值 14437 元，并订阅杂志近百种。将举院衡鉴堂改建为图书馆，换地砖为三合土，置书架、桌凳，方便了读者。1935 年购置各种仪器、标本、模型，价值 9000 多元。还

---

① 兰州大学档案 6—（2）—19（甘肃学院）.
② 兰州大学档案 6—（2）—4（甘肃学院）.
③ 傅九大. 甘肃教育史［M］. 甘肃人民出版社，2002.

设立出版课，从上海购置铅印机 1 架，专门印刷讲义、书籍与校刊。1931年，在小西湖购置 30 亩地，辟为农场，次年又在雁滩中河滩购置 140 亩地的农场，充作农科实习园地。

（四）创办杂志，鼓励学生树立崇高理想

邓春膏从有限的经费中拨出专款，先后创办了《兰州中山大学月刊》《甘肃大学季刊》《甘肃大学半月刊》《甘肃学院季刊》等学术刊物，刊载王国维翻译斯坦因的《流沙访古记》，张次房的《广告战的准备研究》与《德国最后的经济状态》，田炯锦的《美国联邦之趋势》重要论著。邓春膏也在校刊上发表《哲学之起源》《何谓道德》《何谓哲学》《低能儿童之心理与教育》等论著。其中，《低能儿童之心理与教育》一文较早的把法国比奈与西蒙刚刚提出的智商概念、智力测验的方法介绍到了中国，他认为以社会经济和学习成绩作为标准衡量低能儿童有待商榷。并对中西哲学史做了深入的分析与比较，提出了独到的见解。

1932 年底，邓春膏等人创办《民》杂志，交流对时局的看法，为开发甘肃出谋划策。在《一年来列强之政治经济》一文中，邓春膏分析了 1932 年世界经济危机中，英、法、德、日等资本主义列强在政治与经济上急剧变动的情况。自日本发动"九·一八"侵华事变后，希特勒的国社党对内反共，对外仇视法国，叫嚣"根本推翻凡尔赛条约，停付赔款"。他认为这种论调"在德国内政外交极端困难之时，易为人所听信"，且"希氏亦野心勃勃，非居人下者"。进而推测有爆发世界大战的可能，提醒国人密切关注事态的日益恶化。1933 年初，邓春膏与刘汝瑶、郭维屏、谭克敏被推为"甘肃问题研究会兰州分会"常务干事，会址设在甘肃学院①。他们在甘肃学院中山堂（至公堂）举办"甘肃问题暑期学术讲演会"，邓春膏与水梓、邓宝珊等 18人被推为讲师，分题讲演有关开发甘肃的问题，并创办《甘肃问题研究会会刊》，刊登有关学术论文。

邓春膏鼓励学生要树立远大理想，"理想与人生有密切的关系。没有理

---

① 蔡鸿源，徐友春主编. 民国会社党派大辞典［M］. 黄山书社，2012.

想，绝不会有好的人生。个人没有理想，不免流于自私、颓唐、盲目；社会没有理想，会陷于混乱，不振作，无目的，无计划。……只有于社会有益的思想方是理想，只求个人的幸福的，可以叫作野心，不配叫作理想。……只有改进派的人，认识了现状的不满意，又有丰富的理想作改革的方针；这样的人，才是值得我们钦佩的人。"他进一步强调理想对人生的重要性，"第一，理想是计划；没有理想，行动就会凌乱盲目。第二，理想是标准；有了理想，可以纠正行动上的错误。第三，理想是努力的目标；有了目标，我们才能继续努力。"① 那么，大学毕业后，如何实现自己的理想，充实自己的人生呢？他对甘肃学院第二届法律系毕业生提出了两条建议："一曰，坚苦淬励以克服困难也。""苟吾人不畏难，不苟安，在院则利用现有设备，专心研求，何尝不能有几许新理之发明。出院则置身社会，效忠服务，何尝不能推进事业之发达。所谓事无难易，端在本身之坚苦为何如耳。""二曰，学求致用而理求贯通也。"进而批评一种错误的倾向，"一般学子，多以学校为科举，但求取得毕业资格，与愿已立，学则如何致用，理则如何贯通，殆非所计也。殊不知社会文化愈进步，则百业分工愈繁复，则需才愈专门。吾院有法、文、医、农之分设，即为适应需要专才之初步。固可致用于无穷，若株株焉守一家之言，而不涉及其他之学术，则画地自限而术亦不精矣。盖学术之致用，虽异同殊途，而原则成立，却并行相辅。如研究文学，应以科学为基础，研究科学，又应以哲学为归依。在院时博学群理而能左右逢源，出院后从事百业必能凡应曲当矣。"最后指出，孙中山交通计划，将兰州规划为"网状中枢"，兰州又是"西北之中心"，"当此国际风云诡谲，沿海举足荆棘之秋，促进边疆教育以巩固国防，是谋国者共赴之地也。"② 他鼓励学生不要畏惧眼前的困苦，要将人生的重心转移到研究和发明上，力争文理兼通，毕业后方能博学群理，服务社会、实现理想。

1936 年，教育部令甘肃学院医学专修科和农学专修科单独设立建校，邓春膏院长对教育部随意拆解院系的做法十分不满，借故以"体弱多病"向省

---

① 邓春膏. 理想与人生［J］. 民邕. 1932 年. 创刊号.
② 邓春膏. 甘肃学院同学录序. 民邕. 1935. 12.

政府提出辞职。邓春膏是新中国成立以前，兰州大学历史上条件最困难、连续任职时间最长的校长，在学校从专科向本科、由单一学科向多学科转型及发展过程中做出了重要贡献。省政府接到辞呈后，命教育厅厅长田炯锦兼任甘肃学院院长。[①] 田炯锦任职期间，对学院的行政管理机构进行了调整，并形成《修正甘肃省立甘肃学院组织大纲》。该大纲于次年 7 月经教育部批准备案。根据该组织大纲，学院的办学宗旨确定为"遵照中华民国教育宗旨，研究高深学问，养成专门人才，以适应国家及社会之需要。"学院在院长下设院务会议和秘书，以及事务主任、教务主任、各委员会。从 1927 年兰州中山大学建立至易名为甘肃学院，是学校从初创到艰难维持、逐步发展的重要阶段。截至 1936 年院长邓春膏离职，在这 8 年的时间，先是国民军的暴政激发导河变乱，接着是甘肃经济长期凋敝，民不聊生，导致办学经费严重不足，师资建设困难，招生不易，政局动荡和政界斗争时不时干扰学院的教学工作。

第三节　留学教育：甘肃高等教育的加速器

　　中国的现代化非由社会自身发育而来，"西方资本主义的刺激影响与中国原有社会结构的制约，成为决定中国现代化导向的两大要素"。[②] 留学教育作为文化交流与传播的媒介，在教育现代化中起着不可替代的重要作用。从人类文明的发展史来看，异质文化之间的冲突与融合，往往是导致社会迅速变迁的重要契机，异质文化之间的交流和互动始终是文化发展的不竭动力和源泉。文化的异质性越强，外来刺激的作用力就越深。对此，陈寅恪先生有言："其真能于思想上自成系统，有所创获者，必须一方面吸收输入外来之学说，一方面不忘本来民族之地位。此二种相反而适相成之态度，乃道教之真精神，新儒家之旧途径，而二千年吾民族与他民族思想接触史之所昭示

---

① 兰州大学档案 1—（2）—174（甘肃学院）.
② 章开沅，罗福惠. 比较中的视野：中国早期现代化研究［M］. 浙江人民出版社，1993.

也。"① 文化之间的传播、冲突、融合与更新充分体现在近代中国留学生的意识中，他们保障了中外文化的全面接触和顺畅互通，找到了国人曾孜孜以求的正确参照，并依据本位文化结构不断加以调整和选择。

在一般意义上，所谓留学是指旅居国外学习或研究的一段经历，并以取得相应文凭为目的。甘肃省由于地处内陆、交通不便、文化和教育欠发达，派遣留学生实属不易，其数量和质量都很欠缺。甘肃省政府根据这种实际情况，在制定派遣学生出省学习规程方面，分别制定了国内留学规程和国外留学规程。"国内留学生"的相关提法，民国时期就已有论及。如邓春膏在《甘肃的留学问题》中对"国内留学"②的提法，是比较符合甘肃省的实情，也为甘肃省不拘一格培养人才开辟了一条捷径。

一、甘肃留学生群体的分析

（一）数量的增加

1. 甘肃留学教育的肇始

近代中国早已有容闳等有识之士提出派遣留学生之说，这种筚路蓝缕之功虽然人数寥寥，但他们毕竟是中国近代留学教育的先驱，是启动中国社会变革的先导力量。中国最早的国外留学生是 1874 年随美国传教士塞缪尔·布朗赴美的 3 位广东青年，分别是容闳、黄宽与黄胜。他们抱着"以西方之学术，灌输于中国，使中国日趋于文明富强之境"的理想追求，在学成回国后动员清政府举办留学教育。在洋务派官员曾国藩、李鸿章、丁日昌等人的支持下，清政府于 1872 年、1873 年、1874 年、1875 年分 4 批总共派遣了 120 名幼童到美国留学。稍后，又陆续选派了一些新式学堂毕业生赴欧洲学习军事。直到 1896 年，在甲午战争失败与《马关条约》签订的刺激下，才开始

---

① 刘桂生，张步洲. 陈寅恪学术文化随笔［M］. 中国青年出版社，1996.
② 新陇. 第 1 卷第 4 期. 1921. 4.

大规模地向海外派遣留学生，这一时期，日本成为接纳中国留学生最多的国家。据日本史学家实藤惠秀的研究，截至 1905 年仅在日本的中国留学生即达8600 多人。

实际上，尽管清政府在"兴学育才"的口号下连续颁布诏书，谕令各省"选派学生游学""选派西洋游学生""多派学生游学欧美"，但由于地理、经济、文化等方面的因素制约，以及清政府对留学生的疏于管理，甘肃省的留学教育仍然处在一片寂静当中。1906 年，"学部奏遵义选派翰林出洋游学、游历。所需川资学费，由学部咨户部于考察政治经费项下提用"，"甘肃乃选派甘肃籍翰林杨思、范振绪、田树楷、万宝成、闫士璘等五人赴日本法政大学肄业，包述侁入日本士官学校肄业"①。这应当是甘肃近代史上选派国外留学生的发端，截至 1926 年共派出学生 58 人②。可惜的是，甘肃第一批出国的留学生年龄较大，又不懂日语，不得不在日本接受了速成教育后旋即回国。派遣学生到东南沿海知名大学学习也是一种变通的"留学"。1904 年京师大学堂正式招生，分配"甘肃名额 4 人"③，陕甘总督饬令选派甘籍学生 7 名，前往京师大学堂及京师法律学堂留学④。这是所能见到的甘肃国内留学教育的最早记录，是甘肃学子国内公费留学之肇始。1907 年，"陕甘总督升允咨选甘肃举贡韩树义等五十余人入堂肄业"⑤。这些国内留学生为甘肃造就了最早的一批具有新思想与新知识的师资队伍，改变了完全封闭的教育状态。总体而言，1912 年之前的甘肃留学教育事业仍处在萌芽阶段，共派遣留学生不足 70 人。

2. 甘肃留学教育的扩展

北京国民政府时期，甘肃省教育厅先后由马邻翼、邓宗、闫士璘、赵元贞等开明人士主持，逐渐使甘肃的留学教育走上了正轨。这一时期的国外留学多以学习师范与实业为主，1919 年，规定留学日本津贴办法"以学习师

---

① ④　朱允明. 甘肃解放前四十年教育史料［M］. 手抄本.
②　甘肃省地方史志编纂委员会编纂. 甘肃省志（第 59 卷）［M］. 甘肃人民出版社，1991.
③　萧超然. 北京大学校史［M］. 上海教育出版社，1981.
⑤　慕寿祺. 甘青宁史略［M］. 兰州古籍书店影印，1990.

范、实业者为限"①。在留学资格方面，规定为"凡甘籍人民在国立省立或已立案之私立专科以上学校或旧制高等专门以上学校毕业者，得于举行留学考试时报名应考"，考试合格者准予领取留学证书。总览这一时期，"甘肃省共派往国外留学生 120 余名，其中派往日本 98 人，美国 20 人，英国 2 人。"②其中 1918～1926 年派出 94 人。

1917 年，甘肃省长公署制定选派留学北京及外省学生规程，规定留学名额 61 名。留学资格约分两项：中学师范及甲种农校毕业生或经试验有同等学力者，高等小学毕业但留学清华学校者不在此限。所入学校以国立大学或专门学校高等师范，教育部认可之公私立大学、专门学校及清华学校为限，各校学生依规定分配，高等师范 24 名，大学法科及法政专门学校 11 名，大学文、理、农、工、商等暨法政以外之专门学校、甲种实业学校 22 名，清华学校 4 名。这一时期的甘肃留学生选派不再以旧功名、旧知识为依据，而是更加崇尚新学历、新知识，留学数量以明确颁布留学规程的年份计算，有 422 人。1926 年甘肃省长公署公布《甘肃省国内留学生补给省费规程》，规定留学名额 96 名，依本省需要分配，"国立北京大学 8 名，国立东南大学 3 名，国立北京师范大学 8 名，国立武昌师范大学 3 名，国立法政大学 6 名，国立北京农业大学 4 名，国立北京工业大学 4 名，国立北京医科大学 4 名，国立交通大学 6 名，国立北京艺术大学 3 名，国立北京女子师范大学 4 名，国立北京女子大学 4 名，私立中国大学 5 名，私立北京朝阳大学 5 名，其他经教育部认可之公私立专门以上各校共 22 名，清华学校 8 名"③。事实上，由于缺乏资料记载的官费留学生及自费留学生，总数远不止此，据不完全之统计，自 1918～1926 年，甘肃国内留学生的总数当不下千计，仅 1919 年在北京的甘肃学生就有 90 多人，1920 年参与《新陇》杂志创办的甘肃旅京学生达 50 余人。

此外，选送少数民族学生赴外地高等学校留学深造，是甘肃地区发展民族高等教育的显著特点。1919 年，宁夏护军使马福祥来兰期间，以个人名义

---

① ③ 杨思，张维等. 甘肃省通志稿·教育志·留学［M］. 甘肃省图书馆藏. 1936 年稿.
② 甘肃省地方史志编纂委员会编纂. 甘肃省志（第 59 卷）［M］. 甘肃人民出版社，1991.

发出公启，向全省官绅和工商各界征集募捐得银币 4000 余元，交兰州回教劝学所保管，发商生息，作为保送回族学生赴京深造的基金。第一批资助赴北京高校学习的回族青年有马廷秀等 3 人。在马福祥的支持下，经甘肃省财政厅批准，在宁夏青铜峡设卡，对过往的皮筏征税，年可得税捐银币 4000 余元全部用作回族留学生的基金，以这笔专款将兰州、临夏等地的 10 余名学生选送京城进考，资助一部分回族青年进入各类专科学校学习。甘肃省临潭县是伊斯兰教西道堂教派所在地，在教主马明仁的支持下，成立了"临潭县旅外学生奖学金基金保管委员会"，据记载，1947 年募得资金 60 余万元，"选送回、藏、汉各民族学生 8 人到外地专科以上学校学习"①，新中国成立前，所资助学生中进入高等学校的有 7 名（见表 3.3）。

表 3.3　　　　　　　　　　　临潭县留学生

姓名	所上大学	专业	入校时间
丁正熙	北京大学	中文系	1929 年
汪沛	西南联大	哲学系	1941 年
汪浩	西南联大	历史系	1941 年
马富春	华西大学	哲学系	1945 年
马世兴	兰州大学	中文系	1945 年
马逢春	北京大学	中文系	1946 年
丁正端	北京大学	东语系（阿语专业）	1947 年

资料来源：青海民族学院编．西道堂史料辑［M］．青海民族学院民族研究所等．1987：267．

3. 甘肃留学教育的壮大

1925 年 10 月，国民军刘郁芬部入驻甘肃后，在兰州创办了五族学院，1927 年改为兰州中山学院。继而又将甘肃公立法政专门学校与五族学院共同改组为兰州中山大学，将兰州中山学院改为兰州中山大学附中，自此，甘肃

---

① 甘南藏族自治州文史资料研究委员会．甘南文史资料选辑［M］．第 3 辑．1983：71.

有了第一所综合大学。抗日战争爆发以后，甘肃成为抗战大后方，在"开发西北""建设西北"的口号下，甘肃省政府制定了甘肃教育实施方案及分期发展计划，强调教育设施要"合乎时代，合乎地域，合乎实际"，全省文教事业有了较明显的进步。据时任甘肃省政府主席谷正伦等称，甘肃大专学生毕业人数1946年较1937年增加了30倍，中学生增加了4倍，小学生增加了1倍，在抗日战争期间后方各省中名列前茅。

甘肃中等学生基数的扩大，为留学教育提供了更多的生源。20年代后期，甘肃省先后颁布《甘肃省国外留学章程》《甘肃省选送留学欧美学生暂行规定》等，1932年，规定省费留学生名额暂定为12名，1934年，省教育厅呈请教育部核准颁布《甘肃省国外留学生章程》，规定国外留学分为自费和公费两种，"公费生留学期间一切费用由省定留学经费项下供给，自费生或自备留学费用，由私法人供给；留学生应重视理、农、工、医等专科，留学年限至少2年，至多不过6年；公费生毕业回国后，如本省需要其服务时，至少需依照其留学年限在本省服务，违者得追还以前所领一切费用"①。因而，近代甘肃留学教育在这一阶段的发展势头是比较好的。但期间由于受抗日战争的影响，使得这一阶段甘肃国外留学教育事业有所萎缩，阻碍了其进一步地向着良好的方向发展。30年代，甘肃省赴国外的自费留学生逐渐地多了起来。1932年制定《甘肃省国外留学章程》，规定"省费留学生名额暂定欧洲8名，美国4名"②。1934年规定本省国外公费留学名额，暂定"欧洲12名，美国6名，日本16名"。为鼓励甘籍学生自费出国留学，甘肃省政府于1944年制定《甘肃省国外自费留学生补助办法》，规定"补助名额每年20名，规定凡参加教育部国外自费留学考试及格，领有留学证者甘肃籍学生，均可依规定申请补助，享受补助的留学生毕业回国后，除特准外一律回省服务"。由此可见，这一阶段甘肃省自费出国留学生的人数已非昔日可比，大有与官费生比肩之势。

国内留学教育在这一阶段也得到了充分的发展。1928年，甘肃省政府重

---

① 甘肃省地方史志编纂委员会编纂. 甘肃省志（第59卷）［M］. 甘肃人民出版社，1991.
② 甘肃教育公报. 第一期、第二十九期、第三十期合刊. 1934.

新制定《甘肃省国内留学生补给省费暂行简章》，规定省费名额 96 名。嗣后，甘肃省改官费为奖学金，津贴为补助费，以扩大名额，提高待遇。如1937 年《修正甘肃国内各大学甘籍学生奖学金章程》规定奖学金名额 100名，遇必要时可临时增加；每学期每名支取奖学金，分别为"自然学科系按期成绩分为 120 元、140 元、160 元；社会科学系为 100 元、120 元、140元"①。1940 年《修正甘肃省国内各院校甘籍学生奖学金暂行办法》，将名额扩大至 160 名，规定凡甘肃学生肄业国内各大学或独立学院者，均由省政府给予奖学金，并参酌实际需要指定所学系科，待毕业后回省服务。家境贫寒而学业优秀者可领取贷学金，研习土木、水利、采矿等甘肃急需系科者，还可以享受"特种奖学金"②。同年，甘肃制定了《甘肃省建设厅甘籍学生特种奖学金暂行办法》，规定："为培植土木、水利、采矿、冶金各项专门人才，特于设置上项科系之国立各大学各独立学院设甘籍学生特种奖学金"③。使这一阶段国内留学生的人数大大增加，仅 1938～1945 年，全省享受上述奖学金的大专学生就达"3577 人"。仅重庆一地，1941 年甘肃学生为"147 人"④，1943 年甘肃省旅渝同学会新增会员达"57 人"⑤。这一时期甘肃省的国内留学生总数不低于 4000 人。

抗日战争结束后，各项事业百废待兴，对人才的需求也更为迫切，国民政府为此制订了一系列的相关政策和计划，然而，随着内战的爆发所引起的政局不稳、物价飞涨等制约因素，这一时期甘肃省的国外留学教育基本上陷于停顿状态，偶尔或有一二名国外留学生，亦寥若晨星。国内留学生规模也在缩减，与前两个阶段相比较，人数大为减少。

（二）地域分布

美国学者罗兹曼把清末留学高潮兴起的原因归于中国的教育改革，"废

---

① 皇甫均等编. 甘肃近三十年教育史要［M］. 手抄本. 存甘肃省图书馆.
② 甘肃教育史志资料. 内部资料. 存甘肃省图书馆.
③ 民国甘肃省政府甘肃省教育法规. 1942.
④ 甘肃旅渝同学会同学录（一）. 陇铎第 2 卷. 1941.9.
⑤ 甘肃旅渝同学会新会员登记表. 陇铎第 3 卷. 1943.1.

除科举后，清政府把最高的报偿留给那些具有最广泛的国外教育经历的学人，长的是在日本或西方逗留 3 年，短的是 1 年。从此时起直到中华人民共和国成立，中国的教育一直明显地具有外国取向的性质。"① 晚清政府军事和外交的失败成为留学教育兴起的直接动因。甲午之战失利后，国人看到日本经过明治维新，师法欧美，成为亚洲世界的标榜，于是纷纷东渡向日本学习。同时，清朝政府鼓励出国留学和废除科举等政策的实施，知识分子出洋留学蔚然成风。由于留学日本有着路近、费省、文字同源、风俗相近等便利条件，赴日留学生人数以数倍速度猛增，出现了一股留学日本的热潮。其盛况不仅在中国留学史上是空前的，也是"到此时为止的世界史上最大规模的学生出洋运动"。② 此后，清政府每年派遣留学生赴日学习，民间也有不少自费出游。这些人在清末教育改革中积极引进西方先进的教育制度和教育理论，为中国近代教育制度的建立发挥了积极的作用。

"即使从物质意义上说，商业追随精神上的支配，比追随军旗更为可靠。"③ 美国出于精神扩张的战略利益考虑和扩大对华影响，于 1908 年 5 月 25 日正式通过国会议案，将庚子赔款部分退还中国，作为中国派遣留学生赴美各大学学习的资费。1909 年 6 月，清政府在北京成立游美学务处，同时在美国设立留学生监督处，共同负责赴美学生的选派工作。1911 年，作为留美预科的清华学堂正式成立，在美国退还庚款余额的行为带动下，其他国家也纷纷退还庚款，有力地推动了中国学界在欧美的留学运动。

甘肃的留学也同样经历了由仿效日本、再到欧美的过程。据不完全统计，1911～1928 年，甘肃省国外留学生人数达 121 名，其中日本 98 人，美国 20 人，英国 2 人，法国 1 人。20 世纪 30 年代，甘肃省国外留学生的地域分布情况主要表现为留学欧洲与美国的学生增多，而留学日本者逐渐减少。这有两方面的原因：第一是甘肃省留学政策的变化。如 1932 年颁布的《甘肃省选送留学欧美学生暂行规定》，"省费留学生名额暂定欧洲 8 名，美国 4 名"，

① 罗兹曼. 中国的现代化 [M]. 江苏人民出版社，1995.
② 费正清. 剑桥中国晚清史（下）[M]. 中国社会科学出版社，1985.
③ 复旦大学历史系中国代史教研室. 中国近代对外关系史资料选编（上卷）[Z]. 上海人民出版社，1977.

1934 年颁布的《甘肃省国外留学章程》规定，"本省国外公费留学生名额暂定欧洲 12 名，美国 6 名，日本 16 名"；第二是侵华战争导致了国人对日本的普遍憎恶与仇视，开始于 1896 年的留学日本运动在 1937 年"七七事变"之后基本上结束了，出洋留学的人们更多地转向了西方。

在国内留学方面，晚清时期的甘肃省国内留学生主要集中在北京与天津两地，北京民国政府时期，主要集中在以近代中国商品经济发展较完善的湖北、江苏两省，有"甘肃学生 105 人，占这一时期甘肃国内留学生总数的 11.6%"①。1937 年以前，虽然中国的政治中心由北京转移到了南京，但国内留学生在数量和地域上变化不大。1937~1945 年，受日本侵华战争的影响，甘肃国内留学生随着东部高校的转移，多集中在重庆、成都、西安等地。抗日战争胜利以后，甘肃国内留学生的地域分布扩大至全国。

(三) 专业指向

晚清时期，甘肃派遣留学生对所习专业并无计划与限制。民国时期，随着甘肃省留学教育逐渐走上正规化，对留学生所学专业开始有了比较明确的规定。1918 年制定的《甘肃省官费派遣留学日本规程》规定，留日名额 12 名，分配学习师范者 4 名，学习政法者 3 名，学习各项实业者 5 名。学习师范与实业者占了总数的 75%。1919 年颁布的《甘肃选派留学日本津贴办法》进一步规定所习专业以学习师范、实业者为限，并规定"三年以内考入特约各校即行给予官费，如因特约各校额满，于期限内考入东京高商、神户高商、东帝大工专、大阪高工、名古屋高工、熊本高工、长崎高工、广岛高工、秋田矿山、长崎医专、大阪医大、蓝冈农林、鹿儿岛农林、米泽高工、山形高等学校者，亦得呈请检定及格，补给官费"②。甘肃省所确立的这种以师范与实业学习为主的国外留学教育政策，充分反映了甘肃省亟待优先发展地方教育与经济，体现了通过向先进国家学习获取自身发展动力的迫切需求。在此

---

① 杨红伟．近代甘肃"留学教育"研究．载张克非、王劲主编《西北近代社会研究》［M］．民族出版社，2008．

② 杨思，张维等．甘肃省通志稿·教育志·留学［M］．1936 年定稿．

后的很长时间内，甘肃省派遣国外留学生在坚持以学习师范与实业为主这一点上，是基本没有变化的。如在 1918～1926 年，甘肃共派出国外留学生 94人，其中"法科 19 人、工科 30 人、商科 14 人、师范科 9 人、冶金科 5 人、文科 5 人、预科 12 人"①。工科、商科、师范科、冶金科有 58 人，占总数的60% 还多。

甘肃省国内留学生的派遣，同样考虑到了地方优先发展教育与经济的实际需要。1919 年甘肃省教育厅颁行的《修正甘肃选派留学北京及外省规程》规定：留学名额 74 名，分配国立北平大学 15 名，国立北京、武昌、南京各高等师范学校共 24 名，国立法政专门学校 6 名，国立农业专门学校 4 名，国立工业专门学校 4 名，国立医学专门学校 4 名，武昌商业专门学校 2 名，私立各种大学及专门学校 4 名，甲种实业学校 7 名。师范与实业类分配名额为41 人，占到了总数的 56%。1921 年甘肃省教育厅颁布《甘肃留学省外规程》规定："官费名额 95 名，依本省之需要酌量分配：国立北京大学 17 名，武昌商业专门学校 2 名，北京邮电专门学校 2 名，北京女子高等师范学校 4 名，清华学校 8 名，教育部认可之公私立各种大学及专门学校并其他成绩最著之实业学校共 20 名"②。其中仅师范类 28 名，占到了总数的 30%。

其后，甘肃国内留学生的专业分布越来越广，涉及文、理、法、工、农、商、邮电、交通、医学、师范、艺术等多个学科。如 1926 年甘肃省长公署颁布《甘肃省国内留学生补给省费规程》规定，留学名额 96 名，依本省需要分配，"国立北京大学 8 名，国立东南大学 3 名，国立北京师范大学 8 名，国立武昌师范大学 3 名，国立法政大学 6 名，国立北京农业大学 4 名，国立北京工业大学 4 名，国立北京医科大学 4 名，国立北京交通大学 6 名，国立北京艺术大学 3 名，国立北京女子师范大学 4 名，国立北京女子大学 4 名，私立中国大学 5 名，私立朝阳大学 5 名，其他经教育部认可之公私立专门以上各校共 22 名，清华学校 8 名"。1941 年，仅中央大学甘肃籍学生所涉及的学科就有化工、教育、艺术、历史、史地、国文、畜牧、兽医、心理、水利、

---

① 甘肃省地方史志编纂委员会编纂. 甘肃省志（第 59 卷）[M]. 甘肃人民出版社，1991.
② 杨思，张维等. 甘肃省通志稿·教育志·留学. 1936 年定稿.

算学、经济、军事等。可以说，20世纪40年代后期几乎所有的学科都有甘肃籍留学生。

二、留学生群体促进甘肃高等教育现代化的路径

（一）打破传统，传播新知

留学教育打破了中国2000多年来沿用的整套僵化封闭的教育制度，通过向日本、欧美等国学习近代西方自然科学知识和哲学思想，培养了一大批管理、外交、翻译等方面的人才，如执掌北京大学的蔡元培继承和发扬了德国大学"学术"与"自由"的学术传统，并以此初步建立近代教育制度的框架，揭开了中国高等教育现代化的序幕。"中国近代大学从办学理念到大学设置标准，深受外国高等教育影响。"① 尤其是德国大学倡导的理论科学的独特作用，在蔡元培制定的《大学令》中得以充分体现，在一定程度上开始重视理论科学的重要意义，并提出教学和科研并重，"学"与"术"相分离的教育目标，确定了大学和专门学院不同的培养目标。

甘籍留学生抱着服务社稷、振兴甘陇的目的外出求学，以所学为桑梓做贡献也是情理之中。他们通过组社团或办杂志等途径，积极为甘肃社会的发展出谋划策。1920年，甘肃旅京学生创办《新陇》杂志，希冀"输入适用之知识及学理，俾陇人有所比较而采择焉，传播社会之状况于外界，俾国人知其卑污而投之以剂也。然后可望陇人之觉悟奋兴，及污浊社会之改良也。"② 1932年，留居北平的学生社团——甘肃实业革新社创办《实业革命》杂志，确定宗旨为"本刊本实际研究之精神，为甘肃实业详密调查与具体讨论，总期于改革方面，有所擘划；建设方面，有所贡献。"③ 1939年，甘肃旅渝同学

---

① 张彩丽，刘瑞丽. 中国近代留学教育走向、学习内容及历史意义分析［J］. 高等理科教育，2005（4）.

② 新陇. 卷首语. 1920. 1.

③ 实业革命. 创刊号. 卷头语. 甘肃实业革新社. 1932.

会"本介绍学术思想、促进本省文化建设之宗旨，发行《陇铎》月刊以为倡导"①，他们以为，"甘肃如要有生路，如要有蒸蒸日上之势，急图莫缓的就要做实业建设"②。但甘肃建设还存在许多障碍，首当其冲的是政治黑暗，地方不靖，其次是交通不畅，经费与人才短缺，如果这些问题不解决，实业建设方案再好也绝难成功。因此，他们主张刷新政治、繁荣经济、普及教育，要求政府作出回应，普及职业教育与发展普通教育，以缓解甘肃建设人才缺乏的燃眉之急。同时，在工业、农业、商业与金融业的发展问题上提出了一系列的合理化建议。如在金融方面，"省银行为全省金融中心，关系地方经济兴衰至钜"，建议"亟应健全机构，使监督执行分立，经理人员专任，庶银行业务，不受财政之影响，经理人员不致随财政当局而更易，然后方可专力后方经济建设。"③

其中，获得美国匹兹堡大学冶金学的甘籍留学生赵元贞博士，在甘肃的探矿和冶炼方面做出了突出贡献，撰写了《钢铁冶炼中非金属的观察与测定》，发现了陇东石油，即今天的长庆油田，并主持进行甘肃省和宁夏省的矿藏普查，绘制了甘肃、宁夏最早的两份《矿产分布图》，为这一地区矿产普查和地质普查开辟了新纪元，积累了丰富的资料。甘籍留学生水楠于1931年创办"同生火柴股份有限公司"和新民股份有限公司。该公司包括新民百货公司、新民书局、新民医院、新民乐园等，是一个典型的综合性资本主义股份商业集团公司，具有集股而成、有限责任、明码标价的经营特点，这是不同且优于传统商业之"闭关时代豫贾之风"④的。这种新型的企业模式为封闭的近代甘肃经济注入了一股清新的空气。

（二）组织学社，创办刊物

留学生作为"异质"文化载体归省以后，"或者在留学期间向甘肃进行

---

① 陇铎. 发刊词. 1939. 1.
② 雷抱冰. 甘肃实业建设的先决问题 [J]. 实业革命，1932.
③ 甘肃省临时参议会第一次会议汇刊. 1940.
④ 潘益民. 兰州之工商业与金融 [M]. 商务印书馆，1936.

文化传播时，对甘肃文化教育事业的现代化产生了重要的影响"①。1907 年，陕甘留日学生阎士磷、范振绪、党松平在东京创办《秦陇报》（后改为《关陇报》，旋更名为《夏声》），这是甘肃留学生参与创办的第一份报刊。该刊物大声疾呼救国救亡，反对立宪，指斥地方政治弊病，号召人们为推翻清政府、建立民主共和国进行斗争。刊物每出版后，即秘密邮寄或由革命分子携带回乡，民主革命的思想开始影响到甘肃的一些青年学生。

1920 年 3 月，甘肃旅京学生张道明等 40 余人在北京创办《新陇》杂志。该杂志于兰州合兴印书馆及平凉、西宁、武威、宁夏、天水、陇西、狄道、酒泉各师范设立代派所，定期邮送。该刊编辑部主任王自治在《发刊词》中说："去年五四运动，实吾国国民觉悟之表征、自决之发轫也。一年来鼓舞奋勉，不遗余力。或则从事社会事业，或则从事政治改良。……一般学子则从事文化运动，创刊杂志，输入学理，吐故纳新，日新月异。……回顾吾陇，暮气沉沉，大梦未醒。政治之腐败无论矣，社会之污浊无论矣，乃考查教育，亦无教育之可言。虽有零星之学校，无异十年前之私塾书院。其课程犹重经史，轻视科学，以为治平之道，在彼而不在此也。宜乎人多失学，文化远逊中原，心忧之，于是集合同志，发刊杂志，名曰新陇。"该杂志对甘肃教育问题做了大量的研究和报道，认为甘肃教育不发达的原因，集中在"风气不开""经费支细""人才缺乏"。②解决之道首先在于普及普通教育，并将已经具备普通知识的学生，送到外省的专门学校和欧美留学深造，"教他们有远大的阅历，养成敢作敢为的气质"，以培养师资和实用人才，输入文明，本着科学的精神用科学的办法，去研究学术。同时，《新陇》发表了《悼三月十八国务院门前的死者》和《三·一八大屠杀》的时评，对甘肃军阀陇东镇守张兆钾设官银号搜刮百姓钱财的行为予以反击，曾刊登《告陇东各县人民书》。《新陇》所宣传的主要内容，"虽多属资产阶级社会改良的思想主张，但它的创刊和发行，对于打开甘肃在文化思想上的落后闭塞局面，起到了积

---

① 杨红伟. 留学生与近代甘肃文教事业 ［J］. 兰州教育学院学报，1999（4）.
② 新陇. 第 1 卷. 第 1 期 .1919.

极的作用"①。

近代甘肃留学生在发行杂志的同时，还组织了一大批学社。1911 年，京师大学堂毕业生邓宗，以开通风气、启迪民智为口号，在兰州庄严寺倡设阅报社，开全省报刊阅览室之先河。该社邮购京、津、沪、汉、穗等地出版的民办各种报纸杂志，供人阅读，还暗中传播同盟会读物《民报》《革命军》等。1912 年，邓宗以国民党甘肃支部政事部干事的身份筹建《大河日报》。1914 年，邓宗在兰州学院街创办合兴印书馆，从上海采购商务印书馆编印的各种新式教科书，以优惠价格发行全省各县，在一定程度上满足了新式教学的需要。同时出售《新青年》《新思潮》《民锋》《民国新人》《新陇》等各种进步书刊。1915 年 10 月，北京簿记讲习所毕业生牛载坤创办正本书社，代销《新青年》长达 4 年之久。此外，由甘藉留学生创办、较有影响的学社还有民岩社、甘肃问题研究会兰州分会等。一般而言，在省外由留学生创办的杂志与学社结合得比较紧密。学社是杂志的依托，为杂志提供资金人力等诸方面的供应；杂志则是学社的喉舌，为学社同仁之间探讨问题并与外界交流提供媒介。这些进步书报陆续传入甘肃，对深受封建军阀黑暗统治和封建文化思想窒息的青年学生而言，激发起了他们对新理想社会和思想学说的求知欲望，成为指引青年学生的人生灯塔和精神食粮。

（三）重视教育，兴办学校

甘肃留学生们通过在国内外新思想、新事物的浸染后，把兴办教育作为广开民智的重要手段。"要解放闭塞地方人民的思想，……固然要交通便利，使得外地的文化，容易输入，不过他的急先锋，还是要教育发达，因为教育发达，人民才有根本的觉悟，好来容纳新的潮流"②，为此，首先要重视女子教育。必须"扩充改良中小学，多购图书，使学生受完善普通教育"，提倡"男女同校""不限年龄"。"建国强种，尤赖有知识之女子。吾甘仅有女子师范，而无女子中学之设立，一般中学又无招收女生之规定，致使一般有能力，

---

① 丁焕章. 甘肃近现代史［M］. 兰州大学出版社，1989.

② 新陇. 第 1 卷. 第 1 期. 1919.

有志愿，以求得深造之女子，无法升学，以发展其天才，实属有失男女教育机会平等之至意"①。其次，多层次发展教育。包括职业教育、师范教育、女子教育、社会教育、民族教育等多个方面在内的全面发展，"国力之强弱，民族之盛衰，端赖社会教育发达与否以为断……本省地瘠民贫，风气闭塞，尤驾于全国。……政府与人民，均应痛下决心，以全力推动"②。在他们的积极宣传和热情倡导下，近代甘肃教育事业有了很大发展，到 1944 年，甘肃兴办中学 53 所，师范 22 所，职业学校 14 所，小学 6891 所，在校生总数达到了 406878 人，"在国立各院校'留学'的甘籍学生仅领取奖学金者即达 556人。"最后，直接投身教育事业，兴办新式学校。1913 年，邓宗等人创办甘肃第一女子师范学校，开启了甘肃女子学校教育的先河。1920 年，水楠创办甘肃甲种工业学校，是甘肃第一所培养中级工业人才的学校；此外，还有很多学校的校务长期为"留学生"所主持，如先后担任过兰州中山大学、省立甘肃学院、国立甘肃学院院长一职的"留学生"就有邓春膏、田炯锦、朱铭心、王自治、宋恪等人。这些由"留学生"兴办或主持的新式学校，通过在教学思想、教育内容和教学方法上的革新，尝试着开启甘肃高等教育的现代化。

三、甘肃留学教育的分析

近代甘肃留学生通过对先进文明思想的研习和汲取，接触到了更加广阔的新世界，作为一种异质文化的载体与传播工具，充当了西方文化与甘肃传统文化之间的交流介质，促进了甘肃高等教育由传统向现代的转型。第一，造就了一支学习西方先进文化的专业性群体队伍，拓展了中国人认识西方的深度和广度，使西学东渐成为国人的自觉行为，重建了中国民族文化更新的内化过程。第二，为甘肃的现代化建设提供了一批训练有素的专门人才，缓和了人才奇缺的矛盾。他们大量进入行政、军界、教育、实业等部门，初

---

① 甘肃省临时参议会第一次会议汇刊. 存甘肃省图书馆, 1940.
② 甘肃省 1927~1933 年度各项教育统计表. 存甘肃省图书馆.

步形成以留学生群体为主体的现代化人才体系。如进入教育界的水梓和邓春膏，通过行政干预和执掌高校的途径，加速了甘肃高等教育的发展进程，增强了各级教育的协调性，推动了甘肃社会现代化的进程。甘肃学院院长邓春膏辞职后到南京任监察院监察委员，1945 年，出任甘青宁监察使，两年后又任甘青宁三省考铨处处长。他在任职西北时，经常深入甘肃、青海、宁夏三省区各地进行调查研究教育情况，在行政和政策层面为甘肃高等教育继续服务。第三，留学生群体改进了民主化滞后的发展状态。作为受过高等教育的留学生群体，成为引进新文化、新思想的载体和推动者，他们通过翻译书籍，"利用近代的印刷术和词汇作为工具，吸收各方面的文化，并使之融合于中国的文化之中。"① 在自主要求和实践活动中，使民主运动向着多数人自觉要求和主动参与的社会活动增进了一步，有力地推动了民主化进程。

小结：

甘肃省立法政专门学校作为一个欠发达地区高等教育的缩影，不仅对于培养本省的法律人才，向社会普及法治思想、传播法律知识和民主共和意识有积极推动作用，同时作为该时期甘肃唯一的高等学校，在师资力量、课程体系、教学水平等方面，为后来的兰州中山大学、甘肃学院法律学专业的发展奠定了基础，为20 世纪前半期甘肃高等教育，以及兰州大学的发展做出了承前启后的重要贡献。1917 年 1 月，北洋政府司法部总长张耀曾发布司法部第 1 号布告，在全国认可了 7 所省立法政专门学校，甘肃公立法政专门学校和广西、四川、陕西、云南、贵州、福建的法政学校名列其中。1918 年，在教育机构举行的全国专门以上学校成就展览会上，评定甘肃法政专门学校为乙等。蔡大愚校长于1917 年 1 月策动参与推翻甘肃督军张广建的甘肃护法运动是甘肃近代史上唯一的一次直接受孙中山领导的资产阶级民主革命运动，加速了共和思想在甘肃地区的传播和深入人心，推动了甘肃人民反封建压迫

① ［日］实腾惠秀. 中国人留学日本史［M］. 三联书店，1983.

的斗争，甘肃法专学生也通过此次运动受到了革命洗礼，增强了共和民主思想的积淀。同时，五四运动的爆发为闭塞的甘肃大地再一次播下了科学与民主的种子，为高等教育现代化清除了路障，成为反帝反封建斗争的划时代之举。1921 年 3 月，甘肃法专创办了甘肃地区最早的学术刊物——《法政周刊》，由教师金翼乾主编，向社会宣传、普及法律意识和政治知识。陇原女儿邓春兰争取平等、自由的创举，成为甘肃高等教育现代化的重要里程碑，打破了自古以来"男女有别、授受不亲"的封建礼教和男女分校的禁律，加速了全国大学女禁的开放。从全国而言，这一时期的高等教育重心在专门学校，其中又以法政专门学校为主，这是清末以来的封建统治所需。1917 年，"全国有法政专门学校 32 所，占全国大专总校数的 38%，学生有 8803 人，占全国大专学生总数的 44% 以上"。① 1927 年 11 月，在甘肃首次全省学校成绩展览会上，"法政专门学校被评定为优等，受到省教育厅的通报嘉奖，并颁发奖状。"②

国民政府时期是甘肃高等教育缓慢发展的阶段，相比前一阶段，此时期通过建立甘肃学院，使甘肃有了第一所多学科的高等教育机构。邓春膏院长积极通过系科调整、师资聘请、创办杂志等措施，促进大学良性发展。其中，因地制宜的增设医学院和兽医学院是邓院长最为在意的事情，这两个学科基于甘肃特殊的自然、地理和文化条件，是高等教育发挥社会支撑作用的有力支点。然而，由于政府当局强行拆并刚刚走上正轨的甘肃学院，使得甘肃高等教育的现代化进程再次受阻。

留学教育是近代中国人不断拓展向西方学习与实践的过程，也是提高文化接触、接受、整合意向与能力的过程。留学生作为中西文化沟通的纽带，通过报纸杂志、创办学校等手段，传播了西学，提高了高等教育的发展程度。然而，甘肃留学从清末开始，历经半个世纪，留学规模尚不足江浙一县，如时人感慨，"以甘宁青三省之大，建设需才之孔急，其所储备人才，尚不及

---

① 陈启天. 近代中国教育史［M］. 中华书局，1969.
② 兰州大学档案 2—（1）—75（甘肃公立法政专门学校）.

江浙一县大学生之多。"① 同时，由于时局的动荡不安和种种不利因素，甘籍留学生在服务甘陇上的积极性受到了严重挫伤。第一，就其留学生本身而言，缺乏明确的政治导向。如留学生组织刊印的杂志《新陇》，其办刊宗旨历经数变，由初期的具有传播新文化和反对旧礼教性质，发展为带有反帝反军阀的性质，再到后期以表面的三民主义为主旨，在文章选择和刊发上先后倾向于冯玉祥和阎锡山，沦为军阀的喉舌。刊行时间虽一直延续到1930年9月，但期间有两次长达一年的停刊，其卷数、面数都无定规，许多期曾改为对开报纸的单张出版。第二，政府对留学政策执行不力，克扣旅费等行径伤害了青年学生的自尊，导致留学生多不愿回省服务，即便回来者，也因当局不重视就业问题，使留学生成为权力斗争的牺牲品。第三，由于省内各机构作风仍然相对保守，接受不了留学生新颖大胆的做法，于是，"大学士变成了罪恶犯，方帽子变成了绊脚石。"甚至在机关裁员时提出先裁撤留学生，"如此裁员，甘肃的青年，谁还敢上大学？留学？"② 第四，地方政府频繁的部门更迭阻挠了留学生学有专长的发挥。1922年10月，赵元贞博士回国后原本希冀能在地质和冶金部门从事业务工作，但时任甘肃督军的陆洪涛以"赵元贞为甘肃省公费名额"为由，要求赵元贞回省，并任命为教育厅厅长，随后改任为甘肃省矿务局督办，不久矿务局改称实业厅、建设厅，赵元贞任建设厅厅长，但他以为，在官僚体制下，当局不为人民造福，没有资金、没有人才和设备，建设事业根本无法开展，在这种情况下他弃政从教，先后在甘肃学院和甘肃农业学校授课。这种不利局面使得近代甘肃留学生在推进地方现代化时，无法发挥其应有的扩散效应，使甘肃现代化的效果大打折扣。

① 马中川. 对甘宁青三省补助旅外学生一事之检讨与呼吁 [J]. 西北通讯, 1947 (4).
② 通讯. 陇衡. 第6期. 1948.12.

| 第四章 |
甘肃高等教育的快速推进：抗日战争时期

抗日战争前，西部各省高等教育发展十分缓慢，存在数量少、分布不均衡，学校层次和规模偏低等问题，成为各级教育中最为薄弱的环节，如宁夏、青海、贵州等地都没有省属高等教育机构，高级人才主要依靠派遣留学生维系。抗战伊始，开发西北的呼声高涨入云，甘肃作为西北内陆省份之一，在军事和经济上的重要作用逐渐显现，国民政府开始加大投入和关注，此时的甘肃已成为国民政府特别建设的重点地区。也就是说，抗日战争的爆发为甘肃带来了快速发展的契机。

这一时期的甘肃高等教育借着西北大开发的优势，不断创新和超越。首先，唯一的省立甘肃学院在战火中求得更多生机，在教师素质的改善、生源的多元化等方面有了迥异于抗战前的变化。其次，西北联大之国立西北师范学院西迁兰州，成为甘肃省高等教育现代化的重要推手，他所拥有的优秀师资和校园文化为甘肃带来了更多现代化的气息。因此，这一时期成为甘肃高等教育现代化的快速推进阶段。

第一节 "西北开发"：高等教育政策的调整

在近现代史上，"开发西北"之声不绝于耳。普遍认为，近代西北有三次开发热潮，第一次是左宗棠时期，第二次是清末新政时期，第三次为抗日战争时期。抗日战争前期对西部的考察集中在 1927 年 4 月，斯文·赫定与中国学术团体协会经协商签订协议 19 条，组建"西北科学考察团"，全团 27人，中方 10 人，团长为徐旭生。这次综合性的考察活动包括地质、地磁、气象、天文、考古、人类、民俗等项目，历时 2 年。此外，长江通讯社西北考察团撰写的《西北实业计划调查报告》成为国民政府制定"开发西北"政策的蓝本。

第三次"西北开发"恰逢抗日战争时期，是我国高等教育受到破坏最为严重的时期。据统计，全国范围内高校因遭到日寇轰炸，"所受损失总计达到 21036842 元，学生总数由 1936 年的 41922 人减为 31188 人。"① 由于来不及迁移，具有悠久历史的南开大学"不幸在天津战事中被文化的'刽子手'完全的炸毁了。"② 在经历了血的教训之后，国民政府迅速做出各级各类教育全面应变的战略决策，于 1938 年成立全国战时教育协会，具体负责全国高校的迁建工作，颁布《战区学校处置办法》，指示平、津、沪、宁等地的一些重要高校开始内迁。这场高校西迁运动"无论是对于沦陷区教育元气的保存，还是对西部地区教育的提携发展，其意义和影响都显得极为重大。"③

一、政策嬗变：抗日战争时期的特殊调整

抗日战争的爆发给高等教育带来了前所未有的灾难。日寇别有用心地轰炸大学等文化教育设施，企图让中国人"都要变成没有民族文化和国家思想的奴隶、臣属和顺民，永远沦落到哀莫大于心死的精神状态，永远不能从文化的种子当中培养出复兴民族的事业……④"。为保存教育实力，储存建国人才，国民政府开启了高校内迁的历史画面。据统计，当时全国 108 所高校中，

---

① 教育部教育年鉴编纂委员会编. 第二次中国教育年鉴 [M]. 第五编，1948.
② 教育文化史的新页 [J]. 教育杂志，1937（10）.
③ 余子侠，冉春. 中国近代西部教育开发史——以抗日战争时期为重心 [M]. 人民教育出版社，2008.
④ 国民政府教育部高教司. 抗战时期之高等教育 [G]. 杜元载. 革命文献（第 60 辑）. 文物供应社，1972.

因战争有 17 所无法搬离，14 所仍维持在敌占区，剩余的 77 所全部迁移后方。这次迁移所到之处包括陕西、甘肃、四川、云南、贵州、湖南西部和广西一些地区，在高校辗转迁移过程中，不仅让师生饱尝战争之苦，也给我国高等教育事业造成了不可估量的巨大损失。"高等学校数目从 1936 年的 108 所减少至 1937 年的 91 所，教员从 7560 人减至 5657 人，学生从 41922 人减至 31188 人"。

1937 年 8 月 27 日，国民政府颁布《总动员时督导教育工作办法纲领》，提出"为安定全国教育工作起见，中央级各省市教育经费在战时仍应照常发给。倘至极万不得已有量予紧缩之必要时，应由财、教两部协商呈准行政院核定后办理，在地方应由主管财政厅局会商呈准省市政府核定后办理。""在比较安全区域内之学校，在尽可能范围内，设法扩充容量，收容战区学生"①。并提出"战时须做平时看"的方针，这一基本论调的出台，事实上成为此后教育的指导原则，该方针政策"使高校迁移、合并成为可能；对于维持学校秩序，促进高等教育发展具有一定的保障作用。"② 1938 年 4 月制定了《战时各级教育实施方案纲要》，即"九大方针"和"十七要点"。要求全国各地学校的迁移与设置，应由通盘计划，与政治经济实施方针相呼应。

（一）统一高校招生政策

为便于战时学生的管理和指导，国民政府教育部于 1938 年颁布《国立各院校统一招生办法大纲》，规定国立各大学及独立学院招生由教育部统一招考，录取后分发各校，并就统一招生的行政管理、考试科目、考生资格、录取标准、报送比例、命题阅卷等方面做了详尽的说明。该大纲成为国民政府历届高校招生政策的模板。1939 年，高校统一招生的范围由 12 个考区扩大到 15 个，由于大部分高校位于西部地区，考虑到各考区教育水平的差距和阅卷时的误差，决定将各考区分数加以调整后再统一录取。1941 年，战事持续吃紧，国民政府教育部决定暂停高校统一招生，颁发了《公立各大学及独立

① 中央教育科学研究所. 中国现代教育大事记（1919—1949）［G］. 教育科学出版社，1988.
② 董宝良. 中国近现代高等教育史［M］. 华中科技大学出版社，2007.

学院招生办法》，各高校拥有了自主招生权，但需呈交教育部核准招生名额和专业设置。次年，教育部将全国划分为重庆、成都、昆明、贵阳、西北、粤桂、福建、湖南和湖北9个考区，由每一考区的公立院校联合招生。1943年，国民政府教育部规定各公立高校可于单独招生、联合招生、委托招生和成绩审查4种方法中选1种，而在局势较为缓和的赣、黔、甘三省，"通过组织高中毕业生参加暑期夏令营的方式在本省进行联合考试取得升入高校的资格。"① 1944年废除了暑期夏令营招考的方式，规定各高校参照会考成绩自选招生办法。1945年，川、甘、陕、黔、滇采用分区联合考试的办法招生，但"由于内战迭起，不得不再次采用各高校自定招生办法的政策"。②

实际上，抗日战争时期高校招生政策真正得到较好贯彻落实的是深处西南、西北的四川、甘肃等省，其他各省由于战事吃紧，已无法保证有效遵从教育部招生指令。而且，国民政府教育部主观上希望最大可能地实现高校联合招生，但在客观上不具备全国范围内大规模统一招考的稳定局面，参与学校数量十分有限。1943年后，相继撤销统一招生委员会和《暑假夏令营招考办法》《高中毕业会考与大学入学考试联合举行办法》。

（二）提高救助师生待遇

1938年4月，国民政府教育部颁布《二十六年度专科以上学校学生学业成绩结束办法》，为战区流亡大学生提供了转学和借读的便利。规定学校暂行停办的、学生因交通或其他困难的均可转入他校肄业或借读。对此，西部高校和部分西迁高校在恢复正常后展开了对战区流亡大学生的收容工作。国民政府教育部也在各省教育厅设立登记处，尽量收容安置战区失学大学生。鉴于高校统一招生政策的持续推进，国民政府教育部于1939年暂停了该项工作，为便于解决此前的借读学生及就业相关问题，专门颁布《抗战期间专科以上学校借读生学籍处理及毕业证件发给办法》。同时，国民政府为战区学生提供了及时的经济救助。除了实行战前的公费生制度、设立各类奖学金外，

---

① 专科以上本年招生办法［J］. 中央日报，1943.6.5.
② 专科以上学校本年招生办法［J］. 中央日报，1945.7.2.

对自费学生提供了贷金制度，根据相关政策，凡家在战区、经济来源断绝或家庭困难的自费生都可领取贷金，每学期以 6 个月据算全额发放，毕业后的贷金偿还可延至 20 年之久，学业与操行均优的学生还可以予以减免。1943 年颁布《非常时期国立中等学校及市立专科以上学校规定公费生办法》，进一步扩大了公费范围。

为维持高校教师的基本生活，国民政府教育部于 1940 年 8 月颁布《大学及独立学院教员聘任待遇暂行规程》，将教员薪金与职称挂钩，既强调他们的学位，也给少数在学术上有突出贡献的予以破格提拔的机会。但由于物价飞涨，教员薪资的实际购买力并不高，为此，国民政府教育部于 1941 年颁发《非常时期改善教职员生活办法》，规定将部分薪水折为平价粮食，即学米制的实施。同时设置专科以上学校教职员奖助金，为在学术研究有一定成果的教师和家庭困难的教师予以奖励。

（三）统一院系与课程设置

抗日战争以前，我国高等教育专业存在文、理、工、农等发展不均衡、院系设置重复、缺乏统一标准等问题，为此，国民政府教育部于 1939 年颁布《大学及独立学院各学系名称》，规范和规定各高校各学院及下辖各系的名称，经过此次调整，全国专科以上学校下辖的"学院有 14 种、168 院，学系有 88 种、519 系，专科及专修科有 45 种、77 科。"[①] 这种规范和调整不仅改善了抗日战争以前严重失调的发展局面，而且为促进西部地区各项社会事业的建设起到了积极的支持作用。1938 年 7 月，国民政府教育部颁布《师范学院章程》，恢复和发展了高等师范教育。同年颁布《大学先修班要点办法》，规定除了在国立师范学院、西北师范学院等校附设先修班以外，还在安徽屯溪、江西兴国、四川津江三处分别单设一班，对在统一招生考试中成绩稍逊的学生提供一年的预科训练。1939 年 1 月，颁布《特设各种专修科办法要点》，要求部分高校增办专修科，首批设置重点专业为工、农、商、医 4 大类，共 17 科，20 个班级分布在西部的 13 所高校中。

---

① 全国高教院系调整设置概况［J］. 申报，1939.7.6.

此外，国民政府加大对大学课程及教学用书统一规划的力度。1938 年，国民政府教育部通令各高校及院系开始商讨课程设置计划。7 月，国民政府教育部召开第一次大学课程会议，正式公布《文理法三学院共同科目表》《师范学院共同必修科目表》《农工各学院分院共同必修科目表》与《商学院共同必修科目表》。国民政府教育部于 1939 年成立大学用书编辑委员会，从 1940 年开始依次展开大学各科必修及选修课程用书的编写工作，采用选取成书、公开征稿、特约编著 3 种方式相结合的原则，出版教材百余种，其中不乏诸如冯友兰的《中国哲学史》等名作。该委员会于 1942 年隶属于国立编译馆。这次课程与教材的改革虽处在抗战时期，但表现出了异乎平常的创举。"如结合后方经济、文化的建设需求，在课程安排中适量增加与抗战紧密相关的特种科目 28 种"①，尤其是在教材编写过程中特别突出与抗战建国的联系等内容，以增强学生的爱国忧国之情。

二、西北开发：抗战时期的旋律之一

随着侵华战争的深入，国民政府一面抗战，一面加大建设以支援抗战，实行"抗战建国同时并进"的政策，对西部大后方进行总定位，"西南是抗战根据地，西北是建国根据地"，并加大对西南、西北的开发与建设，出现了近代西北开发的第三次高潮。此时期的开发西北已上升为一种国家战略，"西北的建设不是一个地方问题，是整个国家的问题。现在沿江沿海各省在侵略者的炮火之下，我们应当在中华民族发源地的西北赶快注意建设。"② 北平、上海等地的专家学者、知名人士也纷纷以《中央日报》《大公报》《西北问题周刊》等有影响的报纸杂志为阵地，对西北的政治、经济、文化、教育进行报道，共同探讨开发西北的意义和途径。

民国时期所称的"西北"指陕、甘、宁、绥、青、新各省，面积约占全

---

① 全国专科以上学校增设战时课程［J］. 申报，1939.5.18.
② 宋子文. 西北建设问题［N］. 中央周报，1934.5.14.

国面积的 1/3，人口不足全国 5%。① 当时开发西北的国人，大多认为首先要调查研究与实地考察，《开发西北》在发刊词提出，"开发西北，必先明了西北实地情形，如何而始适于西北社会情形，如何而始合于西北民族心理，必须有充分研究，经相当之讨论，然后确定计划，先后缓急，庶得其当。"②

1938 年，国民政府开始全面系统考虑西部大后方的建设规划，拟定《西南西北工业建设计划草案》，其宗旨在于"发展生产充实抗战之资源"，确定以西南为重点，先西南后西北的发展方针。这是国民政府制定的大后方开发和建设的第一个宏观计划。1939 年 4 月，国民政府在重庆召开第一次全国生产会议，对大后方的经济开发建设作了全面系统的规划。1941 年 12 月太平洋战争爆发后，国民政府编制《1942 - 1944 年战时三年建设计划大纲》，通过了《请建设西北以巩固国基案》《积极建设西北以增强抗战力量，奠定建国基础条例》《确立边组建设基础案》《为安置战后编余官兵应设置机关妥筹开发西北案》等，直到 1943 年，国民政府才专门拟订建设大西北的计划，并打算拨款 4 亿元充作开发经费。支援抗战是这一时期国民政府开发西北最根本的原因。"我们也早已认清了西北才是我们主要的抗战根据地，因为西北已成抗战基石，复兴民族之根据地。"③

作为西北重镇的甘肃省东连关中，北临朔漠，西通青新，南下巴蜀，是西北各省的中心，而甘肃之中心在兰州。"皋兰山班峙城南，为兰州主山，其西为桦林寺，形势最要，黄河自西南来，横经城北，铁桥束于西，桑园子枢纽其东，负山凭河，形势严扁，诚神州之雄区，西北之重镇也。"④ 兰州是偏隅西北的边城，是中国领土的几何中心所在，也是中国正面战场的兵派、粮秣的重要补给基地之一。战时在兰州设有第八战区司令长官公署，辖甘肃、宁夏、青海、新疆、绥远一部。1941 年 2 月，设立陕甘公路线区司令部，统筹西北后方军事运输。甘肃作为战略大后方和连接苏联的国际运输要冲，成

---

① 胡焕庸. 中国人口之分布［J］. 地理学报. 第 2 卷 . 1935，第 2 期 .
② 创刊词. 开发西北 . 1934：2.
③ 张光祖. 开发西北应先建设甘肃［M］. 西北问题论丛（第 2 - 3 辑）. 甘肃省银行印刷厂，1943：4.
④ 高良佐. 西北随轺记［M］. 甘肃人民出版社，2003.

为仅次于重庆地区的投资重点区。兰州还是西北农产品和畜牧产品的最大集散地，是国内唯一的石油产炼基地，玉门油矿的开采使甘肃成为"石油供应之总站"。可以说，这一时期是国民党高度中央集权的政治经济体制贯彻到甘肃各个基层单位，国民党统治力渗透到每一个乡村的重要阶段。随着甘肃战略地位的不断攀升，国民政府对甘肃的投资力度不断加大。据 1941～1946 年的统计，国民政府通过各大银行向甘肃办理的建设事业费累计达到 21 亿元法币，其中仅 1944 年下半年甘肃省银行发放贷款 5.8 亿元。

然而，国民政府对"西部开发"大张旗鼓地宣传动员，实际成效甚微。"事实上现在之开发西北，上自政府，下至走卒，唱之者不察，受之者无愧，不当不之，攒以为当；尤在精诚团结一致对外之目标下，西北人士固不敢自外，亦际此生死存亡关头，无暇计此开发名词之当不当也。"[①] 批判了对西北片面的滥施宣传。

第二节　甘肃学院：在战火中求生存

甘肃学院首任院长邓春膏辞职后，由教育厅长田炯锦兼任院长，1937 年 4 月，由甘肃学院原事务长朱铭心[②]出任甘肃学院院长，他在任期内积极筹划发展，购置仪器，聘请教授，为学院的发展做出了重要贡献。随着全面抗战的爆发，东北、华北等地的流亡知识分子云集兰州，各抗日救亡团体陆续建立并开展活动，甘肃学院成为兰州各校之首，组织学生参加抗日救亡运动。朱铭心院长因同情鼓励学生的抗日救亡运动、支持保护青年抗战团而引起当局不满。1938 年 2 月，甘肃省主席将其调离甘肃学院，另派王自治任甘肃学院院长。此举遭到甘肃学院师生的抵制，2 月 22 日，王自治在武装警察的护卫下进入甘肃学院，被学生围困，发生冲突，学院秩序大乱。其后，"省政

---

① 误解的开发与开发的误解 ［J］. 西北杂志，1936（1）.

② 朱铭心（1895～1974），字镜堂，甘肃靖远人，甘肃省立第一中学毕业，1923 年考入北京师范大学教育系，1926 年考取北京研究院，攻读教育学和心理学，毕业后留北平师范大学任教。1932 年任甘肃学院教授兼事务长，1933 年任甘肃省政府委员兼财政厅长。

府以高压手段平息了这次学潮，朱铭心被调任西北训练团教官，一度被监禁，几被暗杀。"①

王自治上任后，加强了对学院师生的各项控制，重新制定《省立甘肃学院组织大纲》，再次对学院的行政管理机构进行调整，分为院长、院务会议和处、各委员会3级。将以前的事务主任、教务主任改为教务、训育、事务3处，教务处下设注册股、图书股和仪器股，训育处下设训导股、军事股和体育股，事务处下设庶务股、会计股和印刷股。在王自治任院长约3年的时间里（1938年2月～1940年12月），于1938年8月增设银行会计专修班，次年7月改为银行会计专修科。其他诸如在办学经费、招生规模、教学水平等方面均无变化。1940年，教育部督学在视察报告中对该学院提出严厉的批评，1940年12月26日，国民政府教育部据此颁发训令，"该院纪律废弛，教职员多不甚负责，导师制未能切实施行，图书、仪器等设备未能充分利用，学生程度低劣，各项考试均未严格执行。该院亟应切实整理，商承省府另筹经费，将附设中小学单独设置，即以原有经费专办学院，积极调整科系，使班次衔接，并提高教员待遇，增聘优良之专任教员。此外，对于导师制、社会劳动服务及新生活运动、精神动员等，均应照规定分别认真推进。"② 当时，教育界人士曾批评甘肃学院是"三不像"，即学院不像学院、教师不像教师，学生不像学生。鉴于此，甘肃省政府经第818次会议决议，于1941年1月任命宋恪接任甘肃学院院长。

宋恪是在甘肃学院一片凋敝中上任的，对此，他抱着"只问耕耘，不计收获，只求学校快速成长，不计个人成败利钝的原则"，切实整顿，埋头苦干。通过"调整系科、提高师资、整顿学风"③ 三方面加强建设。在1942年教育部再次视察时，已发生明显变化，其视察报告中记述道，该学院1940年学生仅为35人，1942年增至160人；专业设置新增政治经济学系、银行会计专修科、人事管理专修科等；教员34人，其中教授13人，副教授3人，

① 王希隆. 顾颉刚先生未刊书信两通释述［J］. 兰大学报，2013（1）.
② 第二历史档案馆. 国民政府教育部档案. 5 - 1995 - 21.
③ 甘肃学院校庆昨举行庆祝会［J］. 甘肃民国日报，1944.4.2.

讲师 18 人。"院校舍整齐，场所亦多宽敞"。①

鉴于国民政府对省立甘肃学院的肯定，甘肃省政府将学院的年度经费增加到 112117 元，并在 1942 年首次提出和制定将甘肃学院改办为国立甘肃大学的申请计划。1943 年 12 月 20 日，甘肃省教育厅向教育部呈报 1944 年度施政计划中，"仍拟继续向中央呈请，务请该院早日改为国立甘肃大学，奠定本省高等教育基础。"甘肃省临时参议会也通过了该项提议，并呈报重庆国民政府。1944 年 3 月 20 日，行政院批准自当年 7 月 1 日起，将省立甘肃学院改为国立甘肃学院，并颁发《甘肃省立学院改组为国立甘肃学院办法》，院长仍由宋恪担任，办学经费改由国民政府下拨，并有了一定增长。

甘肃学院改国立，是甘肃省政府和教育界的一向宏愿。1940 年，时人陈守礼认为，"自抗战军兴，湖南、广西、云南三大学由省办改为国立，给吾人不少兴奋，以为辽阔而荒凉的西北，一定会有同样的设施，最低限度也可以迁几个现成的大学到那儿去，谁想到联大到了城固，西工、西师、西医虽分家，而仍拥挤在那西北的边缘（实际上仍在内地）的陕南，不肯大踏步走入西北的腹心，我们并未怀成见，平心静气地说，既名'西北'，就应该深入'西北'，仿徨于门外，何能知堂奥之真相呢?!"② 因此，他多方面论证将甘肃学院改为国立大学的意义，提出"果能如此行之，则西北青年不再跋涉万里，不再守株向隅，更不再寻走短期训练之捷径。"

"国立"对甘肃学院来说，意义重大。首先，提升了学院在国人眼中的地位，得到了国民政府和教育部对该省文化事业的肯定。此前，西北一向被国民政府忽视，直到抗日战争时期才随着甘肃战略地位的上升，国民政府才开始意识到西北作为大屏障的重要军事地位和战略意义。其次，教育经费由国家财政拨付是最重要的原因。各地方政府因急于经费无着发生索薪、罢教等事件，不胜枚举。而"国立"后，不但经费有着，而且减轻了甘肃省政府的压力，地方对此十分积极。

---

① 第二历史档案馆．国民政府教育部档案．5 – 1995 – 29．
② 陈守礼．甘肃学院应改国立大学之商榷．存于甘肃省图书馆．

一、甘肃学院经费的筹措

甘肃省教育经费一向拮据，维持现状都显困难，遑论设备更新。田炯锦任职期间，学院共收到省财政厅"拨款 98484.55 元，支出 98484.251 元，结余 0.299 元。"① 朱铭心任职期间，学院共收入法币 62580.479 元，支出 62580.345 元，收支基本相抵。其中薪俸、工资、奖金和修缮 4 项支出 50825.314 元，占了很大比重，而用于购置图书、设备等教学方面的经费十分有限。抗日战争时期，甘肃省财政更为困难，1939 年 2 月，甘肃学院再次向教育部申请该年度"补助医科教席费 2640 元、设备费 7370 元，共计 10010 元"②，但未获批准。1938～1940 年，甘肃学院由于经费无着发展十分缓慢。1941 年，宋恪接任后，多次向省政府呈准增拨经费。经决议，甘肃学院的年度经费增加至 237480 元，其中支出教员薪俸 127392 元，占 53.64%。1942 年向省政府呈请再增拨临时补助费 26400 元，从国民政府教育部共争取到补助费 56400 元。尽管如此，甘肃学院的固定经费仍然是西北各高校中最少的。从表 4.1 陕、甘两省高校的经费比较中可知，省立甘肃学院的经费仅为国立西北工学院的 1/4，为西北大学、西北农学院、西北师范学院的 1/3。

表 4.1　　西北区各公立院校 1942 年度联合招生委员会各校应拨经费

院校名称	全年经费（元）	在总经费中的比例（%）
国立西北大学	1041096	16.90
国立西北工学院	1280000	20.78
国立西北师范学院	995300	16.16
国立西北医学院	470924	7.64
国立西北农学院	1040335	16.89

---

① 兰州大学档案 1—（2）—96（甘肃学院）.
② 兰州大学档案 1—（2）—59（甘肃学院）.

续表

院校名称	全年经费（元）	在总经费中的比例（%）
国立河南大学	1000000	16. 23
省立甘肃学院	332646	5. 40
总计	6160301	100

资料来源：兰州大学档案 1—（2）—216（甘肃学院）.

1944 年初，甘肃学院上报该年度"经常费为 880663 元，增设班额经常费为 202800 元，以及修建费、设备费等 3986500 元，共计 4931325 元。"[①] 改为国立后，甘肃学院的经费从 1944 年下半年开始由国家财政拨发，但入不敷出的情况更为严重。9 月 2 日，宋恪呈文国民政府教育部，请求速拨周转金100 万元，"查本院隶属甘省府时，每月应领行政经费及员工薪俸食米代金数目虽属微薄，尚能按月拨发藉以维持。自改制两月以来，因编制及预算辗转呈核关系，仅奉到垫发米代金 40 余万元，所以员工薪俸及办公各费迄未拨分文，员工生活顿感无法维持，即行政支出亦万分困难……呈请钧部速赐汇本院周转资金国币 100 万元，俾资周转而利教学。"[②] 对此，国民政府教育部以未有拨发周转资金先例为由拒绝。

二、甘肃学院教师素质的提高

1936 年，省立甘肃学院有教员 22 名，与全国 9 所省立学院共有 382 名教师、平均为 42 人相比，甘肃学院的教师数量与全国平均水平相差甚远。省立甘肃学院改国立后，遵照国民政府教育部 1942 年颁发的《全国各大学及独立学院教职员及专科以上学校普通教职员人数暂行标准》，重新确定学院的教职员编制。院长宋恪于 1944 年呈请国民政府教育部的计划中提出，"教职员88 名，工役为 39 名"，但国民政府教育部核定甘肃学院"教员以 36 人为最

[①]　兰州大学档案 1—（2）—59（甘肃学院）.
[②]　兰州大学档案 1—（2）—217（甘肃学院）.

高额，职员以 29 人为限"，与学院教学实际需要悬殊甚大，因此，学院于
1944 年 11 月 29 日呈请国民政府教育部再次考虑甘院实际情况，将教员核定
为 50 名，职员 38 名，鉴于甘院已有学生 329 名，请国民政府教育部在 1945
年予以增加。根据 1945 年《国立甘肃学院第一学期教员名册》的统计，共
有教员 50 人，甘肃籍 12 人，占 24%；外省籍 38 人，其中江苏籍 7 人，河北
籍 4 人，安徽籍 4 人。与此前相比，改为国立后，扩大了教师来源，与兰州
中山大学时期本省籍教师占多数的情况已有很大不同。其中专任教师 40 人，
兼任教师 10 人，教授 22 人，副教授 6 人，讲师 15 人。在教师数量和规模上
都有了很大程度的改观。

　　鉴于甘肃地方经济发展水平和财政限制，甘肃学院教师的薪资一直都很
微薄。1935~1937 年，各校都遵循经费一律按九五折拨发的惯例，造成人才
流失严重，"教育为精神事业，教职员因生活困难不能专心供职，教育上无
形之损失，所扣九五代价，不能补假；再各校经费向极困难，自实行九五折
后，一切杂支，实无法周转。"[1] 为此，甘肃学院于 1937 年呈请省政府取消
教职员薪金九五折扣，以利教育。1940 年后，由于通货膨胀率明显提高，为
保证教职工的生活，省财政厅向学院发放一定数量的员工补助金，有关部门
还按一定标准，"向学校教职员工定量分配平均布匹等生活必需品。"[2] 抗日
战争期间，甘肃学院教授多来自沦陷区，生活倍感困难，1942 年和 1943 年，
院长宋恪两次呈文教育部，要求拨发补助金，未获批准。当时，甘肃学院专
职教员每月收入最高不过 1760 元，其他职员最高 1500 元左右，在米珠薪桂
之际，维持生计尚不足够，与此相比的是西北师范学院专任教授每月所得合
计在 4000 元以上，可见甘肃学院教职工薪资之微薄。国民政府教育部于
1942 年 11 月起酌情予以提高或比照西北师院待遇发给。以上原因也是甘肃
学院极力争取改为国立的一个重要原因。

---

① 兰州大学档案 1—（2）—227（甘肃学院）.
② 兰州大学档案 1—（2）—216（甘肃学院）.

三、生源及学生管理

按照国民政府教育部《专科以上学校借读办法》的规定，甘肃学院对于外省籍借读学生尽量予以收容，与此同时，报考甘肃学院的外省籍学生也明显增多，生源结构开始多样化。根据 1941 年《甘肃省立甘肃学院在校学生姓名录》① 所载学生籍贯、性别的统计，本省籍 48 人，占 60.79%，外省籍 31 人，占 39.24%，女生 18 人，占 22.78%，比 1937 年时本省籍和外省籍学生分别为 25 人和 10 人增加了 23 人和 21 人。学生来源的多样化有助于提高生源质量和不同地区学生之间的交流和互动，有助于营造良好的校园文化和提升学校的整体素质。

为促进学生就业，甘肃学院将毕业生按照成绩分别等第呈请省政府量才录用，使为数有限的专业人才尽可能找到合适的工作，以充分发挥专业优势。甘肃学院的学生基本都服务在相邻的青海、宁夏等省，也受到很大重视。在 1944 年的校庆中，有校友提到，"在这 16 年的过程当中，为广大的西北，造就了大批专门人才。在西北的各部门中，都有甘院的校友们在那里发挥着母校的精神，担负起建设西北的伟大使命。"②

在学生管理方面，甘肃学院按照国民政府教育部颁布的《训政纲要》和《中等以上学校导师制纲要》，制定了《甘肃大学训育方针》和《甘肃省立甘肃学院导师制实行细则》，在每一班设导师 1 名，对学生进行指导，并记载学生思想行为、学业及身心修养。抗日战争期间，甘肃学院为适应抗战建国的需要，制定了《甘肃学院非常时期教育实施纲要》，纲要分为"精神训练、体格训练、技能训练、劳动服务训练、各科教学及研究"③ 5 项。各项训练以养成学生人生、民族、国家、世界之基本观念，信仰三民主义、克服环境之特殊能力，并配合战时军事、政治、经济等，共赴抗战建国为目标。改国立

---

① 兰州大学档案 1—（2）—121（甘肃学院）.
② 甘肃民国日报 . 1944. 4. 1.
③ 兰州大学档案 1—（2）—65（甘肃学院）.

后，甘肃学院制定了《国立甘肃学院学生劳动服务实施办法》，规定学生利用星期六下午、星期日、寒假、暑假及其他例假之一部分时间进行校园整理、道路修筑、沟渠疏浚及物资搬运等，协助学校所在地之公益事业及各项建设工作。同时制定了《国立甘肃学院训导实施计划》，规定训导处设生活管理、体育卫生、课外活动 3 组，强调训育的宗旨为"策励学生实践共同校训——礼义廉耻以陶融忠、孝、仁、爱、信、义、和平之美德，及养成诚、智、仁、勇具备之品格，俾能成为建设三民主义新中国之优秀国民。"①

抗日战争时期，国民政府从 1938 年实施学生贷金制度。甘肃学院公费生分本籍生和客籍生两种，"本籍生依据成绩优劣，每人给予 8 元至 16 元的津贴"，成绩在 60～100 分者分别给予 8 元、10 元、12 元、16 元不等的津贴。"客籍生成绩 80 分以上者，每月给予奖学金 8 元，但以全级人数 1/3 为限，上项津贴与奖学金，每年以 8 个月计算。"② 此项措施对甘肃学院的学生起到了重要的激励和帮助作用。为鼓励贫寒学生，学院还专门制定《甘肃学院奖学金条例》，规定"贫寒学生学期平均分数在 76 分以上者，正式申请奖学金，经院务会议调查确实予以补助，每月每人奖学金暂定为 7 元。"③ 甘肃学院给 1940 年的新招学生每人每月发放津贴 20 元，包括原有大学部学生，由于学生少，一般都从学院正常经费支出，但随着后期学院专业设置、招生规模和在校生数量的增加，该项津贴即无法维持。学院于 1941 年将学生津贴改为奖学金执行。

甘肃学院从省立改为国立，并未从根本上解决学院发展的困局，在通货膨胀和物价飞涨的情况下，难以有较大的改进，对此，宋恪在 1944 年《甘肃省立甘肃学院改进计划》中曾提道：

"甘肃省立甘肃学院成立迄今，虽十有三载，然未能有良好成绩表现者，原因固多，而经费之不足，师资之困难，学生之缺少，当为主要原因。盖经费之不足，则一切设施自无法完备，师资困难，则教学效率自不能增强，学

---

① 兰州大学档案 1—（2）—334（甘肃学院）.
② 兰州大学档案 1—（2）—108（甘肃学院）.
③ 兰州大学档案 1—（2）—15（甘肃学院）.

生之程度自不能提高，学生缺少，则造就效率自难形其广大，加之旧有科系多不健全，过去所设置各科系，不能逐年招收学生，以致有班级不衔接，专任教授之无法延聘之不合理现象，课程既欠充实，班级又无联系，以是人事行政、教学组织均成畸形，几无规绳可准，惟求敷衍了事。"①

第三节　移居兰州：西北师院扎根成长

近代历史上，首推师范教育之重要的当属梁启超。他将师范教育定位为"群学之基"，并发表《变法通议：论师范》一文，在中国教育史上首次专文论述师范教育之重要性。后来在新政的推动下，先后建立了京师大学堂师范馆、直隶优级师范学堂、山东全省师范学堂、河南优级师范学堂、两广优级师范学堂、福建优级师范学堂、京师女子师范学堂、京师优级师范学堂、浙江两级师范学堂等。1912 年，中华民国政府教育部公布《师范教育令》和《师范学校规程》，"将高等师范学校定为国立，由中央直辖，无论为校若干，悉以国家之精神为精神，以国家之主义为主义，以收统一之效。"② 然而，在中国长期的师范学校"存废"之争下，许多师范院校纷纷改大，北平师范大学成为高等师范教育的唯一血脉。抗日战争开始后，北平师范大学与其他高等学府为延续血脉，踏上了西迁的征途，并由此成就了我国高等师范教育史上的一段传奇。

一、民国时期高等师范教育的发展

辛亥革命以后，京师优级师范学堂奉命改为"国立北京高等师范学校"，1923 年 7 月又改为"国立北京师范大学"。梁启超认为这一举措"对于教育前途之责任益且重大"。国立西北师范学院的前身之一——北平师范大学经

---

① 兰州大学档案6—（2）—275（甘肃学院）.
② 朱有瓛. 中国近代学制史料（第三辑下册）［M］. 华东师范大学出版社，1992.

过陈宝泉、范源廉和李蒸等数位大学校长的经营，已发展成为高等师范教育中的翘楚。抗日战争爆发后，北平师范大学与其他院校都踏上了西迁的路途。这一路上，北平师范大学不仅没有被取消，还逐渐获得了长远发展，这一切得益于那些致力于高等师范教育发展的校长们，正是他们对师范教育深刻的理解和认识才有了后来的西北师院，才有了甘肃第一所高等师范学校。

陈宝泉[①]担任北京高师校长期间，通过开辟校址、建筑校舍、增设系科、延聘教师、整章建制等有力措施，使北京高等师范学校进入了一个稳定发展的阶段。提出"本校益养成师范学校、女子师范学校、中学校、女子中学校教员为宗旨"。从 1913～1917 年短短的 3 年间，学生从 150 人扩充至近千人，并将以前的科类整合为英语、理化、博物 3 部，使本科达到 6 部，增设体育专修科、手工图画专修科、国文专修科，附设音乐训练班、职工科。陈宝泉校长多次上书临时大总统袁世凯，论述发展师范教育的重要性，提出师范学校宜扩充，不宜多设；师范教育的教学、管理、训练等应适合国民教育需要；重视小学教育，小学教员是国民教育之母等。在他的影响下，袁世凯颁布了《大总统教育要旨》，为学校题写"教育本源"的匾额，又以个人名义捐款 1 万元，批准教育部拨款 6 万元。学校利用这笔经费修建了自习室、寝室 72 间，教室 8 间，为学校的发展打下了较好的物质基础。"可以说（这一时期）北京高等师范学校不但发展的速度比较快，尽可能地照顾了全国各地中等学校各种师资的需要，而且为后来的北京师范大学的系科发展奠定了基础。"[②]

在具体的施教方略上，陈宝泉十分强调德育建设的重要性，提出了"诚实、勇敢、勤勉、亲爱"的八字校训，要求学生有广博的知识、高尚的品德、坚强的意志、整洁优雅的仪表。为此，在当时北京高等师范学校的门口，

---

① 陈宝泉（1874～1937），字筱庄，天津人，清末附生，早年留学日本，曾率领教育考察团到欧美考察。在任河北教育厅长期间，发生"九·一八"事变，他致电蒋介石指责其不抵抗，1937 年"七七事变"后，忧愤国事，患病逝世。著有《退思斋诗文集》《中国近代学制变迁史》及欧美、日本、菲律宾教育考察报告。与胡适、陶行知合编《孟禄中国教育讨论》。时人称之"华北名流，教育专家"。

② 北京师范大学校史［M］. 北京师范大学出版社，1982.

立有一面很大的镜子，上面写着"整容貌"三个大字，要求学生出入时做到：面必净，发必立，衣必整，钮必结，头必正，肩容平，胸容宽，背容直。由于当时北京高师的"学生出校时衣着整洁、佩戴校徽，又言行持重，深得社会各界好评"①。同时，多次邀请梁启超、蔡元培、林纾等各界名人到校演讲。新开设《实践伦理》《伦理学》等课程。在教学方法上，多采用"自学辅导主义"，以加强学生的自学研究，激发其主动性。设立"教育参考室"以陈列校内学术成果。强调"修学旅行"（远足）和"暑假修业"（社会调查），"以资博览，而共参考"。同时，陈宝泉十分重视体育训练，他认为，强健的体格是精神健康的源泉，并开设了我国最早的体育专修科，这一传统在后来的北平师范大学、西北师院得以继承和发扬。

范源廉②就任校长期间，主持修订了师大组织大纲和各种规章制度，使学校系科设置更为完备。本科分设教育系、国文系、英文系、史地系（1928年分为历史和地理两系）、数学系、物理系、化学系、生物系，并设体育专修科（1930年改为体育系）和手工图画专修科。教师队伍得到充实，学生学习采取学分制，并开设各科教学法课程。但是，在军阀混战、局势动荡不安的旧中国，范源廉的努力并没有使北京师范大学摆脱生存的困境。"其时经费竭蹶，债台高筑……范先生犹复多方筹款，稍偿宿欠，修理学舍……。讵料内乱日亟，国事日非，区区学校经费积欠经年，而黩武乱国之资，则日出千百万不穷。范先生痛愤之余，拂然而去。"③ 1924年9月，范源廉辞职。为纪念他，西迁后的西北师范学院曾将一处学生宿舍命名为"静生斋"。

1931年7月，北平师大和改名为"北平大学第二师范学院"的女师大合并，成立"国立北平师范大学"。1932年7月，国民政府教育部任命李蒸为校长。李蒸到任后，立即成立校务整理委员会，制定《国立北平师范大学整理计划书》，提出学校整理的原则："要充分表现师大之特性，即师大之组

---

① 王淑芳．北师大逸事［M］．辽海出版社，1998．
② 范源廉（1874~1927），字静生，湖南湘乡人，清末赴日本留学，创建速成法政科、师范科以便利中国留学生学习，归国后任学部参事，曾任教京师大学堂，创办清华学堂，历任教育总长、次长，是著名教育家。
③ 国立北京师范大学．民国十四年毕业同学录·本校沿革大要．

织、课程、训育、教法等，必与其他大学显有不同"。同时要"保持其固有之精神"。在学校组织上，要具备从幼儿园到研究院的各阶段之教育设施；在课程上，分别对学术、专业方法和特殊需要等方面进行整理；训育上，"力求严格，以养成整肃勤朴之学风"；教法上"力求理论与实际之联合"①，并将全校的整理分为教务、训育、事务三方面进行。正当学校极力进行校务整理的时候，国民党政府以北平师大"竟与普通大学无异""近年迭起学潮，内容复杂，每令办学者深感困难""原有学生，已属不少，且在社会上，此项人才，一时亦形供过于求"为由，命令停止招生。南京国民政府教育部提出"大学以农、工、医为主，将现行师资教育一律取消，北平师范大学应即停办"。② 并以国民党"中央组织委员会"的名义提出了"停办师范大学"的提案。

面对这种形势，校长李蒸及北平师大教授李建勋、王桐龄、袁敦礼、黎锦熙、钱玄同、董守义等35人，联合各界校友进行了坚决的斗争。同时，学生和校友展开"护校运动"，举行"护校讲演周"活动，讲演师大的特性、师大的历史、师大毕业生的服务状况、师范学校在中国的重要性等。1932年8月20日，北平师大全体教授致电南京国民政府教育部，对停办师大的种种理由进行了一针见血的批驳，指出"大部所谓'风潮迭起，内容复杂'，由中央而边陲，自大学而中小，何校蔑有？何处不然？正本清源，自有其道；统筹兼顾，此正其时。"并提出发生"风潮"的原因，"或以时代潮流，或以政治关系，或以生计窘迫，社会国家，悉应负责。而尤以教费无着，设备废驰，督励无方，为学风不饬之最大关键。"③ 11月，又致电南京国民政府教育部，力陈"师范大学担负的特殊任务，使其不同于一般大学"④。1932年12月17日，北平师大教授在《独立评论》上发表文章，驳斥"反对师范大学独立设置"的观点。在北平师大领导、教师、学生、校友及教育界的强烈反

---

① 李蒸. 北京师范大学历史上的存废之事. 载李溪桥. 李蒸纪念文集［M］. 中国社会科学出版社，1996.
② 教育部. 改革我国教育之倾向及办法［N］. 大公报，1932. 10. 16.
③ 本校教授为停止招生事致教育部快邮代电. 北平师大校务汇报. 第13期. 1932. 8. 20.
④ 本校教授为师范大学具有特别任务事呈教育部长文. 北平师大校务汇报. 1932. 11. 12.

对下，加之国民党内部意见不一，取消师大的提案最终被否决。

二、高校西迁与西北师范学院

随着日本侵略者的铁蹄不断踏入我国大片国土，许多人对师大的前途感到担忧，李蒸校长认为，"我可以告诉诸君，如若万一无办法时，在北平不能办大学，在别处仍可以办。到那时，组织规模或者不能与现在一样，而生命则无论如何是不会断的。"① 1937 年"七七"事变不久，日本帝国主义占领了北平，国立北平师范大学数理学院和文学院分别成为日军的警备司令部和空军司令部。南京国民政府教育部即电令"以北京大学、清华大学、南开大学和中央研究院的师资设备为基干，成立长沙临时大学；以北平大学、北平师大、北洋工学院和北平研究院等院校为基干，设立西安临时大学"②。国立北平师范大学和北平大学、北洋工学院三校师生历尽艰辛，撤离平津。在西安建立"西安临时大学"，开始了艰苦卓绝的办学历程。

（一）从西安临时大学到西北联合大学

1937 年 9 月，根据南京国民政府教育部指示，国立北平师范大学校长李蒸与北平大学校长徐诵明、北洋工学院院长李书田及陈剑脩、周伯敏、藏启芳、辛树帜等人组成西安临时大学筹备委员会，赴西安进行筹备工作。在西安城隍庙后街公字四号警备司令部旧址成立了办公处和第一院（国文、外语、历史、家政四系）及第一、第三两院学生宿舍，在小南门外东北大学（今西北大学校园内）借用部分新建校舍成立第二院（工学院各系及数学、物理、化学、体育4系），租用北大街通济坊大楼成立第三院（法、商、农、医各学院及教育、地理、生物3系）。由于平津三院校原有师生陆续迁来，西安临时大学于 11 月 15 日开学上课。在管理上，原北平师范大学形式上已与其他学校联合，但实际管理和课程安排、教学上仍由原校长负责。

---

① 北平师大校务汇报. 第 137 期.
② 教育部第 16696 号令 . 1937. 9. 10.

1937 年 12 月 17 日，原北平师范大学的师生在西安举行北平师范大学建校三十五周年纪念活动。"在参加西安临时大学的阶段中，庆祝师大三十五周年纪念日，真是悲感交集……想不到故都沦陷，学校流亡……本校同仁同学又聚集了数百人于西安，师大生命得以延续，又逢学校诞辰，亦不可不有所纪念。"① 在西安纪念北平师大诞辰，使师生心情格外沉重，但是继承母校的优良精神，恢复母校的意志在师生中表现得非常坚定。"为着国土的沦亡，使我们原在北平的母校，迁到西安来了。今天又迫使我们不得不在西安来纪念北平母校的校庆。这一悲痛事变，给予我们的刺激是太大了！我们如果还不能燃烧起火一般的热情，努力抗战工作，保卫祖国，恢复母校，那简直不配做时代的青年！那简直不配来纪念母校的校庆！"②

西安临时大学设立不久，为了保存学校实力，南京国民政府教育部命令学校再次迁往陕南汉中一带。李蒸、徐诵明等西安临时大学的领导为这次南迁制订了周密的行军计划。成立了西安临时大学准备迁移事务委员会，下设沿途布置委员会、运输委员会、膳食委员会等机构，并将全体师生整编为 1 个大队，徐诵明为大队长，设参谋团负责行军事宜，李蒸为参长。大队下设 3 个中队，每中队 500~600 人，中队下设区队，区队下设分队，组成了一个完整的行军系统。其中，中队是行军单位，每个中队按照设营组——侦察班——中队全部——医务组——运输组——收容班的次序行军。大队、中队、区队、分队均各自制作一面白布角旗，各组制作一面白布方旗，写明番号。于 1938 年 3 月 16 日乘火车向宝鸡进发。由于师生长途劳累，沿途城镇食品短缺，"故每当开饭前，职教员学生多已持箸碗环立鹄候，迨伙夫一声报熟，启锅分盛，无不食之津津有味，有外籍沙博格、克顿二人亦羼入分取，享受一日辛劳之酬报。"③ 颠沛流离的迁校行军磨炼了师生的意志，提升了行军的士气，密切了校长李蒸和师生的感情。

南京国民政府行政院于 1938 年 4 月通过《平津沪地区专科以上学校整理

---

① 国立北平师范大学三十五周年纪念专刊序. 1937. 12. 17.
② 薛贻源. 在西安纪念北平师大的校庆. 国立北平师范大学三十五周年纪念专刊. 1937. 12. 17.
③ 佟学海. 本校迁移行军沿途经过纪录. 西北联大校刊. 第 3 期，1938. 10.

方案》，南京国民政府教育部根据《方案》下令："为发展西北高等教育，提高边省文化起见，拟令该校院逐渐向西北陕甘一代移布，并改称国立西北联合大学。"① 任命李蒸、徐诵明、胡庶华为常务委员。1938 年夏，根据南京国民政府教育部令将西北联大工学院、农学院独立设校，农学院迁设陕西武功，工学院独立设在城固县城南古路坝，西北联大教育学院改称师范学院。1939 年 8 月，西北联大再次改组，由文、理、法商三学院组建国立西北大学，医学院独立设置，称国立西北医学院，师范学院独立设置，称国立西北师范学院，李蒸任院长。

（二）国立西北师范学院西迁甘肃兰州

1940 年，随着全国战局的不断恶化，长沙、武汉等地先后失守，前线撤退的人流物资涌向川陕之间，给建在城固的西北师院带来了诸多不安定的因素。正值此时，身为甘肃省教育厅长的郑通和提出西北师范学院迁移兰州建立永久性校址的建议，此建议经多方协商得到共识。同时，南京国民政府教育部为均衡西北教育资源，下令西北师院再迁甘肃兰州。5 月，甘肃省教育厅致电南京国民政府教育部表示"西北师范学院迁兰，省府及地方人士均热诚欢迎，祈电令该院派员来甘筹备"。7 月，甘肃省以临时参议会名义发电表示邀请："贵院历史悠久，成绩卓著，海内外蜚声，此闻有奉令迁甘之议，将于甘肃整个文化推进贡献重大力量，本会代表全甘民众欢迎并愿切实赞助，盼早来临。"②

西北师院师生普遍认为，学校由北平迁出，由西安而西固，这是临时性质的。但现在政府要求迁往兰州是做"永久校址"，所以校舍不能再因陋就简。对此，李蒸院长提出了三个条件：第一，学校不能设在城内，而应选择距离城 10 ~ 15 里的地方，一则防止日军空袭，二则作为一个师范教育机关设在城内不甚合适；第二，要交通方便，最低限度能通汽车和人力车；第三，必须见到黄河，一则为风景问题，二则为吃水问题。1940 年 6 月，李蒸率团

---

① 国民政府教育部给西安临时大学的训令 . 1938.4.3.
② 国立西北师范学院校务汇报 . 第 30 期 . 1941.

亲自由城固翻山越岭到兰州勘察校址。最后确定兰州西郊 6 公里处，黄河北岸傍近甘新公路的十里店为建校的最佳地点。他就此事商呈教育部长陈立夫，报部核准在此购置地皮 250 亩，由此定下十里店为西北师范学院永久性地址。关于校舍的建筑原则，学校在给南京国民政府教育部的呈文中指出，"规模须朴实远大，材料须就地取材，设备须新颖充实，作用须费小效宏，房屋位置须联络与疏散兼筹并顾，以防意外。"①

在战时社会经济不断恶化的情势下，迁到兰州的西北师院面临巨大的资金困难，南京国民政府教育部所拨经费仅够购买地皮。为节约经费，学校决定分期建设。1941 年 4 月，李蒸院长再次赴兰，聘请兰州各界知名人士 29 人组成学校建筑筹备委员会，"预计在兰州招收新生 200～250 人，数年之后，全校即可迁入兰州"。② 为了保证教学不受影响，商定迁建采取逐年过渡办法，即兰州招收一届新生，城固毕业一届旧生，直至城固的学生全部毕业。聘请西北师院家政系主任齐国梁先生担任兰州分院主任，积极筹备兰州分院招生及开学事宜。1941 年 11 月，首届招收学生 150 人。对此，南京国民政府中央社发表如下消息："国立西北师范学院兰州分院三日开学，该院院长李蒸特自陕南本部赶来，亲自主持一切。该院此次奉命在此设立分院，为抗战以来，国立大学迁甘之第一个，际此中央积极发展边疆教育声中，中等师资缺乏，为当前一大问题，该院今能感此种需要，迁入甘肃，就地植才，自为推行边教之一大助力，故此间各界诚表热烈欢迎云。"③

从 1941 年起，城固本院的旧生陆续毕业，不再招收新生；而兰州分院则每年招收新生。城固本院毕业一批学生，就腾出一批人员和设备迁来兰州。1942 年，西北师院本院由城固迁到兰州，城固本院则改称分院。1944 年，城固分院学生全部毕业，城固分院宣布撤销。9 月 25 日，在兰州举行开学典礼，李蒸院长的兴奋之情溢于言表："今天举行开学典礼，感到很是高兴，因为现在全国有不少学校因战事关系恐怕都不能如期开学，有的还在流离，

---

① 国立西北师范学院校务汇报. 第 27 期. 1941.

② 中央拨款 17 万在兰兴建新校舍，李蒸来兰勘觅校址并成立筹备处 [N]. 甘肃日报. 1941. 4. 27.

③ 大公报. 第 3 期. 1941. 10. 6.

找不到一定的校址，而今年本校迁校成功"。① 由此开启了国立西北师范学院在兰州的新篇章。

三、西北师范学院在兰州短暂发展

1941 年 5 月 31 日，赴兰州进行建校筹备工作的李蒸等人回到城固，向师生通报了兰州校区的建设方案和规划草图，介绍"左边建教室 60 间，右边仍建 60 间，作为科学馆、研究所、各科系办公室等用。此外男生宿舍 80 间，女生宿舍 64 间，总办公厅 40 间，各处、组办公室在内。教职员宿舍，每 5 间为一院落，约若干院落，以够用为原则，其他则为卫生院、大礼堂、图书馆等。再其他房屋视当时需要而定。此外空地还不少，除劳作科之农场外，体育系活动场所，拟在此地。这个草草的计划，将来完成之后，在甘肃仍然不失为最完善的校舍。……这个计划共需款 50 余万元，但今年物价高涨，当然不止此数。"② 由于物价飞涨，南京国民政府教育部仅拨出建筑经费 21 万元，且很长时间没有到位，加之学校还急需购置仪器设备等，这个美好的计划落实得非常艰难。

1943 年 9 月，随着兰州所招学生的增多，兰州分院改为本院，校舍成为学校发展中最大的困难。学校除了收回由救济院所占的房子外，还将总办公厅和北院腾出，为 300 名新生解决了住宿问题。1944 年 2 月，学校向中央银行商借国币 200 万元，计划用其中 100 万元建筑礼堂，另外再建两排教室和两排宿舍。同时，为争取社会各界对学校的支持，学校加强了与宁、青、新三省的联系，积极宣传学校在发展西北文化教育方面的作用。1944 年，李蒸等一行前往青海进行考察访问，商妥为青海培养中学师资，筹得木料以建筑大礼堂。在大礼堂的建设中，为节约经费，学校采取"购料雇工自建"的办法，由担任劳作课的赵擎寰先生设计出可容纳 1200 人开会的大礼堂草图，并以 9 万元的报酬聘请了一位工程师协助学校从事监工、购料工作，整个工程

① 国立西北师范学院校务汇报．第 71 期．1944.
② 国立西北师范学院校务汇报．第 27 期．1941.

造价仅 340 万元。同时，还添建了一些教室、宿舍、实习室等，办学条件得到极大改善。

（一）机构设置

1944 年底，西北师范学院完成全部迁兰工作。

学校行政管理按照《大学组织法》规定，设院长 1 人，由教育部委任。院长以下设行政处室、学系和附属机构。西北师院下设教务处、训导处、总务处，各处设处长 1 人，由院长聘任。教务处下设图书馆、出版组和注册组，训导处下设卫生组、课外活动组和生活管理组，总务处下设出纳室、庶务组、文书组和会计室，各设主任 1 人，主要开设的学系有国文系、英语系、史地系、公民训育系、数学系、理化系、博物系、教育系、体育系和家政系，以及劳作专修科、国文专修科、史地专修科、理化专修科、国语专修科、体育专修科、劳作师资训练班、优良小学教师训练班和先修班。另外，还设有 5 类委员会，分别是图书仪器委员会、校舍建筑委员会、地方教育辅导委员会、家庭教育委员会和社会教育推行委员会，以及社会教育实验区、国民教育实验区、家庭教育实验区、附属中小学、函授学校和生产农场等附属单位。迁兰后的西北师范学院，"上至研究所，下至小学幼儿园，无不俱备，……从它的历史以及目前的规模看来，实在是甘肃的一个庞大而完整的最高学府"[①]。

（二）师资力量与学科建设

根据南京国民政府教育部 1940 年制定的《师范学院规程》以及 1944 年8 月召开的第二次大学课程会议精神，西北师范学院的课程设置在总体上执行了国民政府的规定。开设了包括普通基本科目、分系专门科目、教育基本科目、专业训练科目 4 大类课程。普通基本科目属公共必修课，有"三民主义""国文""英语""体育"等。分系专门科目的课程安排根据不同学科的特点和需要开设，如教育学专业开设"教育哲学""伦理学""学科心理"

---

① 西北学报（兰州版）. 1944. 1. 1.

"社会心理""动物心理""实验心理""教育统计""公文程式""统计应用数学""学务调查""教育与职业指导"① 等 26 门课程。教育基本科目有"教育概论""教育心理""中等教育""普通教学法"等。专业训练科目以实习、实践和社会服务为主。学校附设的附中、小学、幼儿园、生产农场，都是学生实习的场所，所有学生在学习期间都要求做一段时间的课堂教学和辅导，学习教育行政课的同学实习教育行政工作。同时，学生还要利用假期进行社会教育实践，要求学生到农村办学校，组织动员农民上学，为农民编写教材，和农民一起活动。

在执行国家规定的课程标准以外，西北师范学院十分重视在课程设置上体现自己的特色，以满足培养优质师资的需要和发扬学校优良的校风。明确规定："任何系科的学生，除必修学校规定的教育类课程外，低年级学生还得选修中文、外语、中国文化史、西方文化史、哲学概论、政治学、社会学、经济学、法学通论等类课程。文科各系科的学生还必须修习一门自然科学的课程。"② 同时，学校特别重视体育和艺术教育，体育课的考试要求格外严格，不及格者要补考，直至及格才可毕业。

在任职教师人选上，学校从全国各地增聘了一批知名教授，其中有焦菊隐、张振先、李庭芗、孔宪武、张世勋、李宇涵、刘耀藜、李嘉言、叶鼎彝（丁易）、程金造、顾学颉、张拱贵、陈侠、李化方、徐褐夫等。1941 年，英国人李柏庆、美国人石德伦女士到学校任教，加拿大人郝仪德先生在学校当校医，他们一直工作到 1949 年。其中，教务主任、国文系主任黎锦熙先生讲授"读书指导"和"音韵学"课程，教授学生用新的图书十进分类法将经史子集四类书重新分类，按照书的价值高低分成三类，在书名上标记为三个圈、两个圈和一个圈，分别为精读、略读和参考之意。丁易先生于 1942 年在黎锦熙的支持下，在西北师范学院开设了中国现代文学史课程，主讲和分析鲁迅的《狂人日记》《药》《明天》三篇作品，丁先生深刻、细致、生动的演讲吸

---

① 西北师院院务概况课程纲要 . 1941.
② 赵宝俊 . 在汴同学缅怀李云亭院长 . 载李溪桥 . 李燕纪念文集 ［M］. 中国社会科学出版社，1996.

引了众多学生，全院最大的第七教室被同学们挤得满满的。在甘肃的大学里，他是第一个系统讲授鲁迅作品的教师。同时，他非常强调目录学的重要性，介绍范希曾的《数目答问补正》与《四库全书总目提要》，要求学生既类求书，因书究学。

此外，西北师范学院秉承西北联合大学的构成单位之一——河北女子师范学院开设的家政课，在抗日战争时期继续得到发展。曾留学日本、任直隶女子师范学校校长的齐璧亭教授将家事教育与国家强盛紧密联系起来，认为只有健全的家庭，才能让社会、国家深受其益。他于1918年设立家事专修科，后随国立西北师范学院迁往兰州。1941年，补招家政系新生9名，直接到兰州分院报到。抗日战争期间，家政系在西北培养了一大批师范及中学家政学科教师，影响日大。家政系坚持"家庭改善为社会进步之基础，家事教育为普通女子教育之中心"的宗旨，以"造就中等学校家事教育师资；养成家庭善良主妇及贤慈母性；训练家政学术专门人才；培养家庭改进之倡导者"为教育目的，不仅培养学生以科学的方法解决家事上各种问题的能力，更希望以社教方式改进一般家庭，推动社会改良。并确立了"涵养服务社会、家庭及教养子女之健全人格；锻炼胜于职务之坚强体魄；养成服膺家事教育之专业信念；陶冶勤于操作之劳动习惯；培植适于任务之知识技能；陶铸寻求真理之科学头脑；培养改进家庭之领导精神"的训练标准，强调"以专业训练为主要任务"。家政系必修课目中，除了修养课目、基本课目大致相同外，专业课目种类甚多，凡衣、食、住、卫生、管理、教育等课目几乎都包括在内，以至于三、四年级每学期必修课目之学分超过部定标准，而选修课目尚未在内。家政系的办学能力得到了南京国民政府教育部的充分肯定，1940年2月，南京国民政府教育部委托国立西北师范学院家政系编写初、高级家事、缝纫、刺绣、烹饪各科职业学校课程及设备标准，家政系迅速组织师资力量，编制了《高级普通家事专科职业学校课程标准》和《初级普通家事专科职业学校课程标准》。

敦煌学也是发端于西北师范学院的重要学科之一。最早从事该研究的当属北平师范大学陈垣教授，学术成果有《敦煌劫余录》。西北师范学院迁至兰州后，研究者主要有冯国瑞（1901～1963），曾毕业于东南大学和清华学校国学研究院，1941～1947年在西北师范学院任教。他将敦煌学列为文、史、艺术等专业的重要教学内容，并以西北师范学院教授身份前后两次亲自考察麦积山石窟、莫高窟，著有《麦积山石窟志》，以及《麦积山石窟报告书》。阎文儒于1944年随西北科考团赴河西考察，在敦煌地区以莫高窟为重心，对敦煌境内的长城、玉门关、大小方盘城、榆林窟、唐代墓葬等进行了全面考察，后于1945年任教于西北师范学院。敦煌学研究范围包含石窟艺术、简册、考古等领域，并随着西北师范学院敦煌学教学内容与敦煌学研究领域的扩展呈同步发展态势，西北师范学院也由此成为国际敦煌学研究的重镇。

经过在兰州的安定发展，截至1944年，学校图书馆藏书达到10530册，其中中文书籍8972册，西文书籍1558册。另有中文新旧杂志521种，西文新旧杂志75种，地图40余幅。1944年，甘、宁、青各地校友曾发起"捐赠母校万册图书运动"。中华人民共和国成立前夕，拥有各类书刊38万册，重要典籍和图书有《万有文库》《二十四史》《四部丛刊》《四部备要》以及《英国大百科全书》等。中文书籍依《中国图书十进分类法》分类，外文书籍依《杜威十进分类法》分类。图书设著者、书名、分类三套目录，报刊设期刊目录和日报论文目录。理科用的贵重仪器有"解剖显微镜1架，分析天平2架，普通天平4架，物理、化学两系的所有仪器共约600余件。"①

（三）西北师范学院师范研究所

研究所的设立是大学学术研究实力的一种象征。于1917年北京大学成立了文、理、法三科共9门研究所，由此开创了我国大学设立研究所的先河。1922年，北京大学改组各门研究所，并成立研究所国学门。但此期间的研究所尚无一定规程，直到1934年，国民政府教育部颁布《大学研究院暂行组织规程》，大学研究院的发展才有了一定规模。

早期的北平师范大学研究院是由国立北平大学女子师范学院创立的，由于当时教育部令各大学停止办预科，所以女子师范大学就将停办预科所省费

---

① 王明汉. 衡均. 西北师范大学校史［M］. 青海人民出版社，1989.

用的一部分用于建立研究所，主要目的在于提高毕业生之程度。1931 年 2 月，教育部训令北平大学女子师范学院与北平师范大学组为国立北京师范大学。7 月，国立北平师范大学合组成立，研究所改称研究院，1932 年又改为研究所。可以说，研究所一开始的发展并不顺利，尤其是国民政府教育部对教育学术研究机构的认识和重视不足，导致研究所的发展走走停停，不利于学术研究成果的产出。1942 年 8 月，国民政府教育部公布《修正师范学院规程》，规定师范学院可以单独设立，或于大学中设置。允许附设师范研究所，招收师范学院毕业、具有研究兴趣，或大学其他院系毕业有 2 年以上教学经验之中等学校教员，研究期限 2 年，期满经硕士学位考试及格后，授予教育硕士学位。

国立西北师范学院师范研究所随着西北联合大学的建立，重新附设在国立西北联合大学师范学院，隶属于国立西北联合大学师范学院。西北联合大学师范学院改组后称"国立西北师范学院师范研究所"，直属学院，与学系并列。该研究所是师范院校唯一的一所研究机构，先后由李建勋、胡国钰先生担任研究所主任。研究所"以研究高深教育学术，训练教育学术专才及协助师范学院所划区内教育研究机关研究教育问题，并改进其教育设施"① 为目的。研究所设教育学部和语文史地学部，语文史地学部下分语文组和史地组。1945 年 7 月，奉南京国民政府教育部令改称教育研究所，研究所有研究人员 6 人，其中教授 3 人。1946 年奉教育部《大学研究所暂行组织规程》进行改组，改组后所长"由教育系主任胡国钰先生兼任，当时教育系内教授 6 人、副教授 2 人、讲师 4 人、助教 4 人均为该所工作人员，为节约经费，规定上述人员不另支薪津。"②

研究所设立后，积极置办相关设备及参考书籍。1939 年购置英文杂志 32 种，英文教育书籍 49 本，博士论文 50 余册，又用国民政府教育部拨发的建设专款 2000 元及因未聘到专任教授而节余的 3000 余元添购教育参考书籍 141

---

① 国立西北师范学院（兰州）编. 院务概况 [Z]. 国立西北师范学院校务汇报，1943：4.
② 甘肃省档案馆藏西北师范大学档案. 国立西北师范学院教育研究所改组情况. 33 - 001 - 0181.

册及英文杂志 4 种。1940 年委托教育部代购计算机一架，且该年补助费增加 12000 元，指定为充实设备及研究材料之用。此后，"每年都以教育部拨发师范学院的建设专款下，由学院划拨 2000 元作购置图书及杂志之用，参考资料逐渐充实"①。

师范研究所从 1939 年开始招收研究生，至 1944 年共毕业研究生 31 名，在读研究生 17 名。主要的研习科目有教育研究法、教育实验法、高等教育心理、高等教育统计、学务调查、课程论、教育哲学和论文研究。共完成研究成果 9 项，基本完成的有 5 项。所毕业学生的论文有《中国古代团体竞赛运动》《三民主义与本国文教材》《影响学业成绩之重要因素》《中心国民学校行政效率之研究》《中学生心理卫生之研究》《甘宁青三省之国民教育师资》《专科以上学校训导工作实施之分析》《小学常识教材》《师范学校辅导中心学校之研究》《小学教师教学成功因素之分析》《先秦诸子之道德教育理论》《吾国大学之共同必修课》《大学入学试验之评价》等。鉴于西北师范学院自身的师范属性和培养中学师资的教学目标，它对师范教育和中学教育较为关注，因此多项毕业研究课题与师范学校和中等学校的教材教法相关。另外还有与时局紧密相关的研究如"战时与战后教育"和"战时民众组织与训练"等，以及教育原理范畴的研究如"智慧之因素及其活动条件""青年期之特性与教育"等。这些课题涵盖了教育学研究的各个环节，反映了对教育学理论的探究，多为发轫之作。研究多数采用了问卷调查、教学实况的参观调查等研究方法，对西北教育进行积极的研究、辅导和改进。

1941 年 10 月，学校出版委员会编印《西北师院学术季刊》作为发表学术研究成果的园地。该刊以"学术性质之著述，甘肃地区特殊之文化、我国固有学术文化与近代科学、中等师资与专业锻炼与抗日战争有关之文学作品等"为刊发标准。该刊原定一年四期，但由于经费拮据，到 1949 年七年多的时间，只出版了三期。1945 年，在兰州编辑、出版、发行、印刷第二期，这一期所刊论文均为人文科学方面，大致分为政教、语文、文艺、史籍四类。另有附录一项，为十三项介绍西北师范学院出版或代售书目的提要和《中等

---

① 甘肃省档案馆藏西北师范大学档案．国立西北师范学院院务概况．33－001－0593．

教育季刊》第二卷前四期的要目。其中，政教类的 5 篇文章都与教育有关，分别是《民主与科学的心理建设》（黄金傲）、《今后教育建设之路》（李蒸）、《中国教育史上关于孔子二三事》（徐椿生）、《徐干中论序注》（程金造）、《关于吾国高级师资训练的几个重要问题》（李建勋）等。第三期于 1949 年 7 月出版，主要刊发内容有《智慧活动之条件》（胡国钰）、《中等学校的课外活动之原理与实施》（郭鸣鹤）、《中等学校师资应如何训练始能提高其效率》（景时春）、《论大学国文教育》（于精嘉等）、《孔子及孔门谈诗》（易君左）等。所刊文章紧扣师范学院的性质与特点，如《卷首语》所言，师院是西北地区师资教育的最高学府，他所负的使命，除了研究教学方法以外，还在于树立国民道德、发扬民族文化等职能。《西北师院学术季刊》三期共发表文章 45 篇。此外，《甘肃论坛》和《新光》杂志曾为西北师范学院出版学术专辑各一期。1941 年，国民党西北师院区党部为"阐述党义，发扬文化"，创办《建进》月刊，发表内容绝大多数为文化教育、学术研究方面，如《为什么要推行国语》（黎锦熙）、《生命与人生》（袁敦礼）等。还有多期学术专号，如"国文专号""教育名著译文专号""暑期乡村社会服务及兼办社会教育专号""小学教育实际问题专号""史地专号""国民训育专号"等①。1942 年 12 月，学校创办学术刊物《师声》，共出版 5 期，1943 年停办。其中，黎锦熙先生 1939 年至 1946 年在西北师范学院工作期间，主要著作有《国语运动史纲》《钱玄同传》《方志今议》《洛川方言谣谚志》《同官方言谣谚志》《中华新韵》《词类大系》《论文研究法示例》《中国文学之太极图辩证式进展》《汉字形义通典》《汉藏对照四行课本》《全国注音字母总表》等 12 种。其中《中华新韵》由国民政府教育部核定颁布推行，是民国时期审音正韵的官书。同时，西北师院专为推行国语开设国语专修科，黎锦熙亲任专修科主任。1946 年初，国语专修科学生与国文系、教育系部分师生赴台开展推行国语运动，为在台湾普及国语及增进台湾与大陆的联系、消除日本帝国主义在中国台湾殖民统治的文化影响做出了贡献。

---

① 赵逵夫. 西北师院的学术之花. 见刘基，丁虎生. 西北师大逸事 [M]. 辽宁人民出版社，2001.

国立西北师范学院师范研究所（教育研究所）的建立是"研究高深学问"，教育学术研究体制机制化的重要形式，是近代教育学术发展到较高阶段的必然要求。研究所在办理过程中，尽管办学条件简陋，图书资料缺乏，生活也很艰苦，但它荟萃了李建勋、齐国梁、金澍荣、程克敬等知名教育学者和一大批潜心教育学术的研究生。作为唯一的师范院校教育研究机构，它积极推动了战时西北教育的研究和改进，在保存高等师范教育火种的同时，延续了教育学术研究的有生力量，是近代中国教育研究机构中一支不可忽视的力量。

四、校园生态：学生管理与校园文化建设

（一）艰苦卓绝、踏实朴素的校风

迁建兰州，是国立西北师范学院历史上的一件大事。1941 年 10 月 24 日，一批师生乘坐由汉中发往兰州的木炭车，押运学校图书、文具以及师生行李 40 余件。木炭车行至凤岭发生故障，司机前往双石铺请派救济车，其他人则下车步行十余华里前往双石铺，途中有两名女生生病。因木炭车无法修好，在双石铺又换乘汽油车，行至距江洛镇 50 里处又出故障，修理多时，天黑时方得以继续赶路，但车灯全部损坏，全靠目力在黑夜行驶。到娘娘坝附近时，天降雨雪，师生衣履皆湿透，寒冷侵来，瑟瑟发抖，恰在此时，汽油告罄，司机向天水请求救济车，师生在此等候，苦不堪言。1942 年秋，作为西北师范学院院长，李蒸携全家、张德馨教授夫妇和其他几位老师从城固出发，途中乘坐卡车穿越山路，行程七八天，途中险遭车祸。9 月，从城固前往兰州的一批教授因缺乏车辆而延期，使兰州分院的开学时间推迟了 20 天。当时，大家心急如焚，遂乘坐敞篷卡车出发，途中遇雨，道路被冲毁，先生们在车上长时间忍受雨淋，但大家仍怀抱信念，毫无怨言。许椿生先生曾以"不是无痛苦，但不悲观"来描述迁校期间师院学人的心情。李蒸在 1943 年 12 月 17 日学校成立 41 周年纪念会上说，"本院全校师生约有 2500 人，教授

有 2/3 是师大的老教授，虽然生活困难，及外界的引诱，仍随学校迁移跋涉，历尽艰苦，仍不离此，此为本院可以自豪的一点。"①

北平师大融入西北联大，以及独立设置的西北师范学院是中国高等师范教育史上的一次不平凡经历，"它让国人领悟到中国高等师范教育动变中的西北元素，这就是：面现实，扎根本土，励精图治；聚人才，以教育专业精神引领大西北开发。"② 西北联大以"勤朴公诚"为校训，着重"努力课业，有好学的精神；吃苦耐劳，有实干苦干的精神；参加课外活动，有服务社会的精神；爱好运动竞赛，有注重体育的精神"。③ 这也是李蒸院长深为推崇的，"本院现有之生活环境与教学设备均不足以言高深学术之研究，但在精神训练方面，正可利用抗战大时代，努力教育家人格之陶冶，同时对于建国大业有切实之贡献，深愿本院同学均能以此自勉。"兰州建校之初，学校生活极为艰苦，但师生秉承艰苦奋斗的革命精神，"以有余之精神补物质之不足"。在物价飞涨、"法币"贬值的情况下，学校相继成立了"教职员日用必需品购买分配委员会"与"改善员生生活协助委员会"，为印刷讲义的蜡纸、油墨及纸张费用的分配及节约问题召开教务会议。学生生活也相当艰苦。1943 年，为解决当年伙食费超标问题，李蒸院长曾计划去永登收购麦子，以降低成本。当时学校没有电灯，学生上晚自习都是每周发的两到三支土蜡烛，为此教师鼓励学生要"日出而作"，充分利用白昼。生活方面也是如此，"学生互相理发、自己装订笔记本，自买颜料冲制墨水，校园生活如此艰苦，节俭成风，虽苦尤乐。"④

事实上，一所大学不只是一个区域的学校教育中心，更是文化乃至社会教化之重心。李蒸认为，西北各省失学民众过多，在亟待加速增设学校数量之余，如何以教育专业精神引领大西北开发，无疑是西迁而来的师范教育改革家们反复思考和探究的重要问题。西北师范学院迁至兰州后，李蒸院长殷切期望全体教师务必以"抗战建国"为重，履行自己的神圣职责，"现阶段

① 国立西北师范学院校务汇报.第 61 期.1943.
② 黄书光.中国高等师范教育动变中的西北元素［J］.西北大学学报，2012（9）.
③ 李溪桥.李蒸纪念文集［M］.中国社会科学出版社，1996.
④ 刘基.西北师范大学校史（1902~2012）［M］.教育科学出版社，2012.

的教育，以抗战建国为中心，国家民族之危难日亟，各级教师之责任愈重，教学成功，训育尽责职，不过责任之一部分，欲完成救亡复兴之大业，必须训练全国民众，团结而组织之。如何灌输民众常识，指导民众训练，使全国同胞激发国家民族之意识，充实抗敌御侮之能力，皆各级教师义不容辞分所当为之事。古人言：'士不可以不弘毅，任重而道远。'教育救国，良师救国，皆赖此弘毅之精神，以达到任重道远之目的，诸君宜服膺先哲名言，身体而力行之。"① 他将发展教育事业与救亡复兴大业紧密联系起来，把师资培训，民族文化之发扬，参加整个西北的文化建设作为己任，体现了其拳拳"教育救国"宏愿。

（二）学生教育与管理

抗日战争期间，国民政府在大学推行训导制度，其目的是加强对学生的思想与组织控制，制止学潮。因此，许多学校的训导处实际上成为"对学生实施军事化管理和对师生进行监视控制的反动机构，严重束缚了学生的思想和人格的独立发展。"②

西北师范学院训导处下设生活管理组、课外活动组、卫生组，袁敦礼任处长。训导制度在全国的推广并不顺利，在西北师范学院，训导制度中的有些做法也遭到学生的反对，但总体上取得了较好的效果。原因如下：一是学校校风纯良，学校师生均以"为人师表，以身作则"为追求，对自身严格要求；二是"学校当局及负责直接管训学生的责任者，能够开诚心，布公道"，③ "对于学生任何事件之处理，不但力求其公允，机会均等，并且是公开无不可告人者，绝对不用任何秘密方式。训导的态度，不但对学生相见以诚，毫无任何虚伪，并且处处出之恳切与同情，以成全爱护为主。决不借题发挥，感情用事。"④ 同时，无论师生对于学校的规章制度必须遵守不渝；三是以科学的精神与方法认识"训导"，训导最早是指对中小学生的管理，当

---

① 李溪桥. 李蒸纪念文集［M］. 中国社会科学出版社，1996.

② 李国钧，王炳照. 中国教育制度通史（第7卷）［M］. 山东教育出版社，2000.

③ 李蒸. 我的办学经验［N］. 甘肃青年. 第6卷第12期. 1944.5.

④ 城固教育概况·移来学校及文化团体. 1940.10. 藏城固县档案馆.

时西北师范学院承担着南京国民政府教育部委托的相关研究课题，同时，许多教师在采取一种训导措施时，"都力求其学术的根基"，因此，西北师范学院的训导制度虽然也受国民党训导制度规定的影响和约束，但没有背离训导的本质。

20 世纪 40 年代，西北师范学院的办学条件较差，师生的生活异常艰苦，但与此形成鲜明对照的是校内文体活动十分活跃。当时，课外活动的组织蓬勃兴起，层出不穷。每逢周末或节庆日，院内学生办的球赛、墙报、书画展览、诗歌朗诵、文艺竞赛、戏剧演出等琳琅满目。时事报告和各类学术研究会也经常举行。文娱类的社团主要有合唱团、国乐团、话剧团、国剧（京剧）团、秦腔剧团等。李蒸院长和训导处长袁敦礼先生对这些活动采取放手信任、鼓励推动、解决困难的态度，并在院部专设一名职员，负责联络有关事务、安排活动场所等。学校有关校庆、迎新、纪念日等重大活动，各种演出异常活跃。话剧团、合唱团、国乐团、国剧团、秦腔剧团的演出极具专业水平，曾多次在兰州市内售票演出，很受欢迎。"售票收入不仅为校内流亡学生提供了救济，还为演出团置办了布景片、道具等。"①

重视体育运动是西北师范学院的优良传统。各系科之间的篮球赛、排球赛、足球赛、垒球赛接连不断，几乎天天都有。"师院运动风气甚盛，每一同学对运动均感最大兴趣，不论春夏秋冬什么时候，操场上总是活跃着不少生气勃勃、身体健美的男女运动员，喊着笑着跑着奔着，周末虽然举行学期考试，而操场上仍不见寂寞。"② "常规的表演项目有单杠、双杠、跳跃、垫上运动及女子踢踏舞、男女西班牙舞。当地民众视为奇观，并有外籍宾客驾到，运动员精神百倍，表演精彩，喝彩之声不绝于耳。"③

（三）"三·二九"学生运动

抗日战争前，师范生一律免交学费，并规定各省应酌情免收学生膳费的

---

① 李荣滏．李景超．想念十里店，怀念李院长．载李溪桥．李蒸纪念文集［M］．中国社会科学出版社，1996.

② 甘肃日报．1944.1.19.

③ 甘肃民国日报．1944.7.9.

全部或一部分。抗日战争期间，南京国民政府教育部公布《全国师范院校学生公费待遇实施办法》，规定"免收学费、宿费和体育、医药卫生等杂费以及全部膳食费，并每三年发给每生单制服二套，棉制服一套。贫寒优秀学生还可领若干奖学金。"① 但实际上许多规定都没有兑现，1941 年，南京国民政府教育部欠发西北师范学院各种经费 22 万余元，其中包括"生活补助费、三成薪金、教职员房膳津贴、员工学生的膳食补助费和学生的膳食补助费用，由学校挪借垫发，教师薪金也由学校挪借垫付，导致学校负债 13.9 万元。"②

1946 年以后，由于国民党发动大规模内战，克扣教育经费，迫害进步师生，甘肃教育事业发展停滞，学生爱国民主运动高涨。1947 年起，甘肃实施"以国防思想为中心"的政策，导致甘肃经济全面崩溃。从 1948 年 8 月 20日～1949 年 3 月 31 日，兰州的粮食价格上涨约 3000 倍，肉类价格上涨约4000 倍，布匹价格上涨约 5000 倍，物价平均每月上涨 400～700 倍。③ 1949年 3 月，国民党甘肃省政府为筹集解决军费、维持统治资金，提出向甘肃人民发行 500 万银元的所谓"建设公债"提案，经省参议会"修正通过"发行300 万银元建设公债的议案。

消息传到西北师范学院，在假期亲眼看见人民贫苦生活状况的学生义愤填膺，一些共产党员和进步学生经过酝酿串联，用"快邮""代电""通告"等各种方式提出抗议，由曹希智、郑国祥、姜锐、胡荣先、梁启文、杨鸿儒、常彦秀等同学，贴出一封慷慨激昂、文笔犀利的《请愿书》，发动学生签名，并在校园里贴出《告全院甘肃同学书》和《抗议书》。陇右工委师院支部委员会多次开会研究形势、布置工作，他们派何苌臣、史进奎、姬嗣发拜访进步教授李化方、冯国瑞等，听取他们对当前开展斗争的意见。3 月 28 日清晨，数百名甘籍学生一起涌向师院大礼堂，宣布组织示威游行，坚决反对发行所谓的"建设公债"。为扩大影响，联络全市学生参与，大会成立了"兰州市甘肃学生反剥削行动委员会"，选出了游行总指挥，各中队指挥，成立

① 毛礼锐，沈灌群. 中国教育通史（第 5 卷）［M］. 山东教育出版社，1988.
② 西北师院校务汇报. 第 32 期.
③ 丁焕章. 甘肃近现代史［M］. 兰州大学出版社，1989.

了联络、宣传、纠察三个股。下午，国民党甘肃省政府得知消息后，派教育厅厅长宋恪前往西北师范学院阻拦，遭到学生们的围攻。

1949 年 3 月 29 日早晨，国立西北师范学院的操场上集合了五百多人的游行队伍，高举"国立西北师范学院反剥削大游行"的巨型横幅向城内进发。游行队伍到达西关十字后，兰州大学、西北兽医学院以及兰州女中、助产学校的部分学生加入了游行队伍，接着，志果中学、西北师专、兰州女师、商业育才学校的学生也前来参加，形成了一支声势浩大的游行队伍，游行途中受到社会各界的夹道欢迎。游行队伍到省政府时，官员早已逃之夭夭，学生们派代表将《抗议书》和《我们的要求》送进去，限 24 小时答复。

这次运动以反对国民党甘肃省主席郭寄峤发行 300 万银元建设公债为中心内容，在游行示威和宣传活动的压力下，迫使省参议会取消发行公债的决议，史称"三·二九"运动。这次运动有着深刻而广泛的影响，引发了甘肃省临洮、靖远、张掖、武威、民勤等地发动"抗粮、抗丁、抗捐"的斗争，在青海发生了王亚森等人组织的"反马（步芳）"斗争。这次运动的胜利，使甘肃穷苦人民免遭了一次掠夺性灾难，直接打击了国民党在甘肃的反动统治，有力地配合了中国人民解放军进军甘肃、解放兰州的行动，在甘肃学运史上写下了光辉的一页。为此，西北师范学院在文科楼前竖立了"三·二九学生运动纪念碑"。

小结：

抗日战争时期，我国高等教育事业遭受重创，为保存高等教育血脉，东部高校踏上了西迁的征途。其中，迁入西北地区的高校为数不多，据统计，"战时内迁高校约 100 所，其中迁入西南地区 61 所（四川 48 所，其中重庆 32 所），迁入西北地区 11 所，其余迁入东南、华南等战区小后方。"① 这也为西北高等教育带去了与此前截然不同的文化氛围，直接或间接地推动了甘肃高等教育的快速发展。

---

① 侯德础. 抗日战争时期中国高校内迁史略［M］. 四川教育出版社，2001.

省立甘肃学院在此时期经历了"易长"风波后，由"省立"改为"国立"，在教育经费、生源质量、教员素质等方面有了较大改观，然而，由于战时军费支出浩大，加之兰州处在甘、宁、青、新四省的交通枢纽位置，是通往国际通道苏联的重镇，是国际援华物资的集散地，其特殊的地理环境成为日本帝国主义空袭破坏的主要目标，1937年11月5日，日机首次空袭兰州，12月4日上午第二次轰炸，这两次由于防空警报的及时拉响，人民生命安全并没有遭到很大损失。1939年，兰州再次成为日机的重点轰炸对象，日本共出动数百架飞机，先后六次对兰州实行空前绝后的密集轰炸。1941年5~8月，日本又对兰州进行了六次较大规模的空袭，8月31日的空袭炸毁了省立甘肃学院以及工教医院的大部分校舍，损失惨重。在此种境况下，国民政府欲取得施政威信，必须在财力和物力上予以协助，邵力子主甘期间多次向国民政府请款未准，甘肃人士质问道，"中央对鄂豫皖赣冀鲁等省驻军，尚按月给饷，甚至富庶甲全国之广东，中央尚月助军饷七八十万，何独对西北贫瘠之区，反使受命入境之驻军，就地勒索？"① 如此薄此厚彼，使西北各项事业仍停留在初级阶段，导致社会整合机制的缺位，也使政府之权威不能从教育力量中得到凸显。

西北师范学院是迁往甘肃唯一的高等教育机构，西北师院自陕西城固迁至兰州，在一片黄沙中重启我国高等师范教育之新篇章。西北师范学院李蒸院长认为，"全国中等教育之能否改进，与师院之使命能否完成，有赖于师院与地方教育行政机关切实合作之处甚大，愿师院与地方教育当局共同努力。"② 在与地方的协作中，西北师范学院充分发挥国立大学的优势，将建设西北、开发西北作为己任，不断开拓、积极进取。发展家政科、敦煌学等优势特色学科，开办小学教育通信处等研究机构，与地方政府合作办理社会教育，普及文明，为甘肃底层社会近代化的促进起到了非常重要的奠定作用。此外，西北师范学院教育研究所进行的教育学术研究紧扣西北区域特色和抗日战争时期的社会教育之需，共同体现了高等教育学术研究的社会服务功能，

---

① 田炯锦. 开发西北应从解决西北之当前难题着手 [J]. 泾涛，1933.
② 李溪桥. 李蒸纪念文集 [M]. 中国社会科学出版社，1996.

以及通过学术研究试图改良社会的美好愿景。

现代化的变迁和抗拒是近代社会发展的主题。在中国现代化过程中，尤其是甘肃地方社会，尽管不断有中央集中化的趋向和努力，但大部分时间权力与资源仍然分散于地方与民间之中，导致现代文明各因子之间缺乏有组织的相互联系和呼应，社会整合与政治整合迟迟不能实现，尤其是地方军事势力长期处于残酷的内战状态，社会政治黑暗腐败，难以发挥国民政府应有的效力，社会的整合机制无从落脚。高等教育作为社会文化子系统中的一员，难以在夹缝中求得大的发展，更难以独善其身，只能被历史的洪流裹挟着向前迈进。

第五章
甘肃高等教育的优化整合：解放战争时期

解放战争时期，高等教育经历了较大的起伏。日本宣布投降的第二天，国民政府教育部部长朱家骅向收复区发出通告，要求各教育机关"暂维现状，听候接收"，并颁布"战区各省市教育复员紧急办理事项"14 条和"教育复员及接受敌伪教育文化机关等紧急处理办法要项"。1945 年 9 月 20 ~ 26 日，国民政府教育部在重庆召开全国教育善后复员会议，对专科以上学校及研究机关的复员提出要求，在复员期内应根据各地人口、经济、交通、文化等条件，既注意建立全国教育文化中心，又注意各地的平衡发展。并奖励由战区来后方的教员留在川、康、滇、黔、桂、陕、甘、新 8 省工作，如教员有家属在学校所在地者，由学校按照人口免费提供住房和必要的家具设备；凡单身教师，每年由学校补助回家旅费一次；如携带家眷回家者，每三年补助其全部旅费一次；教师的待遇按聘约加一至二成支薪；图书仪器及各种教学设备尽量充实，以供教师研究学术的方便。这些举措保证了高等学校的平稳过渡，使这一时期的高等教育发展到高峰。

1946 年 1 月 12 日，国民政府颁布《大学法》和《专科学校法》。《大学法》规定国立大学由国民政府教育部审查全国各地情形设立，由省市设立的称省立或市立，由私人设立的称私立大学。大学分文、理、法、医、农、工、商学院，具备三院以上者始称大学，不足三院者称独立学院。此外，国民政府颁布了《改进师范学院办法》，修订了《师范学院规程》，以提高高等师范教育水平。"经过一段时间的调整，至 1947 年全国高等教育发展到了高峰期"①，"1946 年全国有高校（专科以上）185 所，1947 年增至 207 所，其中大学 55 所，独立学院 75 所，专科学校 77 所。"② 抗日战争后西部高等教育在学校数量和规模两方面都得以增加和完善。甘肃省于 1946 年组建国立兰州大学，1947 年设立国立兽医学院，并保留西北师范学院的部分有生力量，初步完成了甘肃高等教育近代化的历史任务，在培养人才、服务社会等方面发挥着越来越大的作用。

第一节 乘势而动：国立兰州大学的崛起

1945 年 8 月抗日战争胜利后，各项社会事业百废待兴。原本迁往后方异地办学的沿海和内地各高校，都纷纷回迁、复校，国家高等教育的整体布局和高校、人才的地区分布，又面临一次大的调整。鉴于甘肃地区的稳定及其在建国复兴和国防中的重要战略地位与自身经济文化相对落后、高等教育薄弱、专业人才缺乏的矛盾突出，国民政府行政院作出决议，将兰州原有的几所国立大专院校——甘肃学院、西北师范学院、甘肃医学院兰州分院，合并组建国立兰州大学。这一决策缓解和避免了因抗日战争后大批外省籍教师、学生的返乡和国立北平师范大学复校东返，给兰州各高校造成的影响，对于稳定、发展甘肃乃至西北地区的高等教育，具有极其重要的意义。

兰州大学从其筹建开始，就定位于西部和全国的高等教育发展布局，是一项关键性、战略性的决策，肩负着保障西北地区安全、稳定、开发的历史重任。不仅寄托了社会各界对开发西北、建设西北的希望，其首任校长辛树帜和广大师生，更是从一开始就将这种国家、社会赋予学校的定位与使命，自觉地转化为自身的明确责任、具体任务和长远目标。这种自觉意识是对甘肃法政学堂、法政专门学校、兰州中山大学、甘肃学院近 40 年来办学理念、

---

① 董宝良. 中国近现代高等教育史［M］. 华中科技大学出版社，2007.

② 教育部教育年鉴编纂委员会编. 第二次中国教育年鉴（第一编）［M］. 商务印书馆，1948.

历史经验、客观作用、实际贡献的总结和升华，同时更加清晰、具体地确定了学校此后的长远发展目标、特色和定位。同时，在甘肃原有三所国立院校的基础上，筹建一所新的国立兰州大学，面临许多困难和问题。首先必须选择、任命一位深孚众望并确有能力、经验的好校长。国民政府行政院、国民政府教育部等部门官员仔细比较，最后决定委派著名生物学家、教育家辛树帜为国立兰州大学校长，全面主持学校的筹建工作。实践证明，辛校长的确是当时极为难得的最佳人选。在短短 3 年多时间里，他临危受命，在急剧动荡的环境和异常困难的条件下，以自身特有的声望、才干、人品、作风及其卓有成效的工作能力，不仅如期完成了学校的筹建、重组，而且有效提升了学校的办学实力、师资水平和社会影响力，建成了一所教师队伍水平较高、院系设置相对齐全合理的全国性综合大学。

辛树帜（1894～1977），出身湖南临澧，1915 年考入武昌高等师范学校博物系，师从张镜澄、薛良叔、竺可桢等名师，学习生物学。1921 年毕业后，先后在明德中学、湖南第一师范、长沙师范等学校任教，1924 年自费远赴英国、德国学习生物学。1927 年回国后担任广州国立中山大学教授兼生物系主任。在此期间，他带领由石声汉等青年教师和学生组成的考察团，先后三次深入人迹罕至的广西大瑶山及附近地区进行科学考察，采集了几万个动植物标本和大量珍贵的民族、民俗学资料。其中经国际生物学界确定并以"辛氏"命名的动植物新种就有 20 余项。这三次科考是近代由中国学者独立承担，对本国生物资源最早进行的大规模、成系统的科学考察，在华南动植物分类学研究领域取得了一系列突破性成果，使中山大学生物系成为该领域研究的翘楚。1931 年秋，辛树帜辞去中山大学教职，自行创办动植物研究所，但因"九·一八"事变而未能如愿。后至国民政府教育部任编审处处长，主持编辑全国首部《教育年鉴》。1932 年，编审处扩充为国立编译馆，他负责筹建并担任第一任馆长。主持审定科学名词、编译出版《黄河志》等科技图书，创办《图书评论》杂志，参与发起、成立中华自然科学社、中国动物学会等学术团体，并作为全国中英庚款考试委员会 6 位委员之一，和于右任、杨虎城、邵力子等 15 人联名建议政府在陕西武功创办一所高等农业学校。1936年，该学校筹备成立时，他被国民政府教育部任命为首任校长，从此与西北高等教育结下不解之缘。1941年秋，应中央大学校长顾孟余的再三邀请，到重庆任该校主任导师兼生物系教授。1945年秋日本投降后，被任命为国民政府教育部特派员，负责战后湘、鄂、赣3省教育和高校的复原工作，对武汉大学等高校的回迁和恢复做出了重要贡献。

1946年，国民政府行政院委派辛树帜负责筹建、出任国立兰州大学首任校长。这时的他，不仅有在国内众多高校，尤其是西北高校任教及从事管理工作的经历，熟悉中外高等教育的特点、规律，而且和国民政府有关文教机构负责人及甘肃军政官员多有交往，对在相对特殊的甘肃地区创办一所高质量国立大学的战略意义及其重要性、面临的任务和困难、需要做的工作和各种相关资源，都已了然于胸。是年春，辛树帜先生前往兰州。他根据教育部的建校意图，充分征求当地专家学者、教育界及有关学校的意见，考虑到甘肃地区的自然环境、经济、社会、民族、文化等特点和对各方面专业人才的需求，向国民政府教育部呈报了《办理兰州大学计划大纲》，正式开启了国立兰州大学的筹建工作。

一、立足西北，筹划国立兰州大学

按照国民政府行政院和国民政府教育部的决定，将"兰州之国立甘肃学院（内分法律系、政治系、银行会计系、人事管理科），国立甘肃医学院分院，国立西北师范学院合并编成。"鉴于西北师范学院的特殊性，西北师范学院得以继续独立设置，故"兰大今日之规模，拟即就甘肃学院改并之法学院，与医学分院改并之医学院，并按大学规程调整增设之文学院、理学院，与特设之兽医学院等五院而成。"①

国立兰州大学的办学定位是服务和建设西北。"西北诸省，为我国古代文化发祥之地，亦今后新国运发扬之所，承先启后，继往开来，国防价值，

---

① 兰州大学档案1—（1）—278（国立兰州大学）.

于今亦重，复兴文物，开发资源，实目前最重要之工作。"① "办好兰州大学这所具有五个学院的综合大学，对整个甘肃教育事业的发展至关重要，而要把兰州大学办成甘肃教育的首府，也要处处着眼于甘肃教育的全局。"基于上述考虑，《办理兰州大学计划大纲》提出创办兰州大学需注意落实的五个具体方面：

"一、兰州交通不便，各种近代产品缺乏，在今后数年内，所有教学用品、图书、纸张均需自京沪平津购办，此一巨大运输费数字，当为其他各地所无者。且当地甚少平行发展之科学研究机构，各种大小设备势必自办，故本校开办费及每年经临各费拟请按例增加。至兽医学院为国内首例，其规模拟力求宏远，开办费、临时费并肯特拨专款。二、校舍拟暂以甘肃学院房舍为中心，新增各院房舍之建筑拟求宏伟朴实。三、拟恳就总拨济我国之图书、仪器及医疗器材中，各拨发一整套，以充实本校设备。四、拟请转函行总及军政部，就联总及美军接受日军物资器材中兽医材料拨发多套，以便本校兽医学院能迅速奠定基础，并恳利用国际文化合作办法，源源自外国取得新式器材、图书，务使兽医学院能成为全国甚至东亚兽医学之重镇。五、为便于延揽人才，安定教职员生活，拟恳教育复原会议决之奖励边地各级学校教员服务办法施行，又最近改定之公教人员待遇，京沪平津区与兰州区相差过远，并恳设法酌予提高。"②

按照辛树帜先生的设想，要按照综合大学的办学模式，在国立兰州大学设立文、理、法、医学、兽医五大学院，使之成为多学科、有特色的综合性大学，成为西北地区规模宏大的现代最高学府。对此，国民政府教育部呈积极配合姿态，在对其中部分内容加以调整、修改的同时，批准了该计划大纲，并正式拨付 10 亿元法币作为兰州大学的开办费，规定每年向学校拨付 7000 万元作为经常费。甘肃省政府对此力表支持，将萃英门原贡院内所设省参议会等其他机构一并迁出，将所有土地皆拨归兰州大学，使校址面积在原国立甘肃学院基础上，进一步扩充为 239 亩。经过辛树帜和学校筹备委员会的努

---

① 辛校长树帜上教育部签呈［J］. 兰州大学校讯，1947（1）.
② 兰州大学档案 1—（1）—278（国立兰州大学）.

力，在国民政府教育部、甘肃省政府的大力支持和各方配合下，国立兰州大学于 1946 年 8 月 1 日正式成立。

国立兰州大学创办之初，设有教务、训导、总务 3 个处和校长办公室。教务处下设注册组、出版组、图书馆，教务长由张德粹教授、张职范教授先后兼任，图书馆主任由何日章副教授兼任。训导处下设生活管理组、课外活动组、体育卫生组，分别由张从辛副教授、陈廷瓒讲师、漆荫堂副教授兼任组长，由段子美教授兼任训导长。总务处下设文书组、出纳组、庶务组、会计室，由郭维屏教授为总务长。文书组主任为蒲葆阳，庶务组主任为刘裕昆，会计组主任陈昌豪。随着学校基建工程的开始，在总务处下又专门成立了设计组和进料组。校长办公室设秘书长（由郭维屏兼）、外文秘书（由刘仲阮副教授兼）、秘书（由刘宗鹤讲师兼）。"1946 年 12 月，学校共有教师 139 人、职员 61 人、工警 100 人。"①

二、因地制宜，丰富学科门类

（一）设边疆语文系，分设文理学院

国立兰州大学成立之初，国民政府教育部以"造精通俄文，熟悉苏联国情之人才，为国备用"② 设立俄文系，课程不仅侧重俄国语言、文学及文化，并兼修有关法律、政治、经济、史地等重要课程，以适应现实需要。辛树帜校长认为，"我国西北边疆，区域辽阔，宗族庞杂；地利未开，民智锢蔽，且处强邻环伺之下……今欲挽此危机，……非先通语文，娴风俗，匪特不足以开发建设，且有扞隔不通之虞。故言建设边疆，应以造就边疆工作人才为第一要义。"③ 鉴于此，国立兰州大学于 1947 年在文学院设立边疆语文系

---

① 兰州大学档案 1—（1）—129（国立兰州大学）.
② 文理学院概况. 兰州大学校讯. 第 1 卷第 3 期. 1947.
③ 1947 年 8 月 3 日致朱家骅的信. 转引自姜义安毕生致力于科教事业的辛树帜［A］. 甘肃省文史资料委员会. 甘肃文史资料选辑（第 23 辑）［C］. 甘肃人民出版社，1980.

（边语系），设藏文、蒙文、维文三组。并力邀杨质夫①任边疆语文系教授和主任。杨质夫任教期间，积极招收西北各族学生，着重实用教学。设法从重庆、成都、南京等地聘请著名教授学者，本人也亲授藏文课，先后有杨质夫、吴均、段克星、关德栋、丹巴嘉措等国内藏学研究的著名学者任教。边疆语文系不仅培养边疆语文人才，"还肩负着研究西北各兄弟民族历史、宗教、文物的任务，负有研究边疆、沟通文化之重任。"②

随着科系的增加，为便于管理和组织教学工作，1948 年 5 月 1 日，兰州大学呈文国民政府教育部，请求准予将学校文理学院分为文学、理学两学院，"本校文理学院共有十系，管理即属难周，办事复感不便，文科方面有中文、历史、边语、俄文等四学系；理科方面有物理、化学、动物、植物、地理、数学等六学系。遵照三系构成一院之规定，本校文理学院已具备划分之条件，有分立之必要。"③ 得到国民政府教育部批准后，1948 年 7 月，兰州大学将原文理学院分立为文学院、理学院。文学院设有中国文学、历史学、英国语言文学、俄文和边疆语文系。

（二）兽医学院

畜牧业是西北地区传统优势产业，牲畜及各类畜产品是西北边地各少数民族最基本的生产生活资料。由于自然灾害和经营粗放，导致 1930～1940 年甘肃农牧区生态环境恶化、畜疫迭起，草场面积萎缩，给农牧民造成了巨大经济损失。1934 年 6 月 22 日，国民党全国经济委员会常委宋子文在《考察西北经过》报告中讲到："西北以畜牧为大宗，而兽医机关可谓毫无设备，每年兽疫之损失，虽无确实统计，约计牛羊死亡之损失，其价值必在千万元以上，故畜牧之根本问题，首在防疫。"④ 1941 年 9 月，西北考察团团长罗家

---

① 杨质夫，生于 1906 年，青海省互助人，毕业于西宁蒙番师范学校，现代翻译家、学者。早年曾协助西宁道伊黎丹先生组织了青海藏文研究社，曾拜藏族近代史上的硕学大德喜饶嘉措大师门下，曾参与编纂《藏汉大辞典》，所编《藏汉小词典》是国内第一部藏汉双语词典。

② 文理学院概况. 兰州大学校讯. 第 1 卷第 3 期 . 1947.

③ 兰州大学档案 1—（1）—248（国立兰州大学）.

④ 秦孝仪. 抗战前国家建设史料—西北建设，革命文献［C］. 台北：中华印刷，1981.

伦指出"西北畜牧事业，首在防疫，而改良畜种次之，故须相当注意防疫人才及防疫机构之加强。"①

1939 年，国民政府教育部令国立西北技艺专科学校内设畜牧、兽医两科。使兰州成为畜牧兽医科技力量的汇集地。1946 年，辛树帜提出为适应当地环境需要，"拟特重于兽医学院之发展，防止家畜疾病及进而改良其品种，以期有益于西北经济国防。"② 兽医学院借机扩充多门专业，下设解剖、生物化学、畜牧等 11 个专业，并聘请留德的第一位兽医学博士盛彤笙③为院长。为有效利用学术资源，1946 年，国政政府教育部将兽医学院并入新成立的国立兽医学院，仍聘盛彤笙为院长。

（三）医学院

医学院不分系，院长先后为于光远、乔树民教授。为设立附属医院，辛树帜于 1948 年 1 月 31 日呈请国民政府教育部："现代医学院之教学，最重临床实习，而本校医学之使命，在作育现代医学人才，供西北五省建设之需，开发边疆，巩固边防，均深利赖。"④ 鉴于上述原因和甘肃地域辽阔，现代化医院和医务人员极度缺乏的现状，甘肃省卫生促进会及地方贤达之士，也一致要求国立兰州大学增设附属医院："其一切设施力求复合医学教育原则。"辛校长于 1948 年 2 月 7 日再次敦请国民政府教育部批准设立兰大附属医院。国民政府教育部于 4 月 1 日复文批准成立。

国立兰州大学建校初期的院系结构和专业设置，集中体现了辛校长作为杰出教育家的战略思考和远见卓识。首先，在对传统学科进行有效整合、保持和发展优势的同时，勇于知难而进，创建理学院和数学、物理、化学、动物、植物、地理等前所未有的新基础性学科，使学校在学科建设方面实现了

---

① 罗家伦. 西北考察报告——国防建设总论［A］. 罗家伦文存（第 1 册）［C］. 罗家伦先生文存编辑委员会. 台北：中国国民党中央委员会党史委员会出版. 1976 - 1989 年，第 225 - 230 页.
② 兰州大学档案 1—（1）—278（国立兰州大学）.
③ 盛彤笙（1911～1987），著名兽医学家、微生物学家和兽医教育家，中国现代兽医学奠基人之一，盛彤笙于 1928 年考入中央大学，1932 年 7 月毕业于理学院动物学系，获学士学位。后留学德国，先后获柏林大学医学博士学位、德国汉诺威医学院兽医学博士学位。
④ 兰州大学档案 1—（1）—8（国立兰州大学）.

历史性、根本性的跨越，具有了一所现代综合性高校必须具备的合理、系统、完整的院系设置、专业结构和发展潜力。其次，辛校长既能从国内外高等教育发展的现状、趋势、规律等全局发展战略着眼，规划、设计和建构学校的新框架和发展远景，又能准确把握学校地处甘肃、服务西部的基本定位，注意结合甘肃的整体特点和自然、社会环境，以及其在经济、政治、文化和社会发展、建设中对各方面专业人才的客观需求，有针对性地创办兽医和边疆语文、俄文等专业，并在各系、专业的教学和研究中，注重体现西北特色，以适应地方的需要，体现了兰州大学的办学初衷和崇高意义，而此后半个多世纪的实践，充分检验和证明了这种办学理念的可行性和正确性。

三、强势师资与著名学者

国立兰州大学建立后，辛校长高瞻远瞩，从延聘师资、购置图书仪器、扩建校舍、筹措经费四个方面加强建设。当时，整个中国正处于内战的连天烽火之中，物价飞涨，社会动荡，交通时断时续。在如此复杂、艰难的环境下，辛校长殚精竭虑，克服重重困难，在短短几年间，成就了非凡的事业。归根结底，在于他立志将兰州大学办成西北最好的学府，如同千峰之巅昆仑山，造福于西北各族民众，服务于中华民族的复兴大业。正如顾颉刚先生所言，"大愿大信必至于是而后具足。此固后学者必当负荷之重责，其勉之哉，其勉之哉"！[1]

（一）礼贤下士，延揽优秀师资

延揽人才是辛树帜校长任内最为留意的事。建校之初，国民政府教育部发文，要求原国立甘肃学院尽快办理并入兰州大学的交接手续："该院教职员除兰州大学聘用者外，余均遣散，遣散费按 7 月份薪津 3 个月之数发给。"[2] 然而，战时的人才流动都是自西向东，鲜有学者愿意留在西北，"辛

① 兰州大学档案 1—（1）—204（国立兰州大学）.
② 兰州大学档案 1—（2）—348（国立兰州大学）.

先生运用各种关系邀约，黄文弼、顾颉刚等都应允每一学年去讲授一学期。"① 正是凭借辛校长的执着和声望，才使得兰州大学在短时期内汇集了一大批优秀的知名学者，组建了一支强有力的教研团队（见表5.1），活跃了兰大的学习氛围。这种良好的教学氛围不仅提升了兰大的整体教学水平，同时缩短了与内地高校的差距。

表5.1   1947年度第一学期教师情况

院科	教授		副教授		讲师		助教	总计		共计
	专	兼	专	兼	专	兼		专	兼	
各科共同			1		3		2	6		6
文理学院	29	11	9	3	17	4	13	68	18	86
法学院	14	9	2	3	8	1	8	32	13	45
医学院	6	5	8	4	7	3	6	27	12	39
附中					20			20		20
总计								153	43	196

资料来源：兰州大学档案1—（1）—187（国立兰州大学）.

民国时期，甘肃省内各院校教师分为专任、兼任两种。教师职衔一般分为教授、副教授、讲师、助教四等。聘任教员的资格与等别，按国民政府教育部颁布的规程办理，其资格需经正式审定。教员聘期初聘1~2年，以后可续聘。由学校向应聘者发给聘书。聘约有效期间，除违反聘约的规定外，非经国民政府教育部核准不得解约。国立兰州大学规定：专任教员任课时数，教授、副教授、讲师每周9小时，兼任院长、系主任等行政职务者每周3~6小时；任课时数超过规定者支给兼课钟点费。助教以不任课为原则，必要时兼课不得超过每周4小时。

国立兰州大学的教授或有留学背景，或毕业于东南知名高校，或师从著名学者，有着深厚的理论和研究功底，如留学美国的著名语言学家水天同教

---

① 吴相湘. 三生有幸［M］. 中华书局，2007.

授、毕业于清华大学的著名社会学家谷苞教授、留学法国的数学家段子美教授、赴德留学的兽医学家、微生物学家盛彤笙等。这些学者汇集兰州大学，结束了从前甘肃学院无理科人才培养的历史，成为兰州大学最宝贵的无形力量（见表5.2）。

表5.2　　　　　　　　　　　国立兰州大学教师阵容分析

姓名	籍贯	学习经历	学位	工作经历	任职兰大时间及职位	离职时间
顾颉刚（1892～1980）	江苏	1920 年毕业于北京大学哲学系	本科	先后任教于北大、厦大、中大、燕大、云大、中央大学、复旦大学、齐鲁大学	1948 年 6 月 17 日任职兰大历史系主任	1948 年12 月
史念海（1912～2001）	山西	1932 年考入辅仁大学历史系	本科	先后任国立编译局编审、复旦大学教授	1946 年代理历史系主任	1948 年6 月
水天同（1909～1988）	甘肃	先后考入清华学校、美国奥伯林大学英语系、哈佛大学研究院学习	硕士	先后在山东大学、北平师范大学任教	1948 年聘为兰大教授兼文学院院长	1952 年离开，1958 年回到兰大
盛成（1899～1996）	江苏	1914 年入震旦大学，1919 赴法国勤工俭学	理学硕士	先后任教于北大、广西大学、中山大学	1946 年秋，法律系教授	1947 年11 月
吴文翰（1910～2004）	天津	1930 年入北京朝阳大学法律系	学士		1948 年任法律系副教授	1949 年
张德粹（1900～1987）	湖南	1935 年入英国曼彻斯特大学、威尔士大学、牛津大学学习	硕士	任教于西北农学院、浙江大学、中央大学	1946 年任教务长	1946 年底
董爽秋（1896～1980）	安徽	1920 年赴法国里昂大学、1922 年入柏林大学	博士	先后任教于广州大学、贵州大学	1946 年	

续表

姓名	籍贯	学习经历	学位	工作经历	任职兰大时间及职位	离职时间
程启宇 (1904~1949)	湖北	留学法国	数学博士		1947 年夏	1948 年6 月
段子美 (1898~1997)	河南	1925 年毕业于武昌师范大学，1932 年留学法国巴黎大学		曾任教于重庆大学、西北工学院	1946 年任训导长和数学系教授	
聂崇礼 (1911~2004)	湖南	1945 年赴美国兵器工业学校、以色列理工大学学习	专业硕士		1949 年 7 月任物理系主任兼教授	在兰大工作 40 年
张怀普		留学法国南锡大学	理学博士	曾任河南大学、厦大教授	1946 年，首届化学系主任	
陈时伟 (1907~1973)		1931 年毕业于中央大学化学系		任教于东北大学	1949 年 3 月	
王德基 (1909~1968)	湖南	1930 年入中央大学，1936 年留学德国	博士	1940 年任职于中国地理研究所	1946 年秋	1957 年
于光远 (1899~1991)	山东	1921 年毕业于奉天医学院，1925 毕业于英国爱丁堡大学	医学博士	任教于奉天医大、中央大学医学院、成都三大学联合医院	1946 年	1950 年
乔树民 (1913~1989)	江苏	1937 年毕业于上海医学院 1946 年入美国哥伦比亚大学	硕士	从事多种传染病的防治工作	1948 年	1950 年
盛彤笙 (1911~1987)	江西	1934 年毕业于中央大学，留学德国柏林大学和汉诺威医学院	兽医学、医学博士	任教于江西兽医专科学校、西北农学院、中央大学	1946 年	

资料来源：根据兰州大学档案馆资料整理。

国立兰州大学之所以得到专家学者们的青睐，得益于辛树帜校长早年任编译馆馆长时，结交了大批科学家和教育工作者的缘由，辛树帜校长深厚的学术造诣、严谨的科学精神、卓越的组织领导才能和崇高的品格，赢得了科教界朋友们的普遍尊重。同时，这些教授在国立兰州大学时期，在学术上有了很高的造诣（见表5.3）。

表5.3　　　　　　　　国立兰州大学（1946～1949）学术成果目录

作者	书名	出版时间	出版社
盛彤笙	兽医细菌学试验指导	1948	兰州：国立兽医学院出版委员会
	军马与家畜之防毒	1946	上海：商务印书馆
	诗毛氏训诂传释例	1946	壮议轩
	扬州学记	1946	壮议轩
	乾嘉三通儒传	1946	壮议轩
张舜徽	敦煌古写本说苑残卷校勘记	1946	壮议轩
	积石从稿	1946	壮议轩
	汉书艺文志释例	1946	壮议轩
	广校雠略	1912～1949	壮议轩
荆三林	史前中国（上册）	1947	西安：国立西北大学历史系
	西北民族研究	1946	西安：建国编译处
涂序瑄	月湾村之鬼	1946	昆明：中华书局
喻亮	中国政治制度概论	1947	北平：经世学社
	现代外科学纲要	1948	哈尔滨：光华书店
	救护	1947	金华：中正书店
张查理	解剖生理学	1947	上海：中正书店
	保健浅议	1946	上海：中正书店
	外科实用解剖学	1940	出版地不详：中原大学医学院
王德基	汉中盆地地理考察报告	1946	四川：四川北碚中国地理研究所
	汉中盆地地理考察报告地形篇	1946	四川：四川北碚中国地理研究所

续表

作者	书名	出版时间	出版社
于光远	大众医学三册	1948	不详
	浪村口随笔（六卷）	1949	油印本
	西北考察日记	1949	上海：和众书店
顾颉刚编著	秦始皇传	1946	重庆：胜利出版社
	中国上古史讲义一卷	1912～1949	铅印本
	尚书研究讲义	1912～1949	石印本
	唯物论与唯物史观及其批判	1947	重庆：胜利出版社
	政治协商会议之检讨	1946	不详
李旭	李世民	1946	南京：青年出版社
	郑成功	1946	南京：青年出版社
	六十年来的中国与蒋主席	1946	不详
	民族教育之理论与实际	1946	不详
史念海	中国的运河	1944	重庆：史学书籍
水天同译	乡居杂记	1948	中华书局
陈时伟编译	化学战剂（上、中、下）	1946	重庆：国立编译馆
左宗杞编译	化学战剂（上、中、下）	1946	重庆：国立编译馆
石声汉译	中国植物学文献评论	1946	上海：国立编译馆
	哺乳类记载方法举例等	1946	上海：中华书局
乔树民	内科学	1946	重庆：中正书局
冯国瑞辑	秦州记	1946	天水县志局
	守雅堂稿辑存	1938	铅印本
	麦积山石窟志（纂辑）	1946	陇南丛书编印社

资料来源：庄虹. 张冬林. 国立兰州大学 1946～1949 年间学术生态环境的营建及学术成果举要 [J]. 天水师范学院学报，2013（9）.

国立兰州大学的学术科研水平在短时期内得到了较大提升，更新和树立了国立兰州大学的声誉，兰州大学在联合招生中，报名人数空前上涨，在西安、武汉、南京、兰州四地的报名人数达到 2629 名，超越了以往任何一个时期。这些得益于著名学者、教授汇集兰州大学，提升了学校社会影响力，提高了学校专业的学术竞争力，为此后的发展奠定了良好的基础。

（二）精诚所至，力邀国学大师顾颉刚

辛树帜校长在学术界具有很强的号召力，尤其是他和顾颉刚两人埙篪相应的朋友之情和惺惺相惜的学谊之情，不但成就了彼此的事业，结下了深厚的友谊，也成为兰州大学发展史上的重要里程碑。

顾颉刚（1893～1980），江苏苏州人，中国历史学家、民俗学家，中央研究院院士。古史辨派代表人物，也是中国历史地理学和民俗学的开创者之一。其主要学术观点是"层累地造成的中国古史"，他认为时代越后传说的古史期越长，周代时最古的是禹，到孔子时有尧、舜，到战国时有黄帝、神农，到秦朝有三皇，汉代以后有盘古，古史系统的形成，主要出于战国到西汉的儒家之手。遂于 20 世纪 20 年代至 30 年代，国内史学界形成了以他为核心的"古史辨"派。"30 年代他创办《禹贡》半月刊，成立禹贡学会，开展历史地理、民族、边疆、风俗等问题的研究，极大地促进了中国史学的发展记录。"[1] 1943 年，在重庆成立"中国历史学会"，顾颉刚以得票最多被推举为中国历史学会主席。1948 年被选为中央研究院首届院士。

顾颉刚一生和西北教育有着不解之缘。1937 年 9 月～1938 年 9 月，顾颉刚先生以庚款西北教育设计委员会委员的身份在甘肃、青海考察教育，并在兰州市住了 103 天，其余时间则外出考察调研，"足迹遍及兰州、临洮、西宁、渭源、陇西、漳县、岷县、临洮、临夏、永靖等 19 个县市。"[2] 他以极大的热忱和坚强的毅力，跋山涉水，深入农村学校和寺庙工场，"与各族群众民族头领、宗教人士、学校教师、地方官员、士绅耆宿广泛接触，了解情况，提出建议，排忧解难，取得了很多实效，颇受各族民众和地方政府的欢

① 林琳.《禹贡》半月刊对中国史学近代化的影响［J］. 史学史研究, 2010 (1).
② 汪受宽. 以救国为己任的顾颉刚西北之行. 汪受宽西北史札［A］. 甘肃文化出版, 2008.

迎，在地方上下有深刻的影响。"① 在充分了解民族教育情况后，顾先生给庚款会拟了一份《计划书》，提出发展交通以补足教育，广泛开展社会教育、发展女子师范教育、职业教育、边疆教育和大学教育等六项建议，然而，这份凝结了先生心血的计划书在战火四起的环境中并没有被采用，只是象征性的在兰州办了一个科学教育馆。

当时，甘肃学院朱铭心院长曾聘请顾颉刚教授中国古代文化史课程，顾颉刚先生正式接受聘任。并从1937年12月1日起，顾颉刚先生每日到甘肃学院图书馆查阅资料编写讲义，据当时来兰州的王树民先生回忆说，"先生住在城内贤侯街四十五号，我住在东关，一日晚饭后前去拜会时，见先生正在灯下点读《左传》，心思先生可谓好整以暇。"② 对此，顾颉刚先生也颇为满意在甘肃学院图书馆的学习生活，曾感叹"得览藏书，左右逢源，重度十余年前之钻研生活，目怡心开，恍若渴骥之奔泉，力不可抑而止。"③ 此期间顾颉刚先生完成部分讲稿集结为《兰课杂记》。顾颉刚先生的潜心学术与朱铭心院长的求贤若渴，本以为能为甘肃学院带来一场文化盛宴，然而，因种种原因的掣肘，并未如愿。其中缘由，在顾颉刚先生致朱铭心院长的两通书信中，可窥一斑。1937年11月25日顾颉刚先生致信朱铭心院长后，朱铭心院长即为复函做出三点指示："蒙允就聘，嘉惠西北青年匪浅；明春开学时再授课；敝院已为伊预备读书处，请其随便来院。"次年2月8日致朱铭心院长书信中，以欲赴康乐、渭源参观考察，推迟授课时间。"予离兰两月，本当返主会务，而葛厅长见予四处视学，以为侵犯其权限，颇见嫉，流言达于中央，甘肃学院又闹易长风潮，警察围之数日不解。如于今日归，虑将不胜他人之推挽，姑且徘徊于洮水之上矣。"可知，顾颉刚先生未返兰州赴甘肃学院开课，主要原因是朱铭心院长的去职，而另一深层次的原因则是省城政治气候的变化。这场国民党当局的闹剧使甘肃学院与国学大师顾颉刚先生失之交臂，给甘肃学院的发展造成了不可估量的损失。

---

① 顾颉刚.西北考察日记［M］.中国边疆史地研究中心，1983.
② 王树民.怀念顾颉刚先生［J］.河北师院学报，1989（4）.
③ 顾颉刚.顾颉刚日记［M］.联经出版事业股份有限公司，2007.

这是顾颉刚先生第一次来西北,如果说这是一次短暂的历史交锋,那么顾颉刚先生第二次来西北就是历史的"必然"了。

顾颉刚第二次来兰州主要缘于辛树帜校长的诚恳邀请。顾辛二人初次相识于1927年10月19日,其中得益于傅斯年的引荐。顾颉刚先生在当天日记中记载:"孟真与辛树帜来"。在46年之后的1973年7月,顾颉刚在整理日记时,又在这一条下补注:"予今日始识树帜,中大生物系主任也。彼在德留学时,始读予辨古史文,曾大骂予,后乃浸对予表同情,遂为五十年来不变之好友,此予在中大时仅存之硕果也。其故,惟缘识得予学术宗旨,能对予不妒忌耳"。1947年,辛树帜校长执掌兰州大学后,数次邀请顾颉刚来兰任教,顾颉刚起初是拒绝的,但辛树帜每月一封长信,一封电报,终使顾颉刚先生改变主意,同意担任史学系主任一职。但由于时事不济,诸事牵绊,他总是不能如期赴任,遂推荐他的学生史念海教授暂由代理主任一职。1948年6月,顾颉刚在兰州大学正式履职,成为兰州大学的首任史学系主任。从1948年6月17日～12月7日的174天里,顾颉刚和辛树帜共同为兰州大学的建设添砖加瓦,出谋划策。

(三)平息学潮,团结兰大师生

1948年4～6月,辛树帜校长作为教育界的"国大代表"到南京出席"国民大会",这期间,由训导长段子美教授代理校长职务。5月,某甘籍教员因历史系部分学生对其授课不满,在26日怂恿部分甘籍学生围攻代理系主任史念海教授,致其受轻伤,此举遭到学校很多师生的强烈谴责。随后,该教员又以校方未履行调停约定为由,联合其他3位甘籍教师联名拟写辞呈并罢教。6月1日,以甘籍为代表的蒋南炎、陈秀明、焦洁如等29名学生联合请愿要求保证和改善学生伙食,并以"学校排斥本省籍教师"为由,煽动甘籍学生和外省籍学生互殴,造成了医学院湖南籍学生刘德让身亡,还有其他学生受伤。接着又围攻正在出席学校教授会议的部分教师,学校秩序陷于一片混乱之中。9日下午,辛树帜校长归来,召集全校学生训话,并于次日复课。① 顾颉刚先生对此不以为然，他在家书中提到，"兰大风潮"的实质是甘籍与非甘籍教职员之争。甘肃人自己没有能力办好一所大学，湖南人办好了，他们又想抢回来，顾颉刚同时指出，这次风潮和辛树帜校长的长子、历史系学生辛仲勤首先签名不上李瑞徵的课有关，从而引发了李瑞徵对史念海的误解和猜忌，以致成为燎原之势。

实际上，风潮的爆发更多的是由于教育资源的有限，导致了甘籍学生对外省籍学生的不满，"一个湖南籍学生可领两分三分公费，十个甘籍学生也不一定能领到一分公费"，"在新生招考中，在806个考生中仅取了86名。省参议会曾函请再举招生，而辛校长置之不理"，对待教职员更是残酷，"两年以来，被排挤离校的前甘院教职员达三十余人……"② 如此来看，兰大风潮的爆发是一个综合因素的集合作用，如"甘肃籍教职员多被清退的问题，外省籍学生与甘肃籍学生公费比例的问题，甘肃籍学生录取名额偏少的问题，这些现象在特殊的历史环境中不断发酵，最终酿成兰大甘籍师生与外省籍师生的矛盾爆发。"③

时值顾颉刚初到兰州，听闻此事后，他和辛树帜校长比肩作战，令身处风潮困局中的辛树帜校长得以巨大支持。他学富五车、淹通经史的学问，平易近人的风范，迅速赢得了兰大师生的尊敬与爱戴。在协助辛树帜校长平息学潮的过程中，顾颉刚先生态度公允，不偏不党，为风潮双方当事人排忧解难，全力化解双方的矛盾怨愤，避免了学校甘籍与外省籍师生出现再次分裂的局面。同时对甘籍青年教师不断鼓励，大力提携，帮助他们晋升职称，主动介绍他们就任教职。此外，顾颉刚先生还去医院探望风潮中受伤的学生，对不幸蒙难去世的学生家属给予抚慰。作为风潮的见证者，顾颉刚将这一情况反映给国民政府教育部长朱家骅，详细谈了兰州大学创立之不易与取得的辉煌成就，以及辛树帜校长对此付出的努力，争取国民政府教育部对国立兰州大学继续加大支持力度，为兰州大学迅速发展创造良好的外部环境。如此，他因缘际会地

① 张克非. 兰州大学校史：上编（1909—1976）［M］. 兰州大学出版社，2009.
② 兰大风潮如此处理［N］. 陇铎. 第2卷第7期. 1948.10.1.
③ 杨坤林. 顾颉刚先生在兰州大学讲学活动考实［J］. 兰州大学学报，2012（11）.

成为"兰大风潮"的隐性核心人物和兰州大学建设中的显性标志人物之一。

（四）顾颉刚在兰州大学的教研活动

由于甘肃地处西北内陆，比较偏远，很多学者都不愿意长期在此。辛树帜校长为延揽全国各地的知名学者，殚精竭虑，利用兰州夏日凉爽的气候邀请了许多著名学者，创设了暑期短训班，顾颉刚也在其中。按照他的计划，"至于上课的办法，是从下星期一起，每日上午八时至十时，为国文、历史两系学生上两课，希望四星期中上满五十小时，课名是中国上古史研究，学校中本星期考试，试毕即放假。我的课是在放假里上的。"① 顾颉刚先生在兰州大学的主要讲学内容即他的思想体系，包括古史材料和古史学说两大部分，以此梳理学术思想，辨明六大问题，即"古代神话、六经分析、先秦诸子、两汉经学、宋明理学、清代经学。"② 推导出中国思想史的 7 个分期。顾颉刚先生的课，除了学生挤满了教室，还有国立西北师范学院的学生吃住在国立兰州大学专门听顾颉刚的课，甚至外省院校的，既有辛树帜校长堂堂坐镇，又有马继援将军前来捧场，不仅有教师，还有警察等。对此，他还曾颇为自得地对夫人张静秋说："我是最不会讲的人，想不到这次到兰州竟成了大名角，兰大正式上课之后，我总以为班上的人数要少些，因为听我课的有别院别系的学生，他们自有功课，不能再听了，哪知还是黑压压的一堂。有一个学生对辛先生说，我们听顾先生的课好像抽上了大烟，有了瘾了。"可见学生们对他所讲的内容充满兴趣和探索精神，学生们都希望他能多留在学校讲课。学生们从顾颉刚的课程当中也获益匪浅，既领略了大师煌煌而论的气势，又从中得到了研究古史的方法和路径。

"是故学然后知不足，教然后知困。知不足然后能自反也，知困然后能自强也"。教学从来就是教师最重要的一项任务，教学不仅能巩固和改善教师的既有知识，而且能从学生的反馈中得到启发，不断进步。对此，顾颉刚将在兰州大学的教学时光比作"留学"，抛却了往日的奔波之苦，他"只做

---

① 顾颉刚. 顾颉刚书信集［M］. 中华书局，2010.
② 顾颉刚. 顾颉刚日记（第 6 卷）［M］. 联经出版事业股份有限公司，2007.

兰大一件事，上课之外就是准备功课，校中参考书又多，一天到晚均可读书，故得积讲稿二十万言，他甚欲编为'古史钥'一书，将三十年之研究组成一系统"。① 在顾颉刚先生的勤奋努力下，把自己最近三十年来的学术进行一次系统贯穿和整理，对自己的"学术系统化"进行挖掘和整理。这是他学术生涯中较为关键的一个时期，这个时期孕育了他学术思想中的核心部分。对此，顾颉刚对辛树帜校长有知遇之感，"我作事三十年，饱受挫折，半因人忌，半由主管人不了解我，现在辛先生如此了解我，我所讲的，凡有独到的地方他总能举出，实在不能不称为知己。我交友上万，知己有几人，因此我不能不为他而多留些日子，正是豫让所谓智伯以国士待我，我故以国士报之的意思。"②

（五）顾颉刚在兰州的社交活动

顾颉刚的到来，不仅平息了"兰大学潮"，而且在甘肃各界引起了一时轰动。不仅受到张治中、郭寄峤、陶峙岳等甘肃政要的热烈欢迎，还有陇右著名学者张维、甘肃学院前任院长邓春膏、宋恪等都前来拜访，"兰大风潮"中的双方相关人物也前来拜会，大家冰释前嫌，一团和气，为顾颉刚在兰州大学顺利讲学营造了一个和谐的社会氛围。据统计，顾颉刚在兰期间，酬酢活动共有 173 次之多，几乎是每天皆有，可见当时甘肃各界对顾颉刚的热情。顾颉刚的到来，不仅为兰州大学带来了一场文化盛宴，也为甘肃各界带来了一股新鲜的空气，体现了甘肃学人对学者、对知识的尊重和渴望。同时，顾颉刚先生擅长书法，几乎每天都有人前来索要，这也使得他的交际十分广泛。顾颉刚先生除了在兰大讲学以外，还受邀在其他单位进行文化宣传和交流。其主要的社会活动见表5.4。

表5.4　　　　　　　　　　顾颉刚在兰州的主要社会活动

时间	社会活动	主办单位	备注
6月26日	演讲《边疆教育与社会教育》	西北师院	

① 顾潮．我的父亲顾颉刚［M］．人民文学出版社，2010.
② 顾颉刚．顾颉刚全集（第43册）［M］．中华书局，2010.

续表

时间	社会活动	主办单位	备注
6月28日	演讲《如何整理中国历史》	省党部	听众500人，最多的一次
7月4日	参加《人性与复兴》座谈会	和平日报社	
7月11日	参加中国边疆学会甘肃省分会成立大会	青年馆	与喜饶嘉措等
7月12日	演讲	省银行，警官学校	
7月19日	演讲《我与图书》	国立图书馆	出席纪念周
7月19日	参加中国边疆学会甘肃分会第一次理监事联席会议		
7月28日	接待西北大学边疆见习团		
7月29日	演讲《中国历史与西北文化》	党政军暑期讲习会	
8月8日	看黎雄才图画展览	青年馆	
8月9日	演讲《中国历史与西北文化》	兽医学院	
8月11日	演讲《西北史地》	市立小学教员暑期讲习会	
8月23日	演讲《中国历史与西北文化》	七区公路特党部	
8月24日	商讨边疆学生事	招生委员会	
9月5日	演讲《西北史》	各县警察局长	
9月10日	参观画壁	民众教育馆	
9月19日	参加欢送陈云昭赴任国军29旅旅长会		
10月10日	参观国防科学展览会	科学教育馆	
10月23日	演讲《江苏与甘肃》	工业职业学校	
10月31日	参加欢迎西北大学新疆观光团茶点会	祁连堂	
11月14日	参加赵望云新疆写生展览	文化服务社	
	参观方志室	省立图书馆	
11月20日	讲课	与胡国玉在西北师范学院	

续表

时间	社会活动	主办单位	备注
11 月 21 日	参加兰大边疆学会		
11 月 27 日	观剧	抗建堂	
11 月 30 日	讲课	西北师范学院	
12 月 6 日	为马阿訇回教大学议作后记		
	参加惜别会	天山堂	
小计	28 次		

资料来源：根据《顾颉刚日记》整理而成。

在这些演讲上，顾颉刚先生兢兢业业，丝毫不敢马虎，事前做大量的笔记，事后又予整理，这耗去了他很多精力，以至于他不断抱怨做"名流"之苦。尽管如此，顾辛二人的友情却更显甚笃。在辛树帜校长的悉心照顾下，"一星期一定要吃两次馆子，玩一处地方。我要做一个东，他死命不让，这样用软功来对我，弄得我没有办法可以断然在哪一天离开这里"。① 对此，顾颉刚的女儿顾潮记述道，"辛校长三日一小宴，五日一大宴，每天傍晚饭毕，卜卜的手杖声就来了，拉父亲出外散步喝茶。"② 辛、顾二人半个世纪的深厚友情不仅使他们成为学术上的知己，同时成全了国立兰州大学的历史地位，体现了辛树帜校长以诚相待、以事业凝聚人才的聚才之道。

四、增加投入，改善办学条件

建校伊始，辛树帜校长聘请校内外卓有声望的人士共同组成国立兰州大学建筑委员会，广泛征求各方面对学校基建的意见，争取地方政府和社会各界的支持。1947 年 7 月 16 日，三座教学楼开建之时，学校举行隆重的奠基仪式，邀请了西北行辕主任张治中、副主任陶峙岳，甘肃省政府主席郭寄峤

---

① 顾颉刚. 顾颉刚书信集 [M]. 中华书局，2010.
② 顾潮. 我的父亲顾颉刚 [M]. 人民文学出版社，2010.

等地方军政大员参加。辛树帜校长取西北地区的三座名山之名，将新建的三座教学楼命名为天山堂、祁连堂和贺兰堂，以《三山堂记》铭文"立上库，邦之央，作三堂，育元良，萃彦英，自四方，建边疆，固金汤，瞻天山，瞻贺山，抚祁连，追前贤，横且坚，亿万年。"作为纪念。其中，贺兰堂作为医学院的教学用房，将医学院的师生、设备等，从上西园原西北医学院兰州分院全部迁入新址。天山堂、祁连堂作为其他院系的教室、实验室。同时，为改善学生住宿条件，新建了五座学生宿舍楼，分别以五岳命名为泰山堂、衡山堂、华山堂、恒山堂、嵩山堂。这种命名上的用心，也体现出兰州大学立足甘肃，放眼四海的眼界。

此外，新建积石堂和昆仑堂。积石堂建筑面积 1616 平方米，是一座可藏书 30 万册的新图书馆。内设书库、阅览室及办公室、陈列室。昆仑堂共三层，共 3600 平方米，内设办公室 12 间，教室 27 间，是当时甘肃地区最大的建筑，以西北最雄伟的山脉命名。对此，顾颉刚先生评论道"是堂也，非特于斯校为巨构，亦今陇中诸县市，所莫与京者矣。……后人之登于斯，观其堂皇而博大，幸勿谓为物力充盈之显示，当知此为一篇可歌可泣之史诗也。诸生来学于斯，诵书听讲，集会游艺，陶陶以乐，愿辄顾念此缔造之辛劳，而有以自振奋也"。①

图书馆修建后，辛树帜校长请中央大学的教授列出主要书籍和仪器清单，开始着手购置。1946 年 7 月，辛树帜校长邀请沈其益、盛彤笙、黄文弼、张德粹、吴相湘、刘宗鹤等教授，抢在南京、上海等地各书局涨价之前，为国立兰州大学紧急选购。8 月中旬，与中国科学仪器公司、实学通艺馆、大丰公司等签订仪器订购合同。这批共 200 箱的图书仪器先由轮船从长江运至汉口，转由平汉路火车运至郑州，再沿陇海线西行，一路辗转，历经艰辛，于 10 月抵达兰州。同时，还向英、美等国订购科学期刊 200 余种，购得龙门联合书局影印出版的大部分外文书籍。1947 年，边疆语文系成立后，通过致函迪化和拉卜楞寺、塔尔寺、北平雍和宫、嵩祝寺等藏传佛教名寺，以及设有边语系的国内各大学，广泛征集有关图书资料。

---

① 兰州大学档案 4—（1）—204（国立兰州大学）.

通过两年多的积累，共购得图书 5 万余册，再加上原甘肃学院移交的 4 万余册书籍，截至 1948 年底，兰州大学共有 9 万余册图书。具体见表 5.5：

表 5.5　　　　　　　1947 年度第二学期国立兰州大学图书调查

类别	共计	中文	英文	俄文	德文	日文	备注
总类	34837	32649	2188				
哲学	2813	2672	141				
宗教	2328	2253	75				中文栏内有杂志 14251 册，西文栏内有杂志 2124 册
社会科学	12932	12049	883				
语言文字学	1903	1492	411				
自然科学	5158	3463	1695				
应用科学	5708	4713					
艺术	1320	1287	33				
文学	9251	8473	778				995 俄文、德文、日文正在分类中
史地	9570	9268	302				
分类未完成者				1575	1300	1005	
总计	86820	78319	7501	1575	1300	1005	90700 册

资料来源：兰州大学档案 1—（1）—239（国立兰州大学）.

1947 年 2 月，学校耗资 2 亿法币订购 250 箱理、化、生物等学科所需的仪器、药品，基本满足了理科各科系的试验要求。此外，在辛树帜校长的努力下，国民政府教育部于该年春特批 15000 美元，作为兰州大学的购置费。辛树帜校长将其中的 10000 美元专门购置医学仪器设备。同年获得美国医学助华会 30000 美元的资助，以建立兰州医事中心。1948 年，国民政府教育部将联合国教科文组织紧急援华捐款划拨给兰州大学 3000 美元，以资教学环境的改善。

五、提高标准，招录与管理学生

国立兰州大学于 1946 年成立之初，即面向全国招生。奉部令在兰州、西安、开封、天津、重庆、武汉及南京七考区招生，但由于兰大创办不久，在人力、物力等方面还达不到全国招生的条件，于是退而求其次，仅在兰州、西安、武汉、南京招生。

在具体的考试程序方面，先由院系按照专业不同分为甲、乙、丙三个小组进行笔试，甲组主要针对报考理学院数学、物理、化学三系的考生，考试科目有国文、英文、数学、物理、化学、中外史地、公民七科；乙组针对报考法学院法律系、司法组，文学院中文、历史系，理学院地理系的学生，考试科目有国文、英文、数学、中外史地、中外地理、理化、公民七科；丙组针对报考医学院、兽医学院及理学院动物、植物系的考生，考试科目有国文、英文、数学、生物、中外史地、理化、公民七科。笔试合格后进行口试和体检。

通过四区的报考情况显示（见表 5.6），以第一志愿报考兰州大学的达到 2629 人；其中，兰州本考区第一志愿报考者有 843 人，可见这一时期，甘肃省内生源质量有所改观。通过考试，兰州大学从 2629 名考生中录取 478 人，录取率为 18.18%。此外，还接受了国民政府教育部命令转来的新生 135 名，其中，青年军退役学生 88 名、先修班 8 名、国立西康技艺专科学校医科 32 名、国立西北农业专科学校畜牧科 7 名，合计本年度共有 613 名新生。同时，加上原国立甘肃学院学生 266 名，原国立西北医学院兰州分院 140 名、甘肃学院附中 368 名学生，在校生达到 1387 人。截至 1946 年 12 月 24 日，除去毕业生、休学和退学的学生，实有在校生 1167 人。1947 年，兰州大学的考区增加到 7 个，新增了北平、成都、广州，共录取新生 400 名。

表 5.6   1946 年度国立兰州大学各考区招生情况

考区	主办单位	报名日期	考试日期	报名人数	录取人数	
					本科	先修班
兰州	第一次与国立西北师院合办	8 月 16 ~ 19 日	8 月 26 ~ 28 日	418	77	48
	第二次本校	9 月 27 ~ 29 日	10 月 1 ~ 3 日	350	54	66
	第三次本校	12 月 4 ~ 5 日	12 月 8 日	75		20
西安	与中央大学合办	8 月 22 ~ 24 日	8 月 31 ~ 9 月 2 日	1424	113	51
武汉	委托武汉大学代办	8 月 25 ~ 26 日	8 月 29 ~ 31 日	184	24	
南京	委托中央大学代办	8 月 25 ~ 30 日	9 月 5 ~ 6 日	178	14	11
合计				2629	282	196

资料来源：兰州大学档案 1—（1）—73（国立兰州大学）.

从学生的生源来看，截至 1946 年底，学校的 822 名在校生分别来自 27 个省份。其中，甘肃籍学生 406 人，占 49.4%，外省籍学生共 416 名，占 50.6%。人数较多的省份是河南（115 人）、陕西（56 人）、河北（46 人）、湖南（33 人）。说明兰州大学在招生上立足西北，始终坚持为西北培养人才的原则。然而，由于基础教育和中等教育的短板，导致兰州大学在全国范围内招生时，甘肃籍学生面临较大压力。甚至有人认为学校"是存心以提高取录标准与学生质素为名，而以拒接排斥甘肃、青海、宁夏各省之青年为实。"[1] 这也成为后来甘籍师生排斥外省师生、引发学潮的直接原因。对此，辛树帜校长在给甘肃省议会的复函中说明道："大学为人才教育，非救济收容之所，本校负有造就西北建设人才之使命，已将本区试题与取录标准降低，使本区青年多有入学机会，其拒绝排斥甘肃、青海、宁夏各省青年之实何在？"实际上，兰州大学在招生上是尽可能的向西北倾斜，参加招录工作的郭维屏教授指出，兰州大学"在西安、武汉、京沪三地的招生标准定的相当高，南京是以中央大学为标准，汉口是以武汉大学为标准，而且总平均分要

———————————

[1] 兰州大学档案 1—（1）—24（国立兰州大学）.

在 40 分以上，但在兰州 10 分就取，而且还有两门功课都是零分的学生，为地方造就特殊专门人才。可是连这样的降低标准，因为本省中等教育的落后，及格的还是很少。"① 同时，学校在招生时十分注重吸纳少数民族学生。1947年，文理学院专门开办特别先修班，招收来自新疆的各少数民族学生 37 人，其中，锡伯族 4 人，回族、索伦族各 1 人，华侨学生 2 人。1948 年，"有回族学生 26 人，其中地理系和数学系各 1 人，其余均在文科各系。同一年学校还接受青海省保送的藏族学生 3 人。"② 在学生的性别比例上，也呈现出明显的差异性。

通过表 5.7 可知，兰州大学在 1946 年度第一学期内，共有学生 822 人，其中女生 100 人，仅占 12%。其中，女生多集中在政治学、银行会计学、医学院和特设医学院先修班等专业，分别占 10%、14%、25% 和 15%。纵观各年级女生数的变化，发现女生数一直徘徊在 15% 以下，其中，361 名一年级新生中女生占 10%、150 名二年级学生中女生占 15%、119 名三年级学生中女生占 14%、51 名四年级学生中女生占 12%、141 名先修班学生中女生占 14%。这个数字既没有明显的上升，也没有下滑，其总体处于稳定态势，但这个数字明显过低。这与甘肃中等教育中女生数偏少有直接关系，也是中国女子高等教育总体欠发达的症状之一。

在学生管理方面，兰州大学制定了《国立兰州大学学生奖惩办法》《国立兰州大学学生请假规则》《国立兰州大学学生寝室规则》《新生办理入学手续程序》等规章制度。1948 年 3 月 10 日，学校制定了《国立兰州大学学生学则》，并呈报国民政府教育部。包括总则、入学、注册、选课、转院系及转学、成绩考核、缺课及补考、修业年限及修业学分、毕业、附则等，共 55条。于 5 月 16 日公布实施。

---

① 郭维屏. 兰州大学的过去现在与将来［N］. 甘行周讯，1947，第 188 - 189 期.
② 兰州大学档案 1—（1）—182（国立兰州大学）.

表 5.7　　　　　　　1946 年第一学期兰州大学各院系的学生统计

学院	科系	一年级		二年级		三年级		四年级		专修科		合计	
		男	女	男	女	男	女	男	女	男	女	男	女
文理学院	中国文学	31	2									31	2
	历史	33	4									33	4
	数学	20										20	
	物理	15										15	
	化学	20	4									20	4
	动物	6	4									6	4
	植物	5	4									5	4
	地理	23	3									23	3
法学院	法律学	51		50		28		15				144	
	政治学			23								23	
	经济学			27								27	10
	政治经济学					37	4	25	1			62	5
	银行会计学			8		13	4	5	5			26	14
	司法组	34	3									34	3
医学院		50	9	20		24	9			16		110	25
兽医学院		38	2									38	2
普通先修班										39	5	39	5
特设医学院先修班										20	15	20	15
俄文先修班										46		46	
共计		326	35							121	20	722	100
总计												822	

资料来源：兰州大学档案 1—（1）—99（国立兰州大学）.

第二节　复员回归：西北师范学院部分返京

一、国民政府对西北师范学院复员的态度

抗日战争时期，国民政府对西北、西南进行了深入全面的了解和普查，在战后的复员问题上，国民政府教育部秉承调整全国高等教育均衡发展、促进西部教育持续发展的需要，制定政策和影响舆论。根据 1946 年的统计，由战区迁入西部的高校达 80 所，同时在西部新建高校 43 所，当时设在西部的高校几乎占全国的 2/3，使得西部高等教育盛极一时，在此背景下准备迁校复员，牵动了很多教育界核心人物的神经，张伯苓、梅贻琦在专科以上校长会议上呼吁要增强西部高等教育力量，要求"对战后专科学校之分布及其院系科别之增减，必须先有通盘计划，方足谋日后之合理发展。"在全国教育善后复员会议上，蒋介石强调，"今后国家建设，西北和西南极为重要。在这广大地区教育文化必须发展提高，至少有三四个极充实的大学，且必须尽先充实。除确有历史关系应予以迁回者外，我们必须注意西部的文化建设。战时已建设之文化基础，不能因战胜复员一概带走，而此使重要的地区复归于荒凉寂寞。"① 并确定了"积极建设西安、成都、昆明、兰州四地之教育机关，俾五年内得树立为西南、西北之文化中心据点"② 的建设方针。

此次会议通过了九项内容，与西北师范学院或北平师范学院密切相关的有三条，"一是战后全国人力物力困难，各高校在复原期内应集中力量充实内容，提高素质，除因特殊需要外，暂不设新校；二是依据各地人口、经济、交通、文化等条件，一面注重全国文化重心之建设，一面顾及地理上之平衡

---

① 教育部教育年鉴编纂委员会编. 第二次中国教育年鉴（第一编）［M］. 商务印书馆，1948.
② 朱家骅. 教育复员工作检讨［N］. 教育通讯，第 2 卷第 11 期，1947.2.

发展，酌予调整，作合理之分布；三是抗战期内凡已停办或归并而其历史悠久成绩卓著的高校，有恢复设置之必要者，得予恢复。"这些原则的提出让西北师范学院处在了复员与否的尴尬境地，一方面，西北师范学院应当成为兰州文化据点的高校，但同时作为北平师范大学的继承者，又有必要恢复。1945 年 8 月 16 日，《大公报》发表消息称，中央大学、武汉大学、浙江大学、复旦大学、金陵大学、大夏大学、光华大学、齐鲁大学、燕京大学、湘雅医学院、上海医学院均将迁回原址，西南联大仍按清华大学、北京大学和南开大学分别迁回。此消息一出，使原本还处于犹豫的西北师范学院全体哗然，立即发表了《为拥护恢复国立北平师范大学敬告社会人士书》，并召开校友会开始商讨对策。

二、西北师范学院的复员独立过程

1942 年，西北师范学院在城固和兰州同时召开四十年校庆活动，教授代表李建勋提出，"师大作为一所有历史有成就之高等学府，竟以西北联大改组而取消，是教育史上的不幸事件，是抗战建国期间的一大损失。对教育具有崇高信仰的西北师范学院教职员及同学，应努力使其复活。"[①] 时任西北师范学院院长的李蒸深知国民政府教育部态度，以为全国其他高校都能如约复校，唯独北平师范大学不能复员，作为校长是无论如何也交代不下去的。遂应了张治中将军的邀约，于 1945 年 8 月赴重庆就任三青团副书记长。为纪念李蒸院长在兰州斩荆棘、辟草莱，在黄沙上起楼台、建校誉之功，兰州市党部书记将市十里店公路命名为"李蒸路"。李蒸离职后，由黎锦熙接任，但由于黎锦熙院长忙于中国大辞典的编纂工作，实际院务工作由李建勋先生代理。

在全国教育善后复原会议上，国民政府教育部以"教育合理分布在这次复员中实现""北平师大撤销在案"为由，未将北平师范大学列在复员学校之列。此事激起西北师范学院师生的强烈愤慨，遂召开紧急会议商议对策。

---

① 甘肃民国日报 . 1942. 12. 18.

先以电呈国民政府教育部请求恢复师大，校友会于 1945 年 9 月 1 日向各地校友发函，提出"兹值抗战胜利，内迁高校皆准备返回原址，母校之恢复亦正其时。"希望各地校友"联络当地同学以师大同学会分会名义径向有关方面呼吁，以期我具有辉煌悠久历史之师范大学得以永存"。① 并派出复校代表李建勋、易价赴渝进行复校的斡旋工作，对此，国民政府教育部做出了部分让步，要求西北师范学院依据国立北平师范学院之名迁回石家庄，得此消息，西北师范学院全体学生罢课。

11 月 30 日，朱家骅在重庆举行记者招待会，对北平师范大学复校一事给予的答复是"该院将留于西北，然为求保持北平师大之历史传统起见，将另成立国立师范学院，暂在北平原址复校，将来该校如增设为三院，也可改称大学，其永久校址将设于石家庄。"② 对于这样的办理结果，西北师范学院全体师生予以反驳，并组成国立北平师范大学复校运动联合会，举行记者招待会，坚决表示为保存师大四十余年之历史与成绩，决争取复员。决定派出先遣队 300 人分乘 7 辆汽车赴渝，甘肃军政鉴于情势严重，派国民政府教育厅厅长郑通和前往劝慰，答应了学校复校委员会提出的"恢复师大名义、原任校长复职、本院学生志愿赴北平求学者到北平复学"③ 三点要求，并承诺派代表赴渝向国民政府教育部说明情况，于 1946 年 1 月 15 日前给予答复。

1946 年 1 月 22 日，国民政府教育部派督学沈亦珍前往西北师范学院协商复校事宜，然无果。通过师大校友总会驻重庆代表董守义与国民政府接洽，鉴于西北师范学院复校运动的压力和社会各界的支持呼吁，国民政府教育部准许在北平师范大学校址设立"北平师范学院"，任命西北师范学院袁敦礼为院长。西北师范学院 40 余名教职工和 300 多名学生转入北平师范学院，西北师范学院则新聘教师 40 余人，以此弥补北平师范学院调聘教职员的缺额。至此，复校运动结束，北平师范学院和西北师范学院被称为

---

① 刘基，王嘉毅，丁虎生. 西北师范大学校史［M］. 教育科学出版社，2012.
② 中央社. 西北师院永设兰州北平师大将移设石家庄［N］. 西北日报，1945. 12. 3.
③ 西北社. 师院学生正式复课［N］. 西北日报，1945. 11. 1.

"姐妹学校"。

国民政府教育政策的反复无常使得教育的发展总在经历无谓的争斗和牺牲。1945 年，原北平师范大学校长邓萃英就曾尖锐批评过国民党反复无常的师范教育政策及其恶劣影响，指出在高师改大后，"其硕果仅存的，只有北平师范大学一校，年前又有并此而停办之说，简直是大笑话……"，对于未来高等师范教育的发展，"以后务必考察世界师范教育的潮流，详察国内师范教育的需要，对已设立的，极力保全，提高程度，未设立的，克期创办。"① 1946 年，国民政府行政院决定将西北师院、甘肃学院和西北医专三校合并，成立国立兰州大学。得此消息的西北师院疲于复校运动之余，还要宣传师范教育制度的独特性和独立办学的必要性。深谙此道的国立兰州大学校长辛树帜、秘书长郭维屏等人坚决支持西北师院独立办学，并提出独立设置的三点理由：第一，师院现有规模完备，有教育、文、理三学院，学生一千余人，有独立之条件；第二，西北师院肩负西北师资的培养，兰大教育系偏重教育行政，远不能满足各地教学师资的需求，所以师院有自己的使命与意义；第三，师院的学生都是完全公费，若合并后就不能有此项待遇，对于贫寒学生而言，是不公平的。鉴于以上三点原因，"为缓解西北中等教育的师资缺乏、维护师范教育制度的独立、为地方减少麻烦，所以竭力主张西北师范学院独立，不必与兰州大学合并。"② 国民政府教育部遂于 1946 年 7 月 18 日电示西北师范学院独立设置。

三、西北师范学院师生强力复员的背景分析

国立西北师范学院在兰州期间，业已形成扎根西北、服务西北的学术氛围，但奈何在其他高校回迁过程中，不顾一切地要求复员呢？甚至是在明知国民政府着意调整中西部高等教育结构、发展西北高等教育的政策压力之下，还要不惜一切代价、再三努力要求复员?! 期间掺杂了师生们复杂的心理因

---

① 建国应注重师范教育，国立西北师范学院校务汇报，第 81 期，1945.12.31.
② 郭维屏. 兰州大学的过去现在与将来［N］. 甘行.1947. 第 188、第 189 合刊.

素，既有对国民政府教育部的不满，也有自身对北平大都市生活的怀念和希冀。

第一，基于高等教育的封闭性。

近代中国大学有很强的自主性，学校拥有自身的文化标准和精英选拔标准，拥有现代社会独一无二的文化权力。但是独立后的学校也带来了另外一种趋势，"独立后的知识分子越来越游离于社会，学院里的知识分子可以与乡村没有关系，与所在的城市没有联系，可以与政治隔离……到 20 世纪 30 年代，以国立大学和教会大学为中心逐渐形成了一个半封闭的文化贵族。"① 而作为北京知名高等院校内的学子们，先不讲家庭与学校生活条件，心理上总是有一种隐隐的一般人之上的孤傲与清高也是自在情理之中，即使是校风一向朴实低调的北平师范大学，学生们的这种心态也是普遍存在的。关于这一点，国立西北师范学院的教授也谈到，"过去大都市里的许多学校一切物质方面的设备未免太舒适，或甚至于太奢侈，与中国的实际社会相差太远，而学生大部分是来自田间，在都市里这些大学毕业以后，就不愿再回乡下去，一个家庭把子女送进了大学，就等于把他们丧失了。"②

从北平迁至陕西城固，再到甘肃兰州，北平师范大学的学子们在心理上有着巨大的生活落差，不可避免地造成很多师生内心的纠结与伤感，内心始终隐存着一种"临时心态"，没有归属感。尽管国民政府教育部于 1939 年对西北联大进行了改组，成立西北师范学院，使北平师范大学在抗日战争期间又恢复了独立设校，但是"由于名义换了，规模小了，全校师生心里也是很不愉快的"。③ 同时，在西北师院师生心目中，"师院"与"师大"从来就不是一个概念，一般大学专重学术的发扬，而师范大学则配合培养优良师资、知识传授和技术训练三种性质以外，还在于培养献身于教育、造福于社会之教育家。④ 这种巨大的落差心理在师生中蔓延着、滋生着。

① 许纪霖. 近代中国知识分子的公共交往（1895—1949）［M］. 上海人民出版社，2008.
② 国立西北师范学院主编. 纪念专刊. 第 41 页.
③ 李溪桥. 李蒸纪念文集［M］. 中国社会科学出版社，1996.
④ 师院教授函教部为复大慷慨陈词［N］. 世界日报，1947 - 06 - 13.

第二，国民政府教育部与高校的冲突。

由于权力制衡及经济因素的考虑，国民政府教育部和国立大学之间既有尊重与合作，也有不作为的敷衍和抵制。国民政府教育部对北平师范大学迁校的横加干涉早在 1933 年就有了端倪，对于《世界日报》曾透漏师大迁校西安的消息，时任国立北平师范大学校长的李蒸先生不甚赞同，"外传教育部当局以北平师大环境不适，改革多阻，拟迁西安，彻底整理，养成高等教育人才，刻正详筹校址及改善办法，本人事前并未闻悉，敝校与教育部函电往来，教部亦无片语及此！想师大迁设西安之说系外间误传。师范大学一校迁移，想无此理，事实上有种种困难。"① 尤其是从陕西城固迁至甘肃兰州时，李蒸院长的内心也充满着矛盾，然而出于知识分子的良知和责任感，以及对西北人民困苦生活的动容，才使得师院师生既来之，则安之，开启了在西北的高等师范教育培养之路。待到战事结束，国民政府教育部仍令西北师院在原地办学，对此，西北师院全体师生予以强烈抗议，反映了教育部令"政府权威象征"的崩溃，国民政府教育部和西北师院不断进行摩擦，经历了七个回合之后，以国民政府教育部的最终妥协告终。

从表 5.8 可以看出，在国民政府教育部和西北师范学院之间的博弈中，国民政府教育部由先前的强硬态度逐渐变弱，而西北师范学院的态度一向清晰明确。"我们反对高等教育必须是更庞大的政治体系中的一个子系统的观点。在高等教育与支持它的环境之间有一个输入和产出的问题。但是更庞大的政治体系难以期待高等教育始终支持它。"② 大学教育固然是国家政治中的一个子系统，国民政府教育部以权威性和象征性资源的合法化维护着大学的发展，各大学也在借助国民政府教育部的权威资源推行政策。然而，由于中国"道高于术"和西方"学术自由"传统的碰撞和结合，确定了一代以高校校长为主体的知识分子与国民政府之间既合作、又斗争的微妙关系。

---

① 李溪桥. 李蒸纪念文集 [M]. 中国社会科学出版社，1996.

② ［美］伯顿·克拉克. 王承绪、徐辉等译. 高等教育新论——多学科的研究 [M]. 浙江教育出版社，2001.

表 5.8   国民政府教育部与西北师范学院复校之争

国民政府教育部与地方政府	西北师范学院
以"教育合理分布在这次复员中实现""北平师大撤销在案"为由，未将北平师大列在复员学校之列	电呈国民政府教育部请求恢复师大，校友会于 1945 年 9 月 1 日向各地校友发函。派出复校代表李建勋、易价赴渝进行复校的斡旋工作
要求西北师范学院依据国立北平师范学院之名迁回石家庄	全体学生罢课
甘肃省教育厅厅长郑通和来到学校劝学生暂行复课	复校委员会提出三点要求：恢复师大名义、原任校长复职、本院学生志愿赴北平求学者到北平复学
举行记者招待会，提出：该院将留于西北，将另成立国立师范学院，暂在北平原址复校，将来该校如增设为三院，也可改称大学，其永久校址将设于石家庄	组成国立北平师范大学复校运动联合会，举行记者招待会，决定派出先遣队 300 人分乘 7 辆汽车赴渝
教育厅厅长郑通和前往劝慰，并答应派代表赴渝向教育部说明情况，于 1946 年 1 月 15 日前给予答复	
1 月 22 日国民政府教育部派督学沈亦珍协商复校事宜	无果
准许在北平师大校址设立"北平师范学院"	师大校友总会驻重庆代表董守义与国民政府接洽，在西北师院复校运动的压力和社会各界的支持呼吁下，实现复校

资料来源：根据《西北师范大学校史》相关章节整理。

第三，国难激发出强烈使命感。

主观不满的情绪随着战火的蔓延逐渐消退，继而转化为教育救国和对西北教育的关注。在国立西北师范学院所办的期刊《校务汇报》中，充满了自觉承担责任的热情言论，"七七事变后，我校播迁西北，改变环境，适应抗战建国之需要，又值政府扩充高级师范教育，在学制上创设师范学院制度，实为一新生时期。我校此后之使命将益行重大，不但要继续发扬师大精神，并且要奠定西北高级师范教育基础，负起抗战建国的责任。"① 与此前相比，师生的精神状态已经得到较大缓和，并在实际行动中从象牙塔走向了劳苦大众。国立西北师范学院在城固和兰州期间积极致力于西部中小学师资的培训，以及相关科学研究。同时展开广泛的社会教育，在与底层百姓的互动过程中，了解到底层民众的生活状态，逐渐改变了师生们的学习态度和人生价值观，滋生出了与曾经较为舒适的京城生活完全不同的体验与感悟，内心中对现有生活状态减少了怨言，点燃了抗战保国建设后方的激情，迸发出抗战特殊背景下为国家贡献力量的使命感与承担责任的高度自觉性。

第四，院长李蒸对西北师范学院的高度期望。

李蒸院长在多次公开场合强调，"本院前身北平师范大学系以前全国六大高等师范学校之仅存硕果，今此硕果又分衍为西北高级师教之一新枝，同时全国适成立多数师范学院，故本院负有为国育师之使命，同时具有承先启后之责任。"李蒸院长一直将西北师院与北平师范大学紧密相连，意在继承北平师大优良的校风，激励师生奋发图强的精神。

国立西北师范学院在抗争无效、国难深重的现实面前，暂时选择了立足西北、服务西北的发展战略，并切实地为西北建设贡献力量。但这并不能说明西北师范学院已经放弃北平师大，随着抗日战争胜利和多数高校回迁的逼近，西北师范学院师生的心情再也难以平复。他们对北平师大生活的向往和怀念，以及急于证明师大之必要性的迫切心理，促使着他们对复员再三努力。甚至不顾甘肃省当局和国民政府教育部命令，多次动员师大校友和全体师生，为复员目标不遗余力。实际上，西北师范学院对复员的极度渴求已经超越了物质意义上的复员，变成了一种对自我的肯定和证明。

四、国立西北师范学院的历史地位

西北师范学院西迁兰州，不仅是中国抗日战争时期大学精神的"最高表现"，也是高等师范教育布局调整的"直接表现"。西北师范学院师生所展现

---

① 师大对于国家的贡献 [J]. 师大三七周年纪念增刊，1939.

出的优秀知识分子对祖国西北开发使命的崇高自觉践行精神在西迁过程中得以树立，形成了"扎根西北、开发西北"的革命精神，这种精神促成了学术研究的"西北转向"，如地理学方面有王钧衡的《甘肃境内黄河航运的地理根据》，黎锦熙教授对西北地方志的研究提出了系统的现代方志学研究理论，以及对张謇墓的挖掘和研究等，体现了西北师范学院师生在西北研究方面的独到之处，成为西北各级各类教育现代化的重要推动力。

（一）发挥国立院校的办学优势

师范教育对各级学校发展、教育人才培养等方面作用甚巨。"当此抗战建国之际，师范教育必由国家统制其设施，督促其发展，培养终身从事教育事业之人才，推行国家之政策，然后教育奏效，建国得成。"[①] 抗日战争时期的青年学生多来自各个省区，在学校迁移和转学过程中更易滋生不便，因此抗日战争时期的新设院校多属国立性质。"国立"的身份和优势就在于自上而下地推行政策、落实政策，在招生来源、培养目标和毕业分配等方面由国家统筹安排，更有利于相关政策的执行和推广。国立西北师范学院前身——西北联合大学师范学院合并河北省立女师，西南联大师院合并云南大学教育系等行为，均有赖国立身份。不仅如此，在实际的办学过程中，无论是在专业设置还是请求增加经费等方面，国立西北师范学院可以直接呈文至国民政府教育部，要求国民政府教育部的直接拨款和救济。国立西北师范学院在教育经费、教育师资、生源质量等方面依托"国立"之便利条件，在抗日战争时期得到了平稳发展。

（二）促进西部中小学教育的现代化

办理中等师范教育是西北师范学院的主要任务之一。首先，西北师范学院进行了中等教育辅导的试验研究工作。西北师院联合各国立师范学院出版刊物《中等教育季刊》《师声》《校务汇报》及其他单行出版物，供相关研究的发表和讨论。1941年10月，黎锦熙先生主持出版委员会第一次会议，讨

---

① 高级师范教育前途之展望［J］. 教育通讯，1938（11）.

论出版《国立西北师范学院学术季刊》事宜，其中规定刊发内容必须为学术性质的作品，主要以"西北区特殊文化、中学师资与专业训练"等为主。由于战事和物价原因，该刊在七年多的时间里只出版了三期，但这三期内容都很有分量，如黎锦熙发表的《各级学校作文教学改革案》，对中学作文课程进行了新的教学探索，并在实践中加以检验印证和推广。其次，西北师范学院为西部培养了大批优秀中学师资。1938~1945年，西北师范学院的在校生从2523名上升到6739名，学生年增率在50%以上。这些学生在各级中学中发挥着中流砥柱的作用，他们在教学过程、课程、教材、教学方法等方面进行试验，为高等教育输送了优秀人才。抗日战争期间，"教育部曾两次对高校统一招生考试中成绩优良的学生进行表彰，连续两次获得奖励的仅有三校，西北师院附中既是其中之一。"①

在初等教育方面，西北师范学院专门设立小学教育通讯处。早在1936年，北平师范大学就曾设立通信处，后因经费困难中断。1938年，学校迁至陕西城固时再行成立。小学教育通信处以研究及解答小学教育的实际问题、辅导小学教员进修，借以改进小学教育为目的。主要担负着征集研究小学教育的实际问题、解答小学教员所提出的关于小学教育之疑难或问题、通信指导小学教员进修和教育实验等任务。同时，通信研究处还招收两种"研究生"，一种为仅能提出问题由研究处予以解答的普通研究生，一种是除予以解答问题外，还要以通信方式修习研究处设立的儿童心理、教育心理等课程的特别研究生。研究处将学生通信提出的问题分为行政、管训、教学、社会活动四大类，所有问题都按照《问题审查之标准及处理办法》经过认真审核登记后，分发给解答者。由于工作突出，受到国民政府教育部明令嘉奖。

（三）促进西部社会教育发展

抗日战争时期，国民政府明令各级学校推行社会教育，以提高当地普通民众的文化水平，起到"文化扶贫"的作用。1940年，国民政府教育部公布《师范学院辅导中等教育办法》，规定师范学院要组织辅导委员会，研究地方

---

① 优良中学教部予以奖励［N］.中央日报，1940.6.7.

教育或中等教育设施改进计划，调查师资供求以便统筹招生，指导教育实习、开班暑期师资培训、办理研究刊物等。1941 年，国民政府教育部按全国 7 所师范院校所在地划分了 7 个师范学院辅导区，河南、陕西、甘肃、青海、宁夏、绥远为西北师院辅导区。西北师院根据自己的学科特点，确定了以培养教师、指导现任教师进修和辅导各省改进中等教育为主的教育任务，同时，"各省立中学给西北师院提供了学生实习的便利，并由西北师院区中等教育辅导委员会聘请本校教授为辅导专员，或由各省教育厅聘任本校教授为督学，以便于到各省中学实施辅导。"① 以此达到各个教育系统的有机协调和良性循环。

学校通过举办民政学校，民众小报、初高级家事讲习班、组建乡村社会服务队、举行通俗演讲和社会调查等方式方法，扎实推进社会教育，成效显著。1941 年，学校成立了"乡村社会教育施教区"（后改为社会教育实验区），将本校学生组成工作组，开展社会教育和兵役法宣传，讲授卫生与科技等知识。1943 年，西北师范学院与兰州市政府合作，划定东至徐家湾、西至安宁堡为社会教育和国民教育实验区域，在学校附近的孔家崖中心学校设立实验区办事处，以十里店为中心，从事城镇社教方法实验；以孔家崖为中心，从事乡村教育实验。该实验区由校、市两方聘任王镜铭先生为主任，以弥补过去偏重学校教育、忽视社会教育，偏重城市教育、忽视乡村教育的缺陷，在实验区内实行平民教育、民众教育和社会教育，开展乡村建设运动，以努力唤醒民众、提高文化水平为主要任务。此外，西北师范学院还设立民众教育馆，办有民众学校、阅览室外，在满足当地群众的多种实际需要、丰富文化娱乐等方面做了很多工作，如"开设民众代笔处、问事处、简易诊所、乡民体育场和游乐室等，深受群众欢迎。"②

国立西北师范学院在西北高等教育现代化过程中具有十分重要的促进作用，然而，抗日战争时期的高校"内迁"只是一时的繁荣，与抗日战争结束

---

① 刘基. 西北师范大学校史（1902—2012）［M］. 教育科学出版社，2012.
② 国立西北师院乡村社会教育施教区开幕典礼志盛［J］. 教育通讯，1941（2）.

后的"外迁"形成鲜明对比，造成了教育的"虚假现象"。① 当教育中心转移在新的历史条件下再次发生时，势必会对一时繁荣的教育基础予以否定。抗日战争胜利后，几乎所有内迁的高等学校又从西部迁出，使这些地区的教育有时过境迁、"人去楼空"之感，使一时的教育繁荣失去了在本地区生存的基础。这可以说是异文化和异水平文化背景下教育之间相互影响的一个基本规律和基本现实。

第三节　甘肃高等教育的多元化发展

中国自古以来就是一个统一的多民族国家，"各民族在自立发展基础上的融合发展是构成统一多民族中国边疆的基石。"② 历代统治者制定的民族政策在保持统一的基本前提下，对少数民族和民族地区都采取了不同于汉族的管理政策，"修基教不易其俗，齐其政不易其宜"，民族政策在实践过程中不断加强、健全和完善。鸦片战争之后，中国在帝国主义的争相蚕食下，边疆危机进一步加重，沙俄不断煽动民族分裂，策动"独立""自治"，进而企图吞并蒙古，以达到占领与俄国接壤的几个省份。同时，清政府的衰微引起了英国对西藏的觊觎，1904 年 5 月，英军占领江孜，8 月侵入拉萨，9 月 7 日，驻藏大臣有泰与英国上校荣赫鹏私自签订出卖民族利益的《拉萨条约》。因此，西北边疆的安定与发展关系到国家的安全和稳定。"西北为各民族聚处之地，汉、满、蒙、回、藏五族，并而有之，不啻五族共和之缩影，吾人若徒坐言民族问题之理想场所，如何融洽，如何提携，如何齐一步伐，共同努力于国家之统一与富强。"③ 国民政府对此也有所认识，"我国受国际帝国主义者之包围，已经到了四面楚歌的时候，为巩固国防，繁荣边地，杜绝列强

---

① 孟立军. 抗战时期教育中心内移及其对民族教育的影响 [J]. 中南民族学院学报，1995（6）.

② 马大正. 刘逖. 二十世纪的中国边疆研究——一门发展中的边缘学科的演进历程 [M]. 黑龙江教育出版社，1998.

③ 黄慕松. 西北文物展览会与开发西北，秦孝仪. 革命文献（第 88 辑）[G]. 中央文物出版社，1981.

侵略，开发西北非办不可。"① 同时，西北各民族因风俗、语言、文字、宗教诸方面的迥异，和民族离心力的强化，要消弭民族间的隔阂和矛盾，使各民族间获得真正的调和，应遵循各民族一律平等的精神，积极发挥教育的融合作用，应"以教育的力量打破民族的鸿沟。"② "开发西北以民族教育为先决条件"，"苟不使各民族教育平等，智能平等，则一切平等之基础无由建立。不平则鸣，鸣必骚动，此历来边疆骚动之总因也。"③ 发展民族教育是解决边疆问题的最佳途径，通过教育提高少数民族人口素质，在文化上增强各民族之间的包容性，在经济水平上缩小与汉民族的差距，以达到共同发展的目的。

一、民族高等教育：甘肃高等教育的内在需求

（一）民族教育实施办法

《中华民国临时约法》第五条规定，"中华民国人民，一律平等，无种族、阶级、宗教之区别。"在这种指导思想下，中华民国政府制定和推行了一系列民族政策和民族教育政策，并随着各种新式教育在民族地区的开展，使得边疆教育得到了空前发展。1912 年，中华民国政府在内务部设立蒙藏事务局，负责掌管内蒙古、西藏等地少数民族事务，颁布《蒙藏学校章程》，确定了新的教育宗旨："注重道德教育，以实利教育、军国民教育辅之，更以美感教育完成其道德"。1914 年，袁世凯改蒙藏事务局为直属大总统府的蒙藏院。1929 年 6 月，通过《关于蒙藏之决议案》，为蒙藏教育具体规定了学校的设立、经费的确立、教育的研究、行政管理机构的建立以及学生的优待等事项。根据这一决议，国民政府教育部于 1930 年成立蒙藏教育司，拟定改良蒙藏教育的工作大纲，制定发展边疆教育的各项法规条令，并开始为边疆民族教育划拨经费。同年，国民政府第二次全国教育会议通过《蒙藏教育

---

① 王聪之. 开发西北与革命 [N]. 西北，1929 (1).
② 赵镜元. 新疆事变及其善后 [N]. 新中华，1933.
③ 马霄石. 西北开发之先决问题 [M]. 青海印刷局，1936.

实施计划》，这个计划对发展蒙藏族各级各类教育有着具体规定的同时，对教育行政管理、教育经费预算和教育图书杂志的编印等作了相关规定。在实施高等教育方面，要求在一些国立大学筹设蒙藏班或设立维文学系及讲座，为少数民族学生入学提供方便。1936 年，"国立中央大学制定收录待遇蒙藏学生暂行办法 14 条，国立北平师范大学拟定收录待遇蒙藏族旁听生办法 7 条"[1]。1939 年 4 月，第三次全国教育会议通过《推进边疆教育方案》，确定实行边疆教育的方针及各级教育中心的目标。高等教育应以养成国家建设之各项专门人才为目的，"专科以上学校应多设边疆学生公费名额；对边疆各级学校学生津贴补助费，应统筹从优拨发，俾维最低生活；以便安心向学，并提高边疆各级学校教职员之待遇，以鼓励有志青年踊跃参加边疆工作。"[2] 1940 年，国民政府教育部成立边疆教育委员会，制定《各边远省份边地教育委员会组织纲要》，规定各民族省份分别成立边地教育委员会。研究边地教育办理原则及各项实际问题，审议推进边地教育各种方案，建议调整各边地教育事业机构等。

1931 年，国民政府规定，中央在国库中或庚子赔款中提出部分资金作为发展边疆教育之用途，"确定与增加边疆省教育行政机关之经费；筹措边疆各地方之民众教育及义务教育经费；各县区地方教育经费之增加。教育部订定边疆教育实施原则"[3]。1935 年起设边疆教育专款，除中央拨款 50 万元之外，从中英、中美、中比等庚款分配用于义务教育项下加拨 20 万元，补助各边疆省发展教育。受到补助的省份有"宁夏、甘肃、青海、新疆、西藏等 15 个省。"[4] 1939 年起采取中央直辖政策，由教育部择定地点直接办理，同时仍补助地方，补助标准为各省设校数量、班级及学生的比例。边教补助费开始由教育厅转发，后来直接拨给各地方边教事业机关，各校图书仪器由国民政府教育部统筹购发。

① 新西北．第 8 卷第 3 期．1940：32.

② 张羽新，张双志．第三次全国教育会议关于推进边疆教育方案的决议案 [G]．民国藏事史料汇编．第 6 册．学苑出版社，2005.

③ 中华民国史档案资料汇编 [G]．第 5 辑第 1 编．教育（二）．江苏古籍出版社，1991.

④ 熊明安．中华民国教育史 [M]．重庆出版社，1997.

国民政府教育部规定对国立各级边地民族学校的职员待遇，除按一般学校教职员标准给予应有待遇外，从 1942 年起，按各校教职员学历、服务年限及工作成绩，发放"边疆服务津贴"。1944 年改发奖学金，但因通货膨胀，教师的生活仍十分艰苦，师资仍然十分紧张。1946 年，国民政府教育部从边疆民族地区实际出发，制定《国立各级边疆学校教员服务奖励办法》，规定凡在国立各级边疆民族学校服务的助教职员，其月薪一律增加 10%，如果服务成绩优良，应给予年终加俸。规定凡连续服务满 5 年的教职员可申请休假或进修，期限均为 5 年，在休假或进修期间，原薪及各项补助或津贴一律照旧。规定国立各级边疆民族学校教职员如有家眷在学校所在地居住时，学校应免费供给房屋及煤炭，如供应有困难时应改发津贴。单身教职员每满 2 年还乡一次，携带眷属的教职员每 3 年还乡一次，均可申请补助往返旅费。以上办法实施后，对国立各级边疆民族学校的教职员长期在民族地区工作起到了良好的鼓励作用。

国民政府教育部于 1937 年颁行《补助蒙藏回学生升学内地专科以上学校办法大纲》，规定凡考入或已在公立及已立案的私立专科以上学校肄业的蒙藏新疆学生未享受其他公费待遇者，均可申请常年助学金。1939 年，蒙藏委员会和教育部制定《修正待遇蒙藏学生章程》，规定来京及在各省学习的蒙藏族学生，均由各盟旗、亲（县）等各地方官署、各级蒙藏学校及其他涉藏地方省、县向蒙藏委员会保送，蒙藏委员会对保送入专科以上学校学习的学生，由国民政府教育部考核转送适当学校学习。并规定，专科以上学校对蒙藏族学生要从宽录取，或单独举行入学考试；入学考试不及格者，先收作旁听生，旁听一年成绩及格者，转为正式生，入学考试不及格且不能旁听者，指定学校予以补习。同时规定在专科以上学校毕业的蒙藏族学生，可由蒙藏委员会和国民政府教育部择优介绍工作，或回原籍服务。

1943 年规定学业成绩甲等者补助 460 元，乙等 400 元，丙等 340 元，并视生活状况酌量增补。同时，还可申请奖学金、膳食贷。1939 年 5 月蒙藏委员会《修正教育部补助蒙藏回学生升学内地专科以上学校办法大纲》补充规定，经核准补助学生，第一年第一学期每名补助 180 元，其学业成绩操行成绩呈送国民政府教育部备考，以后每学期均按上学期成绩分别补助。成绩甲等者，每名每学期补助 280 元，乙等 230 元，丙等 180 元。补助经费由国民政府教育部按月拨交该生所在学校转发。成绩不及格者，予以减少、停止或追回补助费。同年颁布《待遇蒙藏学生章程》，规定专科以上学校毕业之蒙藏学生，由蒙藏委员会暨国民政府教育部择优介绍各机关或分发蒙藏各地方服务。① 1947 年分为升学优待与专款补助两种。边疆学生升学从宽征试，成绩不及格者作为特别生，经特别补习修完 1 学年，成绩合格改为正式生。师范生除免收学宿费、膳食费、服装费、书籍费外，还发零用金。

（二）甘肃地区民族教育的推动

1917 年 8 月，甘肃省教育厅成立，内设学务、总务两礼，共分八股。学务科内设民族教育股，标志着甘肃正式有了民族教育管理机构的设置，1931 年，甘肃省教育厅增设第三科，专管社会及民族教育事务。次年，省教育厅修正组织规程及办事细则，仍下设三科，其中第二科分管全省学校教育，民族教育也由该科兼管。由于事权不能统一，办事颇多掣肘，民族教育管理十分混乱。"推近年来，每逢各县教育局长任满改选，经厅令遵办时，各县县长往往迁延时日，久不呈荐。即呈荐到厅，其资格学识，或多末当，甚至只举接近县府者一二人，不顾教育上之人才，以致地方学务废弛，或枝节横生，控案迭起，教育前途，颇受影响。"②

民国时期甘肃省民族教育主要集中在初等教育和中等教育上，高等教育的发展相对迟缓，且多以"输出型"为主。1944 年，国民政府教育部令中央大学和西北大学首创边政学系，隶属文学院和法学院，于同年秋季正式招生，学制 4 年。规定边政学系学生一律享受师范生同等待遇。课程设置从边疆少数民族的政治制度、社会、民族语言、历史、地理、宗教等实际出发，具有突出的民族特色。第一学年开设的课程一般为文科基础理论，第二学年开始学习民族语文课，要求每个学生在蒙、藏、维吾尔三种民族语文中，必须选

① 民国治藏行政法规［M］. 五洲传播出版社，1999.
② 甘肃教育厅编审委员会. 甘肃教育概览［M］. 1936：21.

习一种，学习3年，直到毕业。由于选学民族语文的不同，必修和选修课程各有不同（见表5.9）。例如，在学习民族历史课程方面，根据各组所学民族语文不同，学习蒙古语文的学生选学蒙古族史，学习藏语文的学生选学藏族史。

表5.9　　　　　　　　　　　　　　边政学系主要课程

必修科目	科学概论、普通数学、普通物理学、普通化学、普通地理学、普通生物学、地学通论、普通地质学（以上8种任选1种）。 社会科学概论、社会学、政治学、心理学、经济学、法学概论（以上7种任选2种）。 边疆学概论、中国边疆地理、中国边疆历史、边疆语文（蒙藏回任选1种）、民族学、语言学、边疆社会、边疆社会调查、边疆实习研究、毕业论文
选修科目	中国边疆教育、民俗学、社会心理学、蒙古史、康藏史、突厥史、印度史、中亚诸国史、考古学、人类学、比较宗教学、回教史、喇嘛教史、土耳其文、阿拉伯文、印度史、俄文、日文、英文、边疆国防地理、边疆经济地理、边疆经济制度等

资料来源：国立西北大学概况.1947：11.

中央大学边政研究室搜集了大量有关西北各民族的文物及图书资料，并开发研究报告、翻译名著、编辑字典与开展实地调查研究活动等。按照教学计划规定，边政学系学生在第二学年进行边教实习，第三学年进行边政实习。如西北大学边政学系选学藏语文的20余名学生深入甘肃、青海等地实习，并在"藏语文、民族政治、宗教教育等方面进行了综合性的实地调查。"[1] 继西北大学设立边政学系之后，兰州大学也创办了边疆语文系，隶属文学院，该系下设蒙古、藏、维吾尔三个民族语文专业组。以藏语文专业组为例，1947年招收第一届学生，至1948年底共有学生19人。边疆语文学系十分重视图书资料的建设工作，先后收集整理藏文图书资料290余函，"从青海塔尔寺及甘肃拉卜楞寺等一些藏传佛教寺院印制了藏文经书，又从北平雍和宫购置了藏文书籍，为教学提供了丰富的图书资料"。[2] 同时，学校招收了部分来自青

---

① 边疆通讯.第5卷.第8-9合期.1948：25.
② 和平日报.1949.1.9.

海、新疆、宁夏等省的少数民族学生。1947 年，国立兰州大学根据国民政府西北行辕为救济新疆青年学生的要求，在文理学院专门开办特别先修班，招收来自新疆的边疆各族学生 37 人，其中，锡伯族 4 人，回族、索伦族各 1 人，华侨学生 2 人。1948 年，学校共有回族学生 26 人，除地理系 1 人、数学系 2 人外，其余均在文科各系。

以上办法实施多年，产生了良好的效果，甘肃蒙、藏等民族学生进入中央大学、西北大学、西南大学等专科以上学校学习者较多，培养了一批少数民族人才。据统计，从 1937～1942 年，"经教育部补助升入中央大学、西北联大、西南联大、西北技艺等专科以上学校学习的少数民族学生达 155 人。"[①] 其中甘肃省及西藏、新疆等自治区的少数民族学生占绝大多数。

（三）甘肃民族教育实施效果

20 世纪上半叶的中国，正处于持续转型和改革的阶段，旧时代实行的政策已不能适应时代的发展，孙中山提倡的以民族平等为基础的民族政策，成为时代的最强音。孙中山的民族思想超越了中国历代统治思想，第一次将少数民族具有与汉族平等的权利写进了法律，具有历史的巨大进步性。实施边疆民族教育，不仅具有重要的国防意义，还有力地促进了经济协调发展、人口素质改善等。边疆不仅是国防军事要冲，还是国防物力和人力的供应所，边疆丰富的自然资源和边疆人民吃苦耐劳的精神，是抗战的持续补给力量所在。民族平等是少数民族的政治权利诉求、教育文化发展的新路径。如在议会中特为各少数民族保留固定名额、为少数民族代表留有固定席位、设置蒙藏委员会专管民族事务，并直接创办和管理民族教育机构，切实推动了边疆民族教育的发展。尤其是通过创设边疆师范学校，补助各省边地师范学校，委托有关高校培训边地师资等措施，极大地缓解了边疆民族教育师资奇缺的问题。

然而，甘肃在实施边疆教育过程中也存在着诸多问题。第一，学校数量不足以满足民族地区发展之需求，边疆职业学校多数为初级实用性质，以农

---

① 教育部蒙藏教育司. 边疆教育概况 [M]. 1943：122.

垦、畜产为多，由于招生困难，学生程度较低。"此种办法，实乃艺徒制之改进，为边地职校特有之办法。"① 第二，学校管理混乱，1944 年之前推行边教的管理机关有蒙藏委员会、中央政治学校、中央组织部等，不免有重复设校之弊。第三，教材方面，国民政府教育部虽有课程标准的制定，还有国立编译馆做编审工作，但这种"教材划一"的办法并不符合我国地域辽阔、南北不同的国情，"不仅内地标准不合边地情形，即蒙与藏、藏与回、回与蒙之间，亦相互悬殊。"说明国民政府对边疆地区的实地调查研究、比较分析还不到位。边地语文与各级学校课程如何配合，如何适应边地需要也是课程编制面临的一项悬而未决的问题。第四，师资培养困难。许多在内地受过高等教育的毕业生多不愿前往边疆，有学者建议将边教师资培养机关设在边地的中心地点，以便留住人才。所以说，初期的边教事业均属于试验性质，无成规可循，每设一校，不能不顾及其特殊使命，遂使同类学校课程学制不免互异，而职业学校科系名称之繁，且无统一之标准等。对于这些问题，政府和学校虽屡经改善，但由于边地环境之特殊，以及人力财力之不殆，往往事半功倍，鲜有成效。

二、职业教育：甘肃高等教育的基本要素

古代的中国文明曾长期行走在世界前列，据 1975 年出版的《自然科学大事年表》记载，明代以前，世界上重要的创造发明和重大的科学成就大约有 300 项，其中中国占 175 项，充分说明中国很早就有了发达的农业和手工业。然而，我国传统的自给自足的小生产格局几乎千余年未有变革，很多技术和工具带有浓厚的经验总结色彩，加之传统的重道轻术、重农抑商思想，越发巩固和稳定了集权制和庞大的官僚系统。与此同时，西方国家正经历着工业革命的巨变，走上了工业强国和侵略战争的道路，中国这才开始不得不被动学习西方。这种学习首先集中在实业，"士有格致之学、工有制造之学、农

有种植之学、商有商务之学、无事不学，无人不学"① 这种思想影响了以孙中山为首的资产阶级革命派，他们强调必须"取法西人的文明而用之""择地球上最文明的政治法律来救文明中国"②，发展出一套完整的实业教育思想理论体系，并体现在各级教育中。

职业教育是指给予学生从事某种职业或生产劳动所需要的知识和技能的教育，受过良好职业训练的劳动后备力量对一个国家和民族的现代化具有十分重要的意义。中国最早的职业教育体系始于 1902 年的《钦定学堂章程》，1903 年在《奏定实业学堂通则》中提出，"实业学堂所以振兴农工商各项事业，为了富国裕民之本计，其学专求实际，不尚空谈，行之最为无弊，而小试则有小效，大试则有大效，尤为确实可凭。"③ 癸卯学制对农工商各级各类实业学堂和艺徒学堂的入学条件、学制、培养目标等都做了明确规定，还设立了为实业学堂培养师资的实业师范学堂。1913 年，中华民国颁布《实业学校令》，规定实业学校以教授农工商业必需之知识技能为目的，分甲乙两种。甲种施以完全的普通实业教育，乙种施以简易的普通实业教育。嗣后又公布《实业学校规程》，规定实业学校分为农业、工业、商业、商船及补习学校数种，还规定了设置女子职业学校。1917 年 5 月，黄炎培等人联合教育界等 48 人在上海发起创办中华职业教育社，将实业教育正式更名为职业教育。

（一）农业职业教育

甘肃农林教育创始于 1907 年，兰州道彭英甲于省城西门外贡院地方创办农林学堂，这是甘肃最早具有近代技术课程的中等农业专业技术学校。学堂分预科和本科，本科设农业、林业和桑叶三科，预科 2 年，升入本科后再学 2 年方可毕业。开设有国文、历史、地理、农林、日文、英文、番文（藏文）、体操等课程。学堂附设农业试验场，分林业苗圃和蚕业桑园两部。学堂和试验场的结合成为清末农业教育的一大特色。1906 年，甘肃农工商矿总

---

① 郑观应．盛世危言［M］．正续编卷二．上海古籍出版社，2008．
② 孙中山．孙中山全集（第 1 卷）［M］．中华书局，1981．
③ 舒新城编．中国近代教育史资料（中册）［M］．人民教育出版社，1961．

局征购了兰州西关甘肃贡院附近土地 70 余亩，成立了甘肃农事试验场。当时曾进行农作物品种选育、栽培技术、肥料种类、病虫防治等方面的试验，从国内外引进粮食作物、经济作物、蔬菜、果树等农作物品种 37 种，并在此设立兰州农务总会，开展对全省土壤、物产和气候的调查以及对甘肃农业的研究。

"壬子癸丑"学制颁布后，规定农业分为大学农科三年、农业专科学校三年和农业教育养成所，其中，"农业教育养成所主要培养甲种农业学校教员，修业 4 年，科目参照农业专门学校，酌加教育学、教授法等。"①《大学规程》第 12 条规定，农科分农学、农艺化学、林学、兽医 4 门。农学门有植物生理学、农学总论、植物病理学、土壤学等 36 科目；农艺化学门有农学总论、有机化学、分析化学等 30 科目；林学门有森林测量学、森林保护学、森林植物学等 41 科目；兽医学门有解剖学、组织学、生理学等 40 科目。修业年限为 3 年。但由于这个学制严重脱离我国实际，成效不大。

国民政府时期，全国有农科大学 8 所，农林专科学校 4 所。1917 年，甘肃省成立甲种农业学校，1924 年 4 月改名为甘肃省立农业学校，1926 年 8 月改名为甘肃省立职业学校，1927 年 5 月改名为甘肃省立农科职业学校，1929 年 3 月改名为甘肃省立第一农科学校，1936 年 1 月改名为甘肃省立兰州农业职业学校，校址迁兰州市红山根何家庄 8 号。这是甘肃省较早的农业教育尝试。直到 1932 年，为响应和遵照中央全国普设农、工、医的决议，甘肃省政府于 1933 年秋批准甘肃学院成立农学专修科，是为甘肃最早的高等农业专科。邓春膏院长秉承"以教授农业应用科学，养成农业技术人才为宗旨，施教方针，学理与实验并重"② 的教育方针，开辟了兰州市雁滩中河滩的荒地作为农学专修科农场。并向建设厅承租黄河北庙滩子农场 183 亩，在其旁重修灌田水车一架，农场内辟实验区、繁殖区、经济区三个部分。1939 年，甘肃学院农学专修科并入新成立的国立西北技艺专科学校，先后设农艺、森林、畜牧、兽医、农业经济和农田水利等科。曾济宽任校长。11 月底日寇飞机先

---

① 舒新城编. 中国近代教育史资料（中册）[M]. 人民教育出版社，1961.
② 兰州大学档案 6—（2）—134（国立兰州大学）.

后空袭兰州，校舍被炸，1940 年学校迁址西果园新址办学。1945 年 8 月，学校奉教育部令改名为国立西北农业专科学校，由国民政府及教育部直接领导，甘肃省政府协助办理。先后设有农艺、森林、畜牧兽医、农田水利、农业经济五科，修业 3 年一贯制和 5 年一贯制两种，3 年制招收高中毕业生，5 年制招收初中毕业生，不招收同等学力者。学校成立之初，许多教师均由西北农学院支援而来，如齐敬鑫、许康祖、孔宪武、路葆清、朱立煌、杨志农等。西北农业专科学校的建立，使甘肃在抗日战争时期有了一所独立的高等农业专科学校。1939 ~ 1949 年，学校培养了一批高级农林牧业多学科的专门人才，服务于甘肃和西北的农林建设事业。

（二）畜牧兽医教育

畜牧业生产历来是西北各少数民族的生活方式和经济支柱。甘肃省是全国四大牧区之一，畜牧业在农村经济中占有很大比重，新中国成立前，畜牧业占国民经济的 20%。但长期以来，由于落后的经营治理方式和军阀混战，导致草原植被大面积毁坏、牲畜大量死亡，尤其是遇到自然灾害时，遭受的损失更大。仅在 1920 年的大地震中，海原县损失了 65 万只羊，约占总数的 2/3；靖远县损失羊羔 40 万只，约占总数的 1/3。对此，国民党农林部部长陈济棠在 1940 年 7 月的政府工作报告《抗战四年来之农业》中称："兽疫为畜牧事业之最大障碍，吾国各地农民牧民，不知家畜卫生及管理方法，家畜之每年死于疫病者，仅牛瘟一项，据中央农业实验所之估计，年达五十万头以上。抗日战争以后，政府为增加后方的生产起见，对此颇为注意，一切设施，略可分别制造血清病菌苗，实施预防治疗，注射及训练人员等项。"[①] 时人认为，"开发西北，应改良畜种、促进畜产，改游牧为土住，使每户都互相帮助生产，稳定生计，然后再进一步教他们农事，让蒙藏民族感到开发西北，并非含有排斥的性质，乃为一谋福利之事。""西北的天气寒冷，能刺激牲畜体格，助于消化；水中含矿物质较多，对牲畜皮革骨骼发育旺盛；西北地多含碱、水中含有碱分，能促进消化；西北大多数居民都从事畜牧事业，

---

① 秦孝仪. 抗战建国史料——农林建设 ［G］. 革命文献（102 辑）. 台湾中华印刷厂，1985.

日常生活品都是牲畜所生产的；从对外贸易上观察，皮毛牲畜肉类有一跃而居中国对外输出第一位的趋势，其来源多由西北的陕西甘肃两及西康青海等地方"。因此"畜牧业稍加改良，则成效立见，垦殖则用数十年才能见效等比较，西北适宜牧畜"。①

抗战伊始，为恢复和发展畜牧业生产，全国经委会拨款 40 万元设立西北改良畜牧总场。1937 年，国民党中央组织部在甘南夏河拉卜楞创办了一所边区初级职业学校，培养畜牧、医疗、制革等技术人员，这应当为甘肃近代学校专业畜牧教育的开端。1938 年秋甘肃省政府成立甘肃农业改进所，1939 年国民党军政部在西北建立了山丹、永登、洮岷和贵德 4 个军牧场，从国内外引进种畜进行选育军马。成立国立西北技艺专科学校（后改名为西北国立农业专科学校），内设畜牧、兽医两科。1941 年 9 月，西北考察团团长罗家伦在对西北进行考察后所做的报告中谈及畜牧经济时提到，"西北畜牧事业，首在防疫，而改良畜种次之，故须相当注意防疫人才及防疫机构之加强。"②为此，1943 年，国民政府教育部延请美国畜牧专家蒋森教授等来西北考察畜牧事业，并作畜牧技术讲解，组织西北兽疫防治处、西北羊毛改进处等甘肃农牧单位相关人员 250 名参加听讲，传授畜牧兽医技术。拟定"在甘肃山丹、松山、青海三角城、贵德、湟源、宁夏定远营、贺兰山农林局进行考察讲学49 天。"③ 并与西北羊毛改进处合作举办了 4 期畜牧兽医人员的培训，培养100 余人。此外，在甘肃地方举行畜牧兽医培训班，开展职业教育，加强畜牧兽医人才的培养。1944 年正式成立甘肃省畜牧研究所，原农业改进所畜牧兽医科技人员全部调到该所，汪国舆继任所长。抗日战争胜利后，甘肃省畜牧研究所大部分科技人员返回上海、南京，该所工作处于停滞状态。1946年，国立兽医学院成立后，甘肃省农改进所畜牧兽医科技人员全部并入该院。这些机构的设立，对加强政策引导、提供畜牧贷款、改善饲养管理等起了指

---

① 蒙民. 开发西北与牧畜 [J]. 开发西北，1934 年第 1 卷第 3 期.

② 罗家伦. 西北考察报告——国防建设总论. 罗家伦文存（第 1 册）[M]. 中国国民党中央委员会党史委员会出版，1976.

③ 甘肃省档案馆藏. 为蒋森菲利浦两位教授来西北讲学座谈记录. 1944. 5. 22. 西北兽医防治处. 档案 30 – 1 – 509.

导性作用。抗日战争期间，畜牧兽医科学力量云集西北，使西北畜牧兽医业有了很快发展。这期间，甘肃成立畜牧兽医研究所，该所研究员邝荣禄博士运用山羊血清素防治牛瘟取得了良好的效果，"其免疫力强、免疫期长、成本低廉、应用方便，实为我国预防牛瘟辟一新纪元。"①

1946 年 8 月，国立兰州大学成立时，特设兽医学院，下设解剖、生物化学、畜牧等 11 个专业，并聘请留德的第一位兽医学博士盛彤笙为院长。1945 年抗日战争胜利后，美国科学考察团来西北地区考察，提议应在西部创办一所畜牧兽医教学机构以适应开发草原资源发展畜牧业的需要，并表明联合国善后救济总署可以在仪器设备方面给予大力支援。1946 年，国民政府教育部决定以兰州大学兽医学院为基础，独立设置国立兽医学院，仍聘盛彤笙为院长。为筹建兽医学院，国民政府教育部专门聘请联合国善后救济总署中国分署兽医主任史丹福、兰州大学校长辛树帜、国防部兽医总监崔步瀛、农林部畜牧司司长虞振镛、中央大学畜牧兽医系教授盛彤笙 5 人组成筹委会，由辛树帜和盛彤笙主持筹建。建院伊始，学院收购了西北兽医防治处小西湖牧场作为院址，占地 210 亩，于 1947 年陆续修建教学大楼伏羲堂、家畜病院、图书楼、教授宿舍楼、学生、员工宿舍、食堂、水塔、马厩、牛舍牧草试验场，学院初成规模。国立兽医学院成立后，国民政府教育部原定拨给外汇 10 万美元向国外订购仪器、药品，后因忙于内战，减至 1 万美元。此外还得到联合国教科文组织 1000 多美元，以及国民政府教育部医学教育委员会分配器材数批，共 30 余吨，于 1949 年辗转抵达兰州。学校于 1946 年 9 月开始招生，首届招收本科生 48 名，修业年限为 4 年。同时，学院还出版《兽医细菌学实习指导》《家畜传染病学》，以及院刊《国立兽医学院院刊》。截至 1949 年前夕，学院"有校舍 15 栋，占地 37 亩，教授 5 名，副教授 4 名，讲师 3 名，助教 14 名。在校学生 4 个班共 71 名。"②

甘肃国立兽医学院的创建是国内首座高等兽医学院，结束了甘肃没有高

---

① 罗舒群.民国时期甘肃农林水牧事业开发状况研究［J］.甘肃社会科学，1986（3）.
② 盛彤笙.西北畜牧兽医学院.中国畜牧兽医协会编.中国近代畜牧兽医史料集［C］.农业出版社，1992.

等畜牧本科教育的历史。中华人民共和国成立前夕，西北长官公署多次命令兽医学院迁往青海，并进行威吓胁迫，并以学校大楼和房舍有碍作战为由，扬言必须拆除。全院师生员工对长官公署企图破坏学校的阴谋无比痛恨，随即组织护校，以搬迁不便为由拖延，并秘密将图书、仪器等抢运到兰州大学安全存放，进行了积极的爱校护校活动，保护了学校的有生力量，发展了甘肃的兽医教育和畜牧事业。首先，在疫情防疫方面取得巨大进展。用疫苗、血清进行畜疫防治取代从前农牧民每当发生疫情总求助于寺院祈祷、巫医等做法，解放了人的思想，发展了社会生产力。其次，使用人工授精技术进行畜种改良与繁殖，改善了西北本地马匹的种群质量。最后，在饲养方式上，由原来的游牧向圈养过渡，鼓励牧民修建圈舍、储草御灾，提高了对灾害的防御程度。然而，从人才培养的数量而言，情况并不容乐观，畜牧兽医学院在 1949 年前培养了约 70 名兽医人才，这对广袤的甘肃牧区而言，仍是杯水车薪，人才的匮乏仍然是困扰西北畜牧业发展的最大问题。

（三）医学职业教育

兰州虽为一省之省会城市，但其医疗卫生事业仍处在非常落后的境地，加上频繁的自然灾害，"既没有预防，更没有医治，寻常百姓得了病，都是非乞灵于符箓，即能名于巫现，死亡之数骇人听闻。"① 可以说，20 世纪二三十年代的甘肃经济枯竭、十室九空，各种疾病流行蔓延，缺医少药已经到了十分严重的程度，设立医学教育迫在眉睫。但这一愿景的实现直到 30 年代，随着国民政府教育部要求各省设立农学专修学校与医学专修学校的通令，才得以逐步实现。这一实现过程大致经历了四个阶段。

第一阶段为 1933～1942 年，此时期为医学专修科时期。由于甘肃省政府财政空虚无力筹拨款项，单独创设学校所需的设备和场所无力满足，经过一番考量之后，时任甘肃学院院长的邓春膏遂于 1931 年 10 月 8 日呈请甘肃省政府将设农医专科学校之款拨归甘肃大学设立医科与农科，如此"一则不负

① 杜鹏侠. 甘肃行 [M]. 甘肃人民出版社，2002.

教部之功令，再则适应甘肃之现状"。① 省政府于 1933 年春正式批准甘肃学院设立甘肃省历史上第一个医学专修科，首任医科主任宋子安。建院之初，邓春膏院长为筹得医疗设备，派事务长朱铭心到南京、上海等地募集经费，从中募得中英庚款董事会拨的 5000 元，得其医疗设备费 20000 元，这才初步建立起了一批实验室和设备。为解决学生的实习问题，甘肃省政府将中山医院拨归甘肃学院，供医学生实习。从 1934 年起，每天门诊人数 60 人左右，在兰州可算首屈一指，是当时兰州市声誉较高的一所公立医院。1933～1941年，共招收 3 届学生共 81 人，学制 5 年，其中 4 年专业学习，1 年医院临床实习，科主任为宋子安。医院专修科开设解剖、妇产科、眼科、耳鼻喉科、精神病、法医、理疗等 16 门课程。据 1941 年该科奉令独立设校前的统计，医学专业各学科共有 13 名专任教师，其中教授、副教授 5 人，讲师 3 人，教员 3 人。

甘肃学院医学专修科的建立虽然在很多方面并不具备办学的条件，开办过程也十分艰难曲折，但他的出现对于甘肃高等医学教育的发展却有着"划时代的意义"，标志着甘肃高等医学教育从无到有迈出了重要的一步。

第二阶段为 1942～1945 年国立西北医学专科学校时期。1942 年，应国民政府教育部要求，将甘肃学院医学专修科并入新建的国立西北医学专科学校。校长齐清心，教务长于光远，校址设在兰州市上西园。西北医学专科学校教学设备极为简陋，仅有 3 架显微镜及少量仪器，实验课利用教室进行，临床实习在兰州小西湖中央医院，由于校舍狭小，上课教室与学生宿舍均不敷用，其发展过程异常艰难。1942～1945 年，共招生 269 人。其中 4 年制 48人，6 年制 177 人，还有 1 年制调剂班、法医班 44 人。

第三阶段为 1945～1946 年国立西北医学院兰州分院时期。1945 年夏，国民政府教育部撤销国立西北医学专科学校建制，并入设在陕西的国立西北医学院，改名为国立西北医学院兰州分院，院长由著名生理学家宋濂接任。在此期间，国立西北医学院兰州分院除了学校更名与体制、领导更换以外，并无大的变动，共有学生 140 人。1946 年夏，国民政府教育部令国立西北医

---

① 兰州大学档案 6—（2）—208（国立兰州大学）.

学院兰州分院并入新成立的国立兰州大学。

第四阶段为 1946～1949 年国立兰州大学时期。1946 年，国立西北医学院兰州分院正式并入兰州大学，并将西康技艺专科学校的 32 名医科学生转入该院，改名为国立兰州大学医学院。为筹措经费发展医学教育，辛树帜校长于 1947 年春将国民政府教育部特拨兰大购置费的 1.5 万美元的 2/3 用于购置医学院教学实验仪器设备，国民政府教育部医学教育委员会将美国医药助华会捐助兰州医事中心 3 万美元中的 2.4 万美元也用来购置医学设备。至 1949 年，医学院教学、实验中所需的图书、仪器、设备得到了基本保证。在兰大校长辛树帜、院长于光远的积极呼吁下，1948 年国民政府教育部批准兰大医学院设立附属医院，由此医学院进入了稳定发展时期。

医学教育的发展，培养了一批专事医学的本科生和专科生，他们是甘肃医学人才群体中数量最多、贡献最大的一支力量。1932 年，甘肃学院宣布次年招收医学专修科学生。"1933～1948 年，共招收学生 559 名。"[①]（见表 5.10）。

表 5.10 医学院人才培养统计

校名	年度	学制	专业	科别	入学程度	招生人数	毕业生数
甘肃学院医学专修科	1933	五年	医学	专科	高中	46	
	1937	五年	医学	专科	高中	16	7
	1939	五年	医学	专科	高中	12	
	1942	六年	医学	专科	初中	58	11
西北医学专科学校	1943	六年	医学	专科	初中	62	
		四年	医学	专科	初中	28	
	1944	六年	医学	专科	初中	57	
		四年	医学	专科	高中	20	
		一年	调剂	班	高中	24	
		一年	法医	班	高中	22	

---

① 周正荣. 兰州大学校史医学编（1933—2004）［M］. 兰州大学出版社，2009.

续表

校名	年度	学制	专业	科别	入学程度	招生人数	毕业生数
西北医学院 兰州分院	1945	一年	调剂	班	初中	14	58
		六年	医学	专科	高中	30	
国立兰州 大学医学院	1946	六年	医学	专科	高中	56	14
	1947	一年	医学	先修班		35	18
		六年	医学	本科	高中	47	
	1948	六年	医学	本科	高中	32	17
合计						559	125

资料来源：周正荣. 兰州大学校史医学编（1933—2004）［M］. 兰州大学出版社，2009.

　　学科建设是一项持久稳定的发展过程，需要蓄积一定的基础才能获得长久繁荣。然而，甘肃省由于政局动荡不安、财政吃紧、人才消乏等原因，医学职业教育发展并不容乐观。首先，在医学课程设置和教学计划上，存在严重的随意性和不确定性，实际开设的课程往往与规定和需要常有出入，课时经常得不到应有保障。1946 年 8 月，兰州大学医学院成立之初，在课程设置上仅有一份医学院课程开设表，极为简略的说明每学期的开设课程和教学总时数，至于教育进度以及讲课和实习的比例、教学大纲等并无明确规定。许多课程需要按照聘请教师的时间来调整，教学内容也多为教师自编的讲义或课堂讲授笔记，医疗实习也据此安排在兼课教师所在卫生机构中进行。其次，招收学生较为困难，据统计，"中学毕业生升入大学者不足 10%，高等小学校升入中学者不及 5%，"[1] 然而就读普通中学者还是多数，读职业学校的是少数。最后，甘肃地区市场发育程度不高，现代经济工商部门陈旧落伍，缺乏市场对专业人才的需求，这也是导致职业教育发展缓慢的主要原因。

---

[1] 壮俞等. 最近三十五年之中国教育［M］. 商务印书局，1931.

小结：

1946 年，在国民政府教育部的支持下，以甘肃学院为基础，组建国立兰州大学。可以说，国立兰州大学的成立和发展过程充满了艰辛和曲折。一方面，甘肃省由于地处内陆，风气闭塞，各级各类教育发展十分缓慢，在兴学思想、生源质量上都处在被动和不利位置，另一方面，连年征战耗费了大量财力，致使教育经费严重不足，制约了学校的硬件设施建设，学科建设和优秀师资的延聘。然而，辛树帜校长以其虚怀若谷、以诚相待、热情诚恳的态度吸引了众多学者，他们不顾交通不便和环境艰苦，为国立兰州大学成为国内一流大学添砖加瓦。从 1916 年的甘肃公立法政专门学校的 35 名教员发展到 196 名教授的强大阵容，成为兰州大学教授数量和质量的鼎盛时期。辛树帜校长的"三件法宝"在兰州大学得到了传承和发扬，形成了特有的"兰大精神"，铸就了以"自强不息、独树一帜"为核心的精神品质和"扎根西部、心忧天下"的社会抱负。

抗日战争胜利不久，国民政府在制定文教政策上有了较大的调整，以保留、延续甘肃高等教育有生力量为主，同时在教育复员计划中提出"专科以上学校作合理之迁移与分布"的明确规定，教育界知名人士张伯苓、梅贻琦等教授也借此呼吁增强西部高等教育力量。最终促成战时新设于西部的 43 所高校中，除 9 所迁居他地或撤销外，其余 34 所都永久扎根在西部。其中包括西北师范学院，然而，作为高等师范教育的唯一血脉，要求复员的呼请和呼声十分强烈，尤其是在全国其他高校逐步复员的浪潮中，西北师范学院以北平师范大学校友会为主力，动用各方力量，影响当局决定。虽得以最终复员，但西北师范学院在兰州的力量被大大削弱，使教育部的初衷再次落空。

与此同时，甘肃高等教育逐步走向了多元化的发展路径，开启了高等农业教育、畜牧教育和医学教育，使各项高等职业教育初具现代性。至此，甘肃高等教育形成了以兰州大学、西北师范学院为主体的高等教育格局，在学校规模、学生人数等方面发生了实质性的变化，对当地经济文化等各项建设事业的发展起到了重要的支撑作用，然而，从抗日战争结束到新中国成立之前的几年时间里，中国的高等教育都经历了混乱再到最后彻底崩溃的发展历程，南京国民政府在"战争第一"的根本宗旨下，倾全国之力投入内战，留给教育的资源自然少之又少。虽然制定了一系列看似有效地促进高等教育发展的方针政策，可是未等实行，南京国民政府在大陆的统治即宣告结束。因此，对于这一时段甘肃高等教育所取得的成就需要客观看待，尤其是将其置身于中国社会对教育的需求做比较，或者是放在世界范围内做横向的断面比较，就会发现，看似繁华的教育仅仅只是与当时社会整体发展水平相匹配而已。

| 第六章 |
甘肃近代高等教育发展的审思

　　现代化是一个伴随知识增长及对人的各种行为方式的影响而连续变化的系列过程。在这个过程当中，传统社会作为一种相对静止的继承，在现代化的浪潮中不断得以更新和创造。在这种意义上，现代功能对传统体制的冲击就是现代化进程的核心。中国的现代化进程表明，传统的生活方式牢固的存在于统治者的思想中，现代性受到许多代人的有效抗拒。甘肃省作为内陆欠发达地区，其政治、经济、文化的发展受到颇多方面的掣肘，既有来自全国大环境的压力和弹跳，也有本地区复杂政治势力的纠葛和守旧力量的博弈，对甘肃脆弱的经济文化形态提出了严峻的考验。冰冻三尺，非一日之寒，甘肃省高等教育作为近代文明的一个缩影，在蹒跚的步履中缓缓前行，虽然时有停滞或倒退，但总的趋势仍在发展过程中。

　　法国历史学家雅克·勒高夫曾经说过，拒不思考历史的民族、社会和个人是不幸的。现代性脱胎于传统，传统与现代性不是截然分离的两个个体，传统文化作为一种文化遗产，在时代性、阶级性上必然与现代社会和现代化进程存在着矛盾与冲突，对现代化的进程有阻碍作用，这是走向现代化需要摒弃的，然而，传统并非一无是处，"之所以如此，是因为每一代人作为文化的创造者，都是从已有的传统文化出发，通过社会实践活动使传统文化得到扬弃：一方面使传统文化转化为自己现实生活的一部分，另一方面使传统文化得到改造并提高到更高的水平。"① 传统文化主要通过高等教育这一特殊载体得以传承和发展，高等教育通过培养目标、教学内容、教师群体和校园文化等对传统文化进行甄别和选择，并利用其人才荟萃的优势进行文化创新，这是传统文化得以存在和发展的关键，也是从传统走向现代的必由之路。

第一节　甘肃近代高等教育发展的举措

甘肃高等教育近代化的实现，是一个多因素、全方位的作用力结果，是裹挟在中国高等教育近代化发展过程中的一个子系统，既有甘肃高等教育自身的发展轨迹，也有大环境留下的时代烙印。甘肃高等教育近代化的发展历程并不是一帆风顺的、蒸蒸日上的过程，而是一个充满挫折和反复的过程。其起步晚是一个方面，然其起步后屡遭挫折，是一更大之不足。尽管早在清末就已经建立了新式学堂，输入了现代性，但其增长十分困难，要达到高度的现代化，甘肃高等教育经历了太长的时间历程。本节试从几个最基本的方面作一探讨。

一、借助外力，实现人的现代化

传统现代化被描述为是一系列中性的、可量化的指标，韦伯将现代性解释为一个理性化的过程，是从中世纪的神魅世界中脱魅，由人自己主宰自我的过程，人的理性代替超越性的意志，成为最终的行动合理性过程。其中，人的现代化是最关键的部分，"人对其环境的全部复杂性的理解和控制力的提高起着至关重要的作用。"② 美国著名现代化问题专家英格尔斯的研究说明，一个发展中国家可以从现代化国家引进作为现代化最显著标准的科学技

---

① 潘懋元，张应强. 传统文化与中国高等教育现代化［J］. 清华大学教育研究，1997（1）.
② ［美］布莱克. 现代化的动力［M］. 段小光译. 四川人民出版社，1988.

术，移植其卓有成效的工业企业的管理方法、政府机构形式、教育制度以至全部课程内容，但如果这个国家的广大民众缺乏一种能赋予这些制度以真实生命力的广泛的现代化的心理基础，如果执行和运用这些制度的人，自身还没有从心理、思想、态度、情感、意向和行为方式上都经历一个现代化的转变，失败和畸形发展的悲剧的结局都是不可避免的。具备这种心理基础的人，需要适合现代化所需要的各种素质，如文化教育素质、思想观念素质、身体心理素质等。因此，人的现代化是教育现代化过程中的关键因素，个人的现代化是社会现代化的前提。据英格尔斯等人的研究，人的现代性突出表现在见闻广阔、明显的个人效能感、具备高度的独立性和自主性、乐意接受新鲜事物等方面。

第一，人的现代性是超越文化和社会发展阶段的。按照英格尔斯等人的观点，人的现代性特征并非只在资本主义国家拥有，在殖民化国家、第三世界国家都是一样的。根据这一论点，甘肃近代高等教育过程中做出突出贡献的邓春膏、辛树帜、李蒸等人即是具备现代性的杰出代表，他们通过留学具有了广阔的视野，在管理大学过程中既能发挥自己的优势，也能客观对待周遭人物和环境，具备较强的个人效能感，并对新鲜事物保持了较高的兴趣。第二，人的现代性是超越政治形态的。尽管不同的政治形态对人的素质要求不尽相同，但在更多方面对人的素质要求是普世性的。甘肃近代高等教育正是处在新旧两种政治体制中，清朝末年和民国时期对人的现代性要求除了各自政治意识形态的需求外，在经世致用方面的需求是同样的。第三，人的现代性具有社会意义。个人现代性的获得意味着人的态度和价值观的改变，以及伴随而来的行为改变。抛却政治因素以外，现代人在很多行动领域的所作所为与传统人是不同的，这些行动加速实现了社会的现代化。甘肃学院院长邓春膏摈弃传统偏见，以自己亲自到教师课堂的听课效果和学生反映为准，毅然聘请在传统人眼中不合时宜的毛士莲女士；辛树帜校长力排众议，在招生录取上既要照顾本地人才，还以南京大学、重庆大学为标准录取，以此保证高质量的生源。"我们相信在态度和价值上的改变是实质性地、有效运转的最基本的先决条件之一，大部分实际的发展计划都打算建立这些现代的机构，"① 高等教育机构的良性运转离不开现代化的人。甘肃高等教育正是借着"留学生"的东风乘势发展，邓春膏、李蒸、辛树帜通过组织学社、创办刊物、兴办学校等措施，不断促进甘肃文化的创新和观念的变革，成为甘肃高等教育近代发展史上的最强音。

二、完善制度，推动社会整合机制

整合是现代社会的一项重要功能，教育各个层面分化的加剧，使得整合所面临的压力越来越大。"各种类型的教育活动整合于一个共同的制度框架，并不一定保证教育活动和教育产品在各方面供求过程中的协调和统一。相反，这些不同方面之间存在矛盾的可能性是它们相互作用的固有属性。"② 1904年，清政府颁布推行《奏定学堂章程》，即《癸卯学制》，建立了我国第一个系统衔接协调的学校教育制度。1905 年，建立专管全国教育事务的学部，成为中央行政部门之一。规定最高长官为尚书，副职设左右侍郎各 1 名，下有左右丞各 1 人，左右参议各 1 人，并配参事 4 人。机构内设普通、专门、实业、总务、会计五司和司务厅，设视学官和咨询官各若干名。学部作为中国近代第一个中央教育行政组织，在中国教育体制现代化过程中具有里程碑式的重要地位。

辛亥革命后，改学部为教育部。内设秘书、参事、视学、编审等处外，主要设普通司、专门司、社会司和总务厅，厅司之下分设若干科。各省主管教育的行政机构称为教育科，隶属于省民政司。1917 年 9 月，公布了《教育厅暂行条例》和《教育厅署组织大纲》，确定了教育厅的独立地位。1927 年，南京国民政府成立之时，实行大学区制，根据蔡元培的建议，改教育部为大学院，将此升格到与行政院几乎平行并列的地位。然而，这种制度在经济、

---

① ［美］英格尔斯与史密斯合著. 从传统人到现代人——六个发展中国家中的个人变化 ［M］. 中国人民大学出版社，1985.

② 艾森斯塔德. 现代化：抗拒与变迁 ［M］. 中国人民大学出版社，1988.

政治、文化尚未现代化的中国并不适宜，这种尝试也未取得成功，进入 20 世纪 30 年代后，大学院改为教育部，设总务、秘书、编审 3 个处，高等教育、普通教育、社会教育 3 个司。1928 年 12 月 11 日，国民政府公布了《教育部组织法》。规定教育部管理全国学术及教育行政事务：设部长 1 人，次长 2 人。下设总务司、高等教育司、普通教育司、社会教育司、编审处；并设大学委员会，决议全国教育及学术上重要事项。必要时得加设各种委员会。还设秘书 4~6 人，参事 2~4 人，司长 4 人，编审主任 1 人。该中央教育行政管理机构，成为南京国民政府教育部的原型。后经修订，增设了蒙藏教育司及华侨教育设计委员会。1947 年 2 月 12 日，教育部的机构再次变动。教育部在部长和次长之下的机构设置：秘书室、参事室、督学室、高等教育司、中等教育司、国民教育司、社会教育司、边疆教育司、总务司，国际文化教育事业处与教育研究委员会等。经过 10 次修订，教育部管理机构设置趋于合理，职责范围进一步明确，形成了比较完善的现代教育管理制度。

清廷成立学部之后，各省也成立了新的教育行政机构——提学使司，统辖全省学务。省内各州县成立劝学所，设总董 1 人。劝学所下分学区，每区设劝学员。1913 年，各省都督府改为省公署，教育科变更为省公署下的教育司，与内政、财政、实业 3 司并列，但这一时期各省的教育行政机构并不一致，有称学务部的，也有称学务司的。1914 年 5 月，国民政府规定每省设巡按使公署，在公署下的政务厅里设教育科，由于地位较低，根本无法发挥总理全省教务的功能。直到 1917 年，颁布《教育厅暂行条例》后才成立了有一定地位的独立的教育厅。教育厅直属于教育部，教育厅长按照省政府旨意执行全省教育行政管理事务，监督所属职员及办理地方教育的各县知事。1927 年 10 月~1929 年 6 月，曾以大学区制作为省教育行政管理机构。首先在浙江、江苏两省试行大学区制，浙江省大学区制设立第三中山大学，江苏省大学区设立第四中山大学。后在北平试行大学区制。每大学区设校长 1 人，综理区内一切学术与教育行政事宜。大学区内设研究院、高等教育部、普通教育部、扩充教育部。没有试行大学区的省份仍旧设教育厅。1931 年，国民政府颁布《修正省组织法》，规定教育厅为省政府五厅之一，下设秘书处、编审室、督学室、及第 1、2、3、4 科。抗日战争时期省政府机构紧缩，将教育厅并于政务厅，在其下设科分管教育行政事宜，抗日战争胜利后，又恢复教育厅建制。

三、增加投入，初步完成甘肃高等教育近代化

持续的资金投入是教育现代化的保障基础和支撑条件，它包括校舍场所、图书仪器、实验基地等，也包括高等教育内在的蜕变和发展，主要表现在以下两个方面。

（一）改善校园基础设施建设

清末的学堂建设多出自书院改制，在校舍等方面改进不大，政府投入也很有限。甘肃法政专门学校时期，每年的办学经费在 2 万～3 万元银元，多用在了教师薪资的发放，硬件设施建设无大改观。甘肃学院时期，学院经费占全国 36 所独立学院经费排名的第 23 位，在全国 103 所专科以上学校经费中占第 71 位。可见教育经费十分匮乏，院长邓春膏不断据理力争，向国民政府催要经费，使甘肃学院每年获得 9 万多元经费，虽然时有积欠，但邓院长积极团结师生，开源节流，逐年建起了礼堂、教室、办公室、师生宿舍、图书馆、实验室等 30 多间。并每年派出人员赴上海购书和各种仪器、标本、模型等。为便于学生实习，于 1931 年在小西湖购置 30 亩地，辟为农场，次年又在雁滩中河滩购置 140 亩地的农场，充作农科实习园地。改善了甘肃学院的办学条件。国立兰州大学时期教育经费来源多元化，这一时期是教育经费增速最快、增加最多的时期，建校之初，国民政府教育部拨付兰大垫付资金 5 亿元法币，后再次拨付 5 亿元，次年又拨付建筑及扩充改建经费 8 亿元。两年累计资金达到 18 亿元。1946 年 8 月，甘肃省政府将萃英门原贡院所有土地一并划拨兰州大学所有，使其校址面积在原甘肃学院 64 亩的基础上增加到 239 亩。到 1948 年时，国立兰州大学已"拥有教室 154 间、办公室 52 间、学生宿舍 282 间、教职员宿舍 253 间、图书馆 56 间、仪器标本及实验室 335

间、运动场面积 15.3 亩"。① 同时新建了积石堂、昆仑堂等硬件设备。经过一年的励精图治，兰州大学图书量达到 90700 册，比 1939 年甘肃学院时期的 30985 册增加了 3 倍。

（二）丰富和增强学科建设力量

所谓学科，一般是指在整个科学体系中学术相对独立，理论相对完整的科学分支，它既是学术分类的名称，又是教学科目设置的基础。包含构成科学学术体系的各个分支、在一定研究领域生成的专门知识与具有从事科学研究工作的专门的人员队伍和设施等三个要素。学科建设是一项基础性和长久性的工作，是学校教学、科研、高层次人才培养及师资队伍建设的结合点，也是专业建设的重要依托。学科建设水平已经成为衡量高等学校教学、科研和整体实力的重要标志，也是高等教育现代化的核心和着力点。其实质在于教学内容要面向整个社会的现代化，不断吸收和借鉴国内外各种科学文化成果，逐步调整、改进学科内容，并适当增添具有学校特色、地域特色的新学科和新课程，以促进受教育者思想的、智力的、心理的全方位综合发展，成为社会现代化建设的合格人才。

清末的甘肃学堂贯彻"中体西用"的教育方针，在不更改忠君读经的传统下，适当引进西方的近代学科知识，1904 年，甘肃文高等学堂开设英文、日文、俄文、算学、地理等课程。包括后期创办的矿物学堂、农林学堂，都有西式课程的添加，但这一时期的西学还在初步的模仿阶段，并不具备自身特色。民国以还，甘肃法政专门学校引进日本法政教育模式，开设了政治经济科、法律科、经济科、政治科等学科。兰州中山大学开启了甘肃高等教育多元化、综合化发展模式，在邓春膏校长不断开拓进取的带领下，于 1933 年分别开设医学专修科和农学专修科。西北师范学院继承北平师范大学的衣钵，在西北继续开设家政科和敦煌学的研究，国立兰州大学校长辛树帜以立足服务西北为旨，因地制宜，开设了边疆语文系、兽医学院等特色学科，为甘肃社会整体迈向现代化提供了保障。该时期特色学科的开设，有赖于留学生教

---

① 兰州大学档案 1 - 1 - 329（国立兰州大学）.

师群体，他们的知识结构和宽阔眼界是学科建设的基础。

四、开拓创新，发挥高等教育职能

甘肃省高等教育经过半个世纪的现代化进程，截至 1949 年前，甘肃省高等教育已从单一学科的"独奏曲"发展为数科并重、特色发展的"协奏曲"。并在人才培养、科学研究、社会服务和知识创造，文化引领等方面发挥着巨大作用。

第一，以人才培养为第一要务。大学的功能在社会发展中不断走向多元化，然"从大学存在的价值和使命看，核心与基础应该是人才培养，其余的办学活动，都应该是围绕人才培养而展开的；其余的办学功能，都是在人才培养基础上，延伸出来的。"① 1942 年，国立西北医学专科学校成立后，除接受甘肃学院医科第三届学生 11 名编为三年级外，同年招收四年制、六年制学生各 1 班，共计 58 人；1943 年，招收四年制学生 28 人，六年制学生 62 人；1944 年，招收四年制学生 20 人，六年制学生 57 人及一年制调剂班 24 人，一年制法医班学生 14 人；1945 年，除接受国立西北医学专科学校全部在校生外，当年招收六年制学生 30 人、一年制调剂班学生 14 人；1946 年，兰州大学医学院分区招收 20 名。至此，1933 ~ 1948 年，共招收 559 名学生。同时十分着重吸纳西北地区的生源，国立兰州大学时期，在招生上尽量向甘肃倾斜，以造就当地可用之才，同时还吸纳了新疆、青海等地的学生，从历届毕业生就业情况来看，毕业于西北五省的三年制农艺科、森林科、畜牧兽医科、农业经济科、农田水利科学生占 63.3%，五年制农艺科、森林科、畜牧科学生占到 47.2%。② 可以说，西北五省学生几乎占到一半之多，充分发挥了大学培养人才的重要使命。

第二，以服务西北建设为旨。大学生存在和发展于民族国家的环境之中，正如克拉克·克尔（Clark Kerr）指出的："教育，特别是高等教育，不仅要

---

① 熊丙奇. 大学只有一个真正的功能：人才培养［J］. 大学，2010（2）.
② 国立西北技艺专科学校各科学生毕业纪念册，1944 年. 存于甘肃省图书馆.

为民族国家的行政和经济的利益服务，而且还要成为发展民族身份的重要方面；不仅要成为国家的一个工具，而且要成为社会的灵魂和人民大众的有机组成部分。"① 历届毕业生的就业取向就能很好地反映出这一点，据甘肃学院1932 年 6 月 4 日的统计，该学院的毕业生分布在社会各行各业，与甘肃学院当时的专业设置密切相关。

表 6.1　　　　　　　　　　甘肃学院历届毕业生就业去向

职别	政界	教育界	法界	升学者	不明
比例	30%	20%	15%	25%	10%

资料来源：兰州大学档案 1 - 2 - 193（甘肃学院）.

1933 年，《甘肃学院附设中山医院暂行章程》规定，该医院除了供医学生实习以外，还要"办理诊治疾病及公共卫生、紧急救济、预防时疫等事宜。"从 1934 年起，该医院每天门诊人数 60 人左右，在兰州可算首屈一指，是当时兰州市声誉较高的一所公立医院。1946 年，辛树帜校长呈请国民政府教育部时同样提出，"本校医学院之使命，在作育医学现代人才，供西北五省建设之需。开发边疆，巩固边防，均深利赖。"② 此外，畜牧兽医科的开设和畜牧兽医学院的开办，为甘肃省乃至西北地区的畜牧业发展注入了强心剂。1939 年，曾济宽在国立西北技艺专科学校成立之时提出，"第一件事情就是本校以培养农工技术专门人才，开发西北生产为宗旨。"为了改变西北地区恶劣的生态环境，提倡植树造林，该校为此创设了森林一科。1941 年西北技艺专科学校增设农田水利科，1942 年又根据当时的实际需要，将畜牧、兽医两科合并为一科。诚如曾济宽所言，"本校所设立之各科无不适切西北地方的需要。"③ 并指出要让西北"进入于集约的资本经营的区域"，为了达到这

---

① ［美］克拉克·克尔. 高等教育不能回避历史 ［M］. 王承绪等译. 浙江教育出版社，2003.

② 兰州大学档案 1—（1）—8（国立兰州大学）.

③ 曾济宽. 甘肃创立四年来奋斗之经过与教训 ［J］. 国立西北技艺专科学校校刊，第 19、20、21 期合刊，1943（6）.

一目标，西北必须将"国民教育之普及，生产技术人才之训练与培养"作为"建设的重点与据点。"① 此外，畜牧兽医的科学发展拉动了国内毛纺织企业经济的快速发展，缓解了当时军毯、军衣和民用物品奇缺的状况，并用羊毛等制品从苏联换回了汽油、润滑油等急需的战略物资，夯实了抗战后方的经济实力。

第三，开科学研究之先河。中国近代大学深受美国"大学教学与科研为一体"的思想传统，并通过留学生群体的播迁和践行，将科学研究植入了中国近代大学的血液中。如留学芝加哥大学的杨英福教授、留学明尼苏达大学的杨浪明教授、先后入英国伦敦大学和德国柏林大学学习的辛树帜校长，毕业于日本鹿儿岛高等农业学校林科的曾济宽等。他们在办学理念、制度架构和操作层面都践行着科学研究的任务，并将此作为服务西北、建设西北的重要使命。曾任甘肃学院、兰州大学教师的民族社会学家谷苞教授，在教学之余深入洮河流域和白龙江上游藏族农牧区进行社会调查，并撰写了 30 多篇论文；曾任兰州大学物理系主任的聂崇礼教授是西北地区最早开展物理探矿、弹道计算物理、金属物理等课题的先驱，并发表数篇国内外有影响的论文，为物理系的长远发展做出了贡献；兰州大学兽医学院院长的盛彤笙教授长期从事乳牛布氏杆菌、乳牛结核病等基本治疗研究，重视畜牧、草原和兽医密切结合，倡导"划区轮牧、储草备冬、改良畜种、防治兽疫"的方针，开辟出一条传统中兽医学与微生物学结合的研究途径。1944 年元月，新成立的畜牧兽医研究所研究员邝荣禄博士运用山羊血清素防治牛瘟取得了良好效果，通过大量制造防疫血清、疫苗，从国内外引进良种、使用人工授精技术进行畜种改良，改进了畜疫防治手段，同时逐渐改变了传统的饲养方式，通过畜产品机械加工、修建圈舍等方式提高了畜牧质量。

第四，开社会风气之先。国立兰州大学的前身甘肃法政专门学校在蔡大愚担任校长期间，曾领导进行了甘肃近代史上唯一的一次直接受孙中山领导、反抗军阀专制统治的武装斗争。这次斗争为甘肃地区带来了许多新鲜风气和

---

① 曾济宽. 西北建设工作的重点和据点 [J]. 国立西北技艺专科学校校刊，第 25、26 期合刊，1942（2）.

文化元素，推动了地方社会思想观念的更新和现代化的进程。1919 年"五四运动"爆发后，深受其影响的甘肃爱国师生在校内外进行演讲，宣传抵制日货。1920 年初，甘肃旅京学生张道明等成立了"新陇杂志社"，以"输入适用之知识及学理，俾陇人有所比较二采择焉；传播社会之状况于外界，俾国人知其卑污而投之以济也。然后可望陇人之觉悟奋兴，及污浊社会之改良也"① 为宗旨，在这份满载甘肃学生之期望的杂志上，不仅刊登探讨甘肃落后的原因，还常常转载陈独秀、蔡元培、胡适等人的文章和介绍西学的文章，成为向甘肃民众介绍新思想、向外界介绍甘肃情况的桥梁。同时，甘肃学院和西北师院的师生们通过办理成人识字教育、下乡宣传演剧、调查兰州市郊居民发生疾病之种类、举办民众法律顾问处、会计训练班等方式，使师生们加深对社会、对民众的了解，密切了学院与地方社会的联系，对转变民众观念和社会习俗、普及新文化、新思想做出了有益探索。

唯有现代科学文化知识的普及和民主主义新道德、新思想、新知识的广泛传播，才能为民众树立现代性精神，使之适应现代性、建立现代性的文化模式和社会风气，从而为区域发展提供现代性的智力支持。高校的发展本身与当地文化建设之根本内涵是一致的，因地制宜的设置学科乃是改良社会、开社会风气之先的创举。"这些专业互相渗透，犬牙交错，共融共生，构成了大学的整体专业群。这些专业推动着大学教育逐步走向理性化、世俗化、道德化和实用化，使之成为人类知识的殿堂和理性精神的诠释者。"② 丰富的学科不仅满足高校发展的内部需求，而且促进带动着不同的社会层面走向现代化，每个学科所在的大学成为现代化进程的主要推动力量，"大学所具有的科技资源对地方经济的发展具有支撑或起着支柱性作用；大学所具有的优秀文化资源，对构建和谐社会具有重要的教化作用；大学所具有的智力资源对地方经济发展有着咨询、参谋作用；大学的人才资源对地方经济社会的发展可起到引领作用；大学优美的人文环境，可陶冶人；大学的精神追求，尤

---

① 新陇. 1920 年第 1 卷第 1 期.
② 陈超. 大学的专业建构范式及其效用 ［J］. 比较教育研究，2006（1）.

其是对真理的追求，不仅能凝聚人心，更重要的是能够保护和保有社会的良心。"① 每位卓有建树的大学校长则是现代化发展的推动者，他们适应时代的需要，有目的、有步骤地将近代自然科学转化为学科设置，通过课程设置和教学内容的嬗变，达到教育目标的实现和大学职能的转变。他们准确把握学校地处甘肃、服务西部的基本定位，结合甘肃的整体特点及社会各项建设中对各方面专业人才的客观需求，有针对性地创办医学、兽医和边疆语文等特色学科。事实证明，这些特色专业在甘肃现代化过程中构成了一个综合系统，同时又各成一体，成为大学发展、撬动甘肃地区近代化的重要支点和主要力量。

第二节　甘肃近代高等教育发展的制约因素

中国的情况表明，由于传统的巨大惯性，现代性的生长受到诸多抗拒和压抑。甘肃的特例表明，"那种最老到成熟的传统社会是长期以来最难以实现现代化的社会。"② 现代化作为一种将某种程度的秩序赋予极为复杂的人类事务的方式，在发展过程中，这种现代功能对传统体制的冲击显得十分力不从心。从清末到抗战时期，高等教育发展一直是举步维艰，在传统和现代的夹缝中求得一线生机，恶劣的生存环境导致"教育太不发达，研究工作更未提倡，这是因为西北交通不便，生活比较困苦，不但外界人才不肯多来，而本地人才亦多外流，同时政府亦因利趁便发展东南及沿江沿海一带，所以西北不幸而落后，西北各省曾不断遭受天灾人祸，致使一般人民不能安居乐业，更无人从事天然资源的开发，所以形成一种偏枯的现象。"③ 可见，这种偏枯的现象是多种因素的集合体，是甘肃作为一个欠发达内陆边缘省份的显著特征，也是甘肃高等教育近代化一再受阻的重要原因。

---

① 程斯辉. 简论大学与地方发展 [J]. 高教发展与评估，2007（1）.
② ［美］布莱克. 现代化的动力 [M]. 四川人民出版社，1988.
③ 李溪桥. 李蒸纪念文集 [M]. 中国社会科学出版社，1996.

一、传统力量过于强势影响了人的现代化

教育现代化过程是传统社会的教育向现代社会教育的转变过程。一个社会的教育是传统教育还是现代教育，要看教育的传统与现代性的比重分配。近代中国是传统与现代并存的典型二元性社会，这使得社会结构和教育发展呈现出典型的二元性。晚清以来，东南沿海沐濡欧风美雨，积极吸收西学，兴办新学，开始了向近代文化形态的转型。然而"西学东渐"于甘肃已是微乎其微，"甘肃基本上还是封建文化的一统天下，并未受到资本主义文化的冲击和批判，在文化发展的进程上缺少了一个环节"。① 虽然甘肃也厉行教育"新政"，创设学堂，推广新式教育，但由于未实现"人的现代化"，以及自身文化的落后性、保守性与封建性制约，其文化思想以及学校教育仍掌握在以"理学名儒"慕寿祺、杨汉公等为代表的"传统人"手中。他们虽积极投身教育事业，却自命掌握着封建"道统"，鼓吹"纲常名教"，充当维护封建礼教与封建文化的工具。

"传统人"是相对于"现代人"而言的，其重要特征之一是害怕革新，只信赖传统的权威，只接受传统和习俗的影响，对凡是同维持自己的日常生计的事务无明显实际关系的教育、学习、研究都不重视。这些非现代性因素"往往把人们冻结在人们现在生存和固有的情形和地位之中，这就会使那些过时的、陈腐的、时常令人难以忍受的制度继续下去，它们紧紧束缚人们。要打破这个牢固的束缚，要求人们在精神上变得现代，他们要接受我们已确认的现代人所有的那些态度、价值、行为模式，并把这些融入它们的人格之中，没有这种因素存在，无论外国援助还是国内革命都不能把一个落后的国家带进具有保持自我发展能力的国家的行列"。②

民国初年，主持甘肃政务的统治者都是改头换面的清朝遗老和旧军阀官

---

① 王三北. 试论甘肃文化模式的历史特征及发展对策. 西北史研究（下册）[M]. 兰州大学出版社，1997.

② 英格尔斯与史密斯合著. 从传统人到现代人——六个发展中国家中的个人变化 [M]. 中国人民大学出版社，1985.

僚。虽然省府官员的头衔换成了都督等有时代气息的名号，但是管理体制和思想观念并没有发生根本性转变。对甘肃来说，诸事徒有共和之名、专制其实。部分县知事还是前清任命的，身上仍穿着清朝官服，有的团长衣着同戏剧中的武生一样，国民军进军甘肃时，宣侠父、钱清泉就看到平罗县知事乘坐轿车，亲兵前呼后拥，依然是前清的威仪。钱清泉把轿中的知事称作一具"骸尸"，"皇帝的时代在中国已经死去十四年，所以现在车内的骸尸就是十四年前死去的骸首"。^① 陕西光复后，陕甘总督升允以"陕甘唇齿，陕西危，甘肃岂能独安？电请清廷调集甘军速为收拾，恢复陕疆。"^② 准备迎接清帝偏安西北，把甘肃作为复辟大清封建王朝的根据地。清廷得知后，赋予他们镇压陕西革命的生杀大权。清帝退位后，反对派长庚和升允对此消息秘而不宣，反而鼓励陆洪涛等人继续进攻。这时距离清帝退位已一月有余。南北议和达成协议后，甘肃谘议局议长张林焱盗用甘肃、新疆两省名义与副议长刘尔炘一起致电袁世凯及资政院院长并转上海代表伍廷芳，力表"共图保境，遥戴皇灵。决不承认共和主义"^③ 的忠心。如此，甘肃军政大权轻而易举的落入赵维熙等旧官僚人手中，"新建立的军政府只不过是换了块民国的空招牌，实际上仍旧是满印不换，满制不改，翎顶衣冠悉如其旧。"^④

不仅至此，甘肃在长期的封建统治下，底层百姓失去了"话语"的权力和能力，对社会政治参与十分淡漠。清末民初发动的宪政运动虚与委蛇，徒有其表，少有其实。因缺乏社会舆论强有力的支持，导致被剥削殆尽的民间缺乏政治现代化的动力因素。1931 年 12 月，国民党中央大员邵力子主政甘肃。面对甘肃军队林立，政局混杂的局面，国民党中央希冀通过邵氏主政统一甘肃军政与财政，然在其上任的 9 个月里，成效甚微。邵氏报人出身，十分重视民众舆论，"我们不要太看轻了舆论的力量，有真正的舆论，一定能发出真正的力量来，总理遗嘱中'唤起民众'四个字，就是要民众自己都能

---

① 宣侠父. 西北远征记［M］. 文史资料出版社，1982.
② 辛亥革命回忆录［M］. 文史资料出版社，1962.
③ 甘肃谘议局议长张林焱等致袁内阁伍廷芳等反对共和电. 甘青宁史略正编第 26 卷. 军机处档案，甘肃谘议局议长张林焱等致袁内阁伍廷芳等反对共和电.
④ 丁焕章. 甘肃近现代史［M］. 兰州大学出版社，1989.

起来奋斗，我们去骂军阀，不如自己骂自己不能奋斗。"甘肃人民现在无论任何人怎样欺侮，都不敢开口，并且是压迫力愈加强大，受祸的人越加畏缩不敢说一句话。现在人民诉苦况的，多只限于天灾方面，"甘肃现在可说是中国最危险最困苦的地方。"①

二、社会整合机制的不健全延误了教育现代化

教育中存在的矛盾、冲突和问题往往都是因利益冲突导致的，整合就是对利益进行调节和分配。而对教育活动进行整合的机制绝不仅仅是教育行政机构一种，政治、法律、市场等社会中心制度才是化解教育中各种利益冲突的关键因素，其中社会政治制度是一个社会的核心制度，它对教育的重要性无论怎样强调都不过分。教育中的许多重大问题都需要通过政治途径才能得以解决，这是因为教育对政治制度的依附性所决定的。政治制度的更迭和动荡对教育现代化的影响是直接而深刻的。

著名政治现代化理论家亨廷顿认为，从政治学的角度讲，世界各国之间的最大差别不是他们的政府形式，而是他们各自政府实行有效统治的程度。中国在辛亥革命以后近40年的时间里经历的恰恰是一个国家政权失落，社会失序、军阀混战的军人政治时期。纵观近代甘肃社会的政治制度启蒙，可以说，甘肃的政治制度建设几乎为零，中央集权统治力量鞭长莫及，甘肃社会内部成为了军阀混战、抢夺地盘的演习场。加上近代中国军阀主义的兴盛，在社会秩序严重失范的民初，军阀扮演了重建政治秩序的强有力角色，但与此同时，军阀在促进社会现代化的过程中严重缺乏建设性，对独占权力资源过分迷恋，拒绝排斥其他社会群体参与，成为社会现代化的抗拒力量。辛亥革命后，窃取革命果实的袁世凯任命赵维熙署理甘肃都督。从1912年3月到次年五月离职，任职仅1年3个月，期间拖着长辫子镇压革命，搜刮勒索，最终以请假去职。1914～1920年为张广建督甘时期，他镇压甘肃公立法政专门学校蔡大愚校长发动的护法运动和学生的"五四"爱国运动，滥发公债和

---

① 邵力子. 和平奋斗救甘肃［J］. 甘肃省政府公报. 1932 年第一卷. 第 18－21 期合刊.

纸币，在全国禁烟活动中大发私财，引起甘肃人民的强烈不满，于 1920 年底被迫离甘。陆洪涛监理甘肃军民两政以来，"百政废弛，大权旁落，不能自振。所辖各道，各自为政，俨同割据，省政府徒拥虚名"。① 此时期，甘肃有佣兵自重的地方汉族军阀孔繁锦、张兆钾，回族实力派马福祥部，甘肃一时暗流涌动。权力分配和资源配置的斗争一触即发，"当地方和民间占有现代化资源，权利分散到相当程度时，作为效应反弹，就会出现一个强力政府，努力从事权力资源的聚集化。"② 新的国民政府通过高度动员的政治体系进行社会整合，以中国版图的中心位置进行新的秩序重建，同时涉及部分边缘地带，以此克服民初以来的权威危机和权力危机。1925 年，冯玉祥任西北边防督办后，国民军作为外来势力打破了甘肃地方军阀势力的平衡，消灭了地方小军阀，和回族军阀成相互依存状态。然而，战乱、民变、匪患与自然灾害，使甘肃社会更加贫困和动荡不安。"九一八"事变之后，国民政府派邵力子担任甘肃省主席，邵力子主政期间，甘肃境内有甘军、陕军、宁军、青军、川军等，可谓军队林立、派别各异。他力主调离驻甘客军，削减军费，然而，各实力派以要粮催款的"合法"途径不断施压。邵力子的文人出身没有给予他坚实的军事实力做后盾，各实力派对他的命令并不真正服从，不仅军队数额减少不了，而且财政状况更难以改观。而甘肃地方人士把邵力子当作了沟通地方与中央的桥梁，期望这位"中央大员"在军事、政治、经济诸方面对甘肃予以倾斜和帮助，并报之以很大的希望。然而，邵力子主政的失败导致南京国民政府想要再次将权力伸向西北变得更为困难，也使西北人感到国民党中央政权并不十分"肯顾及西北"③，使得中央政权的权威在甘肃大打折扣。

同时，蒋介石试图利用"西北四马"为反共效力，而"西北四马"的阳奉阴违、暗中抵制、加剧了权倾一方的割据局面，并向恶性膨胀的态势发展。"军阀是最缺乏思想倾向性的集团，他们在制订政治计划等时，不是根据个

---

① 李泰棻，宋哲元. 西北军纪实［M］. 大东图书公司，1978.
② 许纪霖. 中国现代化史（1800—1948）［M］. 学林出版社，2006.
③ 邵力子. 开发西北与甘肃［J］. 开发西北，1934（1）.

人的思想观点，而是根据力量的对比。"① 甘肃在新中国成立之前一直处于军阀林立、政局更迭频繁的境况中，这种局面的造成是多方面因素的结果，一方面，由于国民政府对西北的忽视提供了军阀占据甘肃的有利空间，邵力子曾提醒中央对西北本来应负的责任，"就支出部分而论，则大宗厥为军费，按军队性质而言，则多数属于国防，是以国税收入，历经悉数留用，然以之应付军费，仍数相差甚巨；现在收入锐减，饷糈益形困难，加以藏人进犯玉树边地，风云紧急，西北国防，尤关重要，稍一不慎，即滋隐忧"。② 另一方面，则是军阀对权力和资源的无限攫取只用于扩展军队，军费的开支占到了财政收入的 50% 以上，文化教育方面几近全无。同时，军阀集团缺乏从根本上改变社会基础的思想条件和物质基础，这是一个畸形变态的政权形态，"不仅丝毫无益于资本主义经济，而且猛烈地破坏着旧的生产条件，西北人民陷于暴政与贫困交加的绝境。"③ 后期历经朱绍良、于学忠、贺耀祖、谷正伦、郭寄峤等人主甘，1946 年 3 月，任命张治中为西北行辕主任，11 月，派陶峙岳任副主任，郭寄峤、马步芳、马鸿逵为副主任，由此形成了中央力量和地方势力的较量和共进退，可以说，甘肃自始至终都未能实现实质上的社会政治经济制度的统一，未能有效整合各种社会力量，也未能为高等教育提供生长的有利社会条件。

三、社会经济发育不良制约了教育现代化

正因为社会整合力量不足，甘肃社会难以形成良好的经济运行环境，经济基础的薄弱直接导致教育经费的严重匮乏。实际上，甘肃历来贫瘠，向为协饷省份。辛亥革命后，协饷来源中断，地方财政收入又年年减少，而当时的新招和旧有军队却不断增加，教育和军队的博弈毫无悬念，亦毫无意义。1928～1935 年，省教育厅虽然在年度预算中几乎年年增加教育经费数额，而

---

① 齐锡生著. 杨云若等译. 中国的军阀政治 1916 – 1928［M］. 中国人民大学出版社，2010.
② 呈行政院缕陈甘肃财政实况恳祈拨款协济以维现状［J］. 甘肃省政府公报，1932（1）.
③ 霍维洮. 西北回族军阀论略（下）［J］. 宁夏大学学报，2001（5）.

且还多方努力以保证教育经费的正常拨发，但是经费不足或拖欠不发的现象仍时有发生。据 1935 年《甘肃统计季报》载，"全省教育经费总支出为844000 元，占全省财政支出的 8.5%，"这在总数与比例上都照以往有所增加，但和其他省市相比仍差之甚远，"在全国排名倒数第二。"[①] 抗日战争初期，"1938 年的教育经费支出计 650564 元，1939 年 835018 元，1940 年1003264 元，1947 年 2751715 元（不含中央及各县教育经费）。"[②] 虽然总数上在增加，但占财政总支出的比例呈下降趋势，到 1947 年时降至最低点，只占 1.1%。马鹤天曾指出，西北一省的教育经费不及江浙一县，如甘、青、宁、绥各省教育经费少者不足 10 万元，多者不到 20 万元；一县学生人数不及东南一校。"似此文化幼稚，知识饥荒，岂易谈及开发。"[③]

表 6.2   甘肃省 1915～1919 年收入与支出表

年份	赋税收入	军费	教育费	支出	盈	亏
1915 年	3.265.050	1.670.577	106.197	3.042.103	222.947	
1916 年	3.348.658	2.053.267	144.918	3.537.677		189.019
1917 年	3.749.950	2.874.543	171.612	4.356.698		606.748
1918 年	4.266.519	3.395.219	231.583	4.815.820		549.301
1919 年	3.371.752	2.631.928	203.483	4.155.598		783.846

资料来源：丁焕章. 甘肃近现代史 ［M］. 兰州大学出版社，1989.

抗日战争后期，国民政府采取发行公债、从国外贷款，增发钞票的办法弥补财政赤字，导致严重的通货膨胀和物价上涨。从 1937 年到日本投降前夜，全国平均物价上涨 1800 倍左右。抗日战争后曾一度暴跌，半年后恢复到战前水平。以后更是变本加厉，不可收拾。到 1949 年底，达到抗战前的6459 倍。以兰州为例，1937 年 7 月的小麦每市石 9 元，1945 年 7 月涨到 2 万

---

① 甘肃省地方史志编纂委员会编纂. 甘肃省志（第 59 卷）［Z］. 甘肃人民出版社，1991.
② 甘肃教育. 半月刊第 3 卷. 第 23、24 合刊. 第 32 页. 甘肃省图书馆藏.
③ 马鹤天. 西北开发必先解决西北人民的生活饥荒与知识饥荒 ［J］. 新亚细亚，第 4 卷.

元，8 月下跌到 0.9 万元，9 月 0.52 万元。1946 年 5 月，兰州市级公务人员按基本薪俸的 110 倍发薪，另补助 3.5 万元，大约可购买 180 市斤面粉。12 月 12 日，国立兰州大学教授联名致电行政院教育部，要求提高待遇，以维持最低生活保障。15 日，兰州市各高等院校在甘肃省科学教育馆开会，以"物价高涨，维生乏术"，分别致电中央各部门，要求合理调整待遇。1947～1949 年，甘肃省财政一直是总收入不到总支出的 10%，其余的 90%～97% 都需要中央补助。物价更是飞涨严重，"从 1947 年 1 月 1 日到 1948 年 8 月 19 日，食物竟然上涨了 1000 倍以上，小麦从最初的每市石 3.7 万元涨到 3900 万元！这种天文般的数字标志着法币已完全破产，丧失了货币资格。"①

　　教育经费的拮据是多方面原因造成的，首先，教育经费筹集制度不完善。近百年来，国人在模仿器物之学的同时，忽视了西方先进制度的重要性，以至于延误多重时机。左宗棠主政陕甘之时，教育经费多来自他麾下官员的主动捐赠，以至于左氏离任之后，很多新办的义学、学堂遭遇停办。民国以还，教育制度一直处于不断模仿、学习的阶段，邓春膏主政甘肃学院时期，多次向省政府呈文催要经费，但由于军费开支浩繁，教育经费始终捉襟见肘。与此形成鲜明对比的是江苏当局对教育经费制度建设的开创之举，抗日战争时期，东南大学成立了国立大学中的第一个校董会，倚重江苏实业家和实力派人物筹措经费，并于 1925 年成立了独立于教育行政系统之外的"江苏省教育经费委员会"及其办事机构"江苏省教育经费管理处"，负责全省公立学校的经费管理和划拨，大大减少了经费被挪作他用、截留等事件的发生。其次，甘肃地处内陆，经济衰败，军阀众多，仅有的教育经费也常被挪作他用。甘肃省在 1925 年国民军入甘之前，深受封建顽固势力的侵害，在陆洪涛和张广建的腐败统治下，甘肃的教育经费支出仅为军费的 1/10。而江苏缘于沿江城市的优越地理条件，发展为民族工业的重镇，在 20 世纪 20 年代末，已成为棉纺业、面粉业、织布业的龙头，到抗日战争前夕，无锡一县的工业产值仅次于上海，达到 1.9 亿元，为江苏高等教育近代化的实施和推广提供了重要的物质保障。

---

　　① 丁焕章. 甘肃近现代史 [M]. 兰州大学出版社，1989.

结论：

近代中国的高等教育，是在西方文化的强大攻势下被动走上现代化道路的。19世纪60年代正是古老中国面临"三千余年未有之变局"的起始阶段。从这个时期开始，清政府着力于创办新式工业、设立总理各国事务衙门、购置坚船利炮、训练新式军队，追求军事近代化。而所有这些具有资本主义萌芽性质的新式事业创办，都呼唤着新式人才的到来。此时的传统教育暴露出越来越多的缺陷，冲破传统教育的体制成为历史的必然。甲午战争之后，深刻的民族危机加速了中国社会现代化的步伐，科举制度的取消再次为教育现代化扫清路障，《癸卯学制》的颁布使万千学子有了进入学堂、走出国门的机会，辛亥革命推翻了清王朝的专制统治，标志着在中国延续两千年的封建君主专制制度的寿终正寝和资产阶级共和制度的诞生，是中国从传统社会走向近代社会的里程碑式事件。在这一变迁过程中，中国的社会秩序发生了严重的脱序现象，在传统秩序已经分崩离析之际，面临着秩序的空缺和尴尬。然而，也正是缘于这样的空白地带，才使得国人有条件进行各种尝试。甘肃高等教育的发展同样经历了传统与现代之间的阵痛与裂变，在文化认同、价值意义和意识形态领域有了不同层次的变换。

纵观民国时期各省之高等教育发展状况，甘肃设立近代专门学堂的时间较晚。与洋务派开办的京师同文馆、上海广方言馆、广州同文馆、湖北自强学堂等相比，晚了将近五十年。维新运动期间，山西、广西、直隶、山东及江南诸省都在积极筹办设置新式学堂，甘肃新式学堂大多则由旧式书院匆忙改建而来，由于经费短缺、基础薄弱，在师资、生源、设备、教学等方面都缺乏必要的条件和设施，存在着严重先天不足的问题，在经过短暂的维持之后纷纷停办或降格招生。同一时期，以上海为中心的东部地区新式教育的开展，特别是工商实业各门类的技能教育及高等院校的设立，遥遥领先于西部地区。据估计，清末十年间上海至少培养了13万多名新学学生。"这是上海历史上第一个数量颇为可观的近代学生群体。他们在知识素养、智能结构、思想倾向、社会联系层面和行为方式等方面，明显有别于传统士大夫，并影响和作用于整个社会。"① 民国建立以前，上海已基本形成了小学、中学、大学三级教育体系，其中如交通大学、复旦大学、同济大学、圣约翰大学、震旦大学、沪江大学等校的前身，都是在这一时期创办的，它们培养了一批学有专长的人文科技和管理人才。即便与毗邻的陕西省相比，在现代教育形成雏形时间上，如果从 1896 年陕西设立崇实书院，开设格致、英文、算学、制造等课算起，甘肃尚晚 7 年；如果从 1885 年味经书院设立求友斋，以天文、地舆、经史、掌故、理学、算学课算起，甘肃要晚 18 年。教育上的这一差距，既是历史的，也是现实的。甘肃高等教育正是在差距中不断赶超，不断推进，在近半个世纪的发展过程中，仅仅完成了上海等发达地区民国初年时的发展水平。抗日战争爆发前，"中国的高等学校共有 108 所，主要分布在上海、北平、天津、南京等东部地区大城市，其中上海有 25 所，北平有 15 所，西南重镇——重庆只有 2 所，即重庆大学和四川教育学院。"② 而甘肃省只有一所省立甘肃学院。同时，甘肃地区的新式学堂和其他省份相比，其办学的力度和广度方面还远远不够。据学务司编《光绪三十三年分第一次教育统计图表》载，"甘肃学堂及其教育处所总共 531 所，在全国排倒数第六位；高等学堂 1 所，学生总数 78 名，在全国排倒数第三位，文科、理科、法科、医科、艺术等分科专业均未设置；师范学堂学生总数为 211 名，排在全国倒数第二位"。③

从甘肃近代高等教育的发展因子来看，一方面来自于政府主导，从清末到民国的 50 余年间，政府颁行大量的教育政策与法规，多次进行制度建设的尝试和改进。"对于非西洋的后发展国家来说，由于受到西方列强的侵略，面临严峻的外部世界的挑战，如果它要完成把现代化作为国家重建的任务，就必须有一个强大的政府，通过威权政治来保持发展中的高度政治稳定，克服社会急剧变革过程中的社会失序和危机，增强社会的内聚力，加强对分散

① 施扣柱. 民国时期的上海学校治理 [N]. 东方早报, 2013. 3. 19.
② 隗瀛涛. 近代重庆城市史 [M]. 四川大学出版社, 1991.
③ 陈学恂. 中国近代教育史教学参考资料（下册）[M]. 人民教育出版社, 1987.

的经济权势的宏观控制，推行强制性的工业化战略，加强社会动员与促进社会整合，加速社会经济增长，从而为高等教育的现代化提供基本的政治与经济环境。"① 甘肃高等教育正是在国家力量主导下亦步亦趋。另一方面，来自于本土和外省留学生群体的植入力量。他们将西方的现代化原型纳入观念的参照体系，获得了观察世界、理解现实的新角度，直接触及了现代化的核心部分——思想观念和价值观，并在实践中不断予以完善。可以说，甘肃各行各业的建设是借助于"外力"与"外脑"得以实现，各行各业中充斥着留学生的身影，他们为官为教，在社会的各个层面为教育现代化增添力量。

所以，甘肃近代高等教育的发展迟滞于东部地区，属于教育现代化后来者的迟发展效应。这种迟发展效应在整个民国时期不断发酵，成为典型的、后发外生的半自觉行为，这既是中国西北高等教育近代化的一个缩影，更是特殊地区特殊环境孕育出的特殊近代化。对于迟发展国家的现代化而言，整合机制尤为重要，稳健运行的整合机制是应付现代化过程中保守势力和激进势力对抗的有力保障。其中，政治现代化的缺位是甘肃社会整合机制系统发育不良的表现，要克服这种动荡和衰败就必须有一个强大的政府，要"有能力制衡政治参与与政治制度化的政府，只有强大的政府才能有效地实施国力资源的开发，社会财富的分配和权力象征的表达等主要功能。"② 也就是说，集权制的政治制度是教育现代化实现的基础，甘肃的政治制度虽在民国初年就已确立，但在实际上，省一级的社会整合力量十分微弱，反而被回汉军阀、客居军阀与国民政府各方军阀势力所把控，自始至终未形成有效的、统一的、强大的整合力量。这又反作用于甘肃省整个教育体系导致底层民众缺乏政治参与的意识、能力和环境，致使政治现代化进程一再受阻。当然，迟发展效应也有正面优势，国立兰州大学的快速发展正是得益于迟发展效应的正面优势，来自于先行地区的校长和教师们参照国内一流大学的建制和水平，在短时间内实现了兰州大学现代化的高水平发展。这种迟发展的优势被称为"落

---

① 袁本涛. 我国高等教育早期现代化延误之原析——中日国家政权性质对高等教育现代化的影响 [J]. 江苏高教，2000（2）.

② 亨廷顿，工冠华等译. 变化社会中的政治秩序 [M]. 三联书店，1989.

后优势"。

　　然而，对于所谓的"落后优势"，我们并不抱持乐观态度，内战时期的高等教育已是极度衰微，国民政府给予教育的支持已是少之又少，从一定意义上可以说，"教育被改造成为一种政党斗争的工具，其结果，同样削弱和降低了中国教育早期现代化的成效"①。而甘肃高等教育的"落后劣势"却在随后的半个世纪里不断被放大。教育不是消除鸿沟的万能方法，但除却教育也无从下手。当前，在新的历史时期，在全国争创"双一流"高校的大背景下，西部高等教育仍然与东部不能比肩，除却历史的遗留问题，西部高等教育存在着教育规模普遍偏低、分布与结构不合理、经费投入不足、优秀人才匮乏、办学观念落后等矛盾，这不仅需要政府的宏观调控和政策支持，还需要办学者放宽眼量，因地制宜，既要遵循高等教育结构自身发展的规律，还要探索出一条适应欠发达民族地区经济社会发展的根本之道，唯其如此，才能将甘肃高等教育现代化继续推向更高阶段。

---

① 田正平．关于民国教育的若干思考［J］．教育学报，2016.

附　录

甘肃高等教育纪事（1902～1949）

1902 年（光绪二十八年）	陕甘总督嵩蕃在兰州筹办"甘肃高等学堂"，次年九月正式开学。
1904 年（光绪三十年）	甘肃高等学堂附设"师范馆"。
1905 年（光绪三十一年）	甘肃设立学务处，总理全省学政。
1906 年（光绪三十二年）	在兰山书院旧址设立甘肃省优级师范学堂。 甘肃首次选派杨思、范振绪等 5 人赴日本留学。 甘肃学务处改设为提学使司，俞明震任提学使。
1909 年（宣统元年）	原法政馆改建为甘肃官立法政学堂。
1912 年（民国元年）	甘肃奉令实行学制和课程改革，学堂改为学校。
1913 年（民国二年）	提学使属改为教育司，马邻翼任甘肃教育司长。 甘肃官立法政学堂改设为甘肃公立法政专门学校，蔡大愚任校长。 原甘肃高等学堂改设为甘肃省立第一中学。
1917 年（民国六年）	甘肃省政府设立教育厅，马邻翼首任甘肃省教育厅厅长。

1919 年（民国八年）	兰州女学生邓春兰等上书北京大学校长蔡元培，要求大学开放女禁，招收女生。
1920 年（民国九年）	兰州成立"中等以上学校学生联合会"。
1923 年（民国十二年）	赵元贞任甘肃省教育厅厅长。
1924 年（民国十三年）	甘肃省开始实施北洋政府颁布的新学制（壬戌学制）。
1928 年（民国十七年）	甘肃公立法政专门学校改设为兰州中山大学。
1931 年（民国二十年）	2 月，兰州中山大学改名为甘肃大学；12 月又改设为甘肃省立甘肃学院，邓春膏任院长。
1932 年（民国二十一年）	水梓任甘肃省政府教育厅厅长。 甘肃省政府颁行选送国外留学生暂行规程。
1935 年（民国二十四年）	甘肃省教育厅通令省立甘肃学院及各中等学校实施教员专任制。 兰州大、中学校成立"抗日救亡联合会"。
1937 年（民国二十六年）	甘肃省省外留学生抗战团等学生抗日救亡团体在兰州成立。
1938 年（民国二十七年）	郑通和任甘肃省政府教育厅厅长，提出教育"军事化、生产化、普及化"的施政方针。
1939 年（民国二十八年）	国立西北技艺专科学校在兰州成立，曾济宽任校长（1945 年改名为国立西北农业专科学校）。 国立西北师范学院在陕西城固县成立。
1941 年（民国三十年）	国立西北师范学院兰州分院开学。
1942 年（民国三十一年）	国立西北医学专科学校在兰州成立，齐清心任校长（1944 年改设为西北医学院兰州分院，1946 年并入国立兰州大学）。
1944 年（民国三十三年）	国立西北师范学院全部迁来兰州十里店，李蒸、黎锦熙先后任院长。
1945 年（民国三十四年）	国立西北师范学院体育系主任袁敦礼应邀赴美

国讲学。

1946 年（民国三十五年）	以国立甘肃学院为基础设立国立兰州大学，设文理、法、医、兽医四学院，辛树帜任校长。
1947 年（民国三十六年）	兽医学院从兰州大学分出，在兰州独立设置国立兽医学院，盛彤笙任院长。
1949 年（民国三十八年）	3 月 29 日，甘肃各大中学校学生集会游行，反对国民党甘肃省政府主席郭寄峤发行 300 万银元"建设公债"，取得胜利。

参考文献

第一部分：主要的国内著作

[1] 陈赓雅. 甘肃视察记 [M]. 甘肃人民出版社, 2002.

[2] 高永久. 甘肃民族地区现代化与可持续发展研究 [M]. 兰州大学出版社, 2004.

[3] 汪洪亮. 民国时期边疆教育文选 [M]. 黄山书社, 2010.

[4] 范长江. 中国的西北角 [M]. 新华出版社, 1980.

[5] 林清芬. 抗战时期我国留学教育史料——各省考选留学生 [M]. 第4册. 国史馆印.

[6] 黄炎培. 清季各省兴学史 [M]. 中华职业教育社编. 黄炎培教育文集第二卷. 上海教育出版社, 1985.

[7] 朱有瓛. 中国近代学制史料 [M]. 华东师大出版社, 1983.

[8] 费旭. 中国农业教育纪事 [M]. 江苏教育出版社, 1988.

[9] 马啸风. 中国师范教育：1897 - 2000 [M]. 首都师范大学出版社, 2003.

[10] 陈旭麓. 近代中国社会的新陈代谢 [M]. 上海人民出版社, 1992.

[11] 王奇生. 中国留学生的历史轨迹 [M]. 湖北教育出版社, 1992.

[12] 费正清. 中国剑桥晚清史. 下卷 [M]. 中国社科院出版社, 1985.

[13] 田慧生. 中国教育的现代化 [M]. 云南人民出版社, 1997.

［14］汪洪亮，王晓安等编．民国时期边疆教育文选［M］．黄山书社，2010.

［15］谢长法．中国留学教育史［M］．陕西人民教育出版社，2006.

［16］田正平，商利浩．中国高等教育百年史论［M］．人民教育出版社，2006.

［17］杨宗亮．晚清史研究新视野［M］．浙江大学出版社，2005.

［18］陈景磐．中国近代教育史［M］．人民教育出版社，1983.

［19］谢启晃．中国民族教育史纲［M］．广西教育出版社，1989.

［20］章开沅，罗福惠．比较中的审视：中国现代化研究［M］．浙江人民出版社，1993.

［21］杨建新．中国甘肃少数民族通史［M］．民族出版社，2009.

［22］谷苞．甘肃通史［M］．兰州大学出版社，2005.

［23］成中英．中国文化的现代化与世界化［M］．和平出版社，1988.

［24］关连吉，赵艳林．西北开发思想史［M］．甘肃人民出版社，2003.

［25］刘进．中心与边缘：国民党政权与甘宁青社会［M］．天津古籍出版社，2004.

［26］田澍．西北开发史研究［M］．中国社会科学出版社，2007.

［27］李绍唐．甘肃民族教育的回顾与前瞻［M］．青海人民出版社，1994.

［28］李国栋．民国时期的民族问题与民国政府的民族政策研究［M］．民族出版社，2007.

［29］安宗林等．大学治理的法制框架构建研究［M］．北京大学出版社，2011.

［30］金以林．近代中国大学研究［M］．中央文献出版社，2000.

［31］高瑞泉．中国近代社会思潮［M］．华东师范大学出版社，1996.

［32］姜朝晖．民国时期教育独立思潮研究［M］．中国社会科学出版社，2008.

［33］储朝晖．中国大学精神的历史与省思［M］．山西教育出版社，2010.

［34］董保良等．中国近现代高等教育史［M］．华中科技大学出版社，

2006.

[35] 陈平原．大学何为［M］．北京大学出版社，2006.

[36] 杜晓利．教育研究重心的转移——以《哈佛教育评论》为例［M］．上海世纪出版社，2007.

[37] 周光礼．学术自由与社会干预——大学学术自由的制度分析［M］．华中科技大学出版社，2003.

[38] 王晓辉．全球教育治理——国际教育改革文献汇编［G］．教育科学出版社，2008.

[39] 衣俊卿．大学使命与文化启蒙［M］．黑龙江大学出版社，2008.

[40] 银川市志编纂委员会编．银川市志（下）［Z］．宁夏人民出版社，1998.

[41] 甘肃省地方史志编纂委员会编纂．甘肃省志第59卷．［Z］．甘肃人民出版社，1991.

[42] 兰州市教育志编纂委员会编纂．兰州市志第55卷．教育志［Z］．兰州大学出版社，1997.

[43] 陕西省地方志编纂委员会．陕西省志．第65卷文化艺术志［Z］．陕西人民出版社，2005.

[44] 西安地方志编纂委员会编西安市志．科教文卫［Z］．西安出版社，2002.

[45] 任峻．西宁市志．第35卷教育志［Z］．青海人民出版社，2000.

[46] 全国文史资料委员会编．第9卷．旧中国的文化教育［C］．安徽人民出版社，2000.

[47] 甘肃文史资料委员会编．第一分辑．文史资料集萃［C］．甘肃人民出版社，1996.

[48] 田澍，陈尚敏．甘肃史籍要目提要［M］．天津古籍出版社，2010.

[49] 罗家伦先生文存编辑委员会．罗家伦先生文存．第一册［C］．裕台公司中华印刷，1976.

[50] 戴逸，张世明．中国西部开发与近代化［M］．广东教育出版社，

2006.

[51] 侯德础. 抗日战争时期中共高校内迁史略 [M]. 四川教育出版社，
2001.

[52] 中国第二历史档案馆编. 中华民国档案资料汇编 [G]. 第五辑第
三编教育（一）江苏古籍出版社，1991.

[53] 陈学恂主编. 田正平分卷主编. 中国教育史研究近代卷 [M]. 华
东师范大学出版社，2001.

[54] 吾相湘，刘绍唐主编. 第一次中国教育年鉴 [C]. 传记文学出版
社，1971.

[55] 沈云龙主编. 抗战时期我国留学教育史料——各省考选留学生，
第5、6册，第二次中国教育年鉴 [C]. 文海出版社.

[56] 沈云龙主编. 近代中国史料 [C]. 文海出版社.

[57] 李烛尘. 西北历程 [M]. 甘肃人民出版社，2003.

[58] 熊贤君. 中国教育行政史 [M]. 华中理工大学出版社，1996.

[59] 宋秋榕. 近代中国私立大学发展史 [M]. 陕西人民教育出版社，
2006.

[60] 王云风. 延安大学校史 [M]. 陕西人民教育出版社，1994.

[61] 沈灌群. 从鸦片战争到五四运动时期的教育 [M]. 教育科学出版
社，1984.

[62] 中国历史第二档案馆编. 民国时期文书工作和档案工作资料选编
[C]. 档案出版社，1987.

[63] 韩文昌，邵玲. 民国时期中央国家机关组织概述 [M]. 中国档案
出版社，1994.

[64] 吴汉全，王中平. 留学生与近代中国社会变迁 [M]. 吉林人民出
版社，2012.

[65] 曲士培. 中国大学教育发展史 [M]. 北京大学出版社，2006.

[66] 曲士培. 抗日战争时期解放区高等教育 [M]. 北京大学出版社，
2006.

[67] 马振犊. 抗战时期西北开发档案史料选编 [C]. 中国社会科学出版社, 2009.

[68] 张应强. 高等教育现代化的反思与建构 [M]. 黑龙江教育出版社, 2000.

[69] 罗荣渠. 现代化新论 [M]. 北京大学出版社, 1993.

[70] 罗荣渠. 现代化新论续编 [M]. 北京大学出版社, 1997.

[71] 顾明远. 民族文化传统与教育现代化 [M]. 北京师范大学出版社, 1998.

[72] 朱国仁. 西学东渐与中国高等教育近代化 [M]. 厦门大学出版社, 1996.

[73] 黄福涛. 欧洲高等教育近代化——法、英、德近代高等教育制度的形成 [M]. 厦门大学出版社, 1998.

[74] 王运来. 江苏高等教育的现代化 [M]. 人民出版社, 2001.

[75] 张应强. 文化视野中的高等教育 [M]. 南京师范大学出版社, 1999.

[76] 张西平. 历史哲学的重建 [M]. 三联书店, 1997.

[77] 毛礼锐. 中国教育史简编 [M]. 教育科学出版社, 1984.

[78] 郑登云. 中国高等教育史 [M]. 华东师范大学出版社, 1994.

[79] 刘基. 西北师范大学校史 (1902—2012) [M]. 教育科学出版社, 2012.

[80] 张克非. 兰州大学校史 (上、下) [M]. 兰州大学出版社, 2009.

[81] 余子侠, 冉春. 中国近代西部教育开发史——以抗日战争时期为重心 [M]. 人民教育出版社, 2008.

[82] 张学强. 西北回族教育史 [M]. 甘肃教育出版社, 2002.

[83] 许纪霖. 中国现代化史 (1800—1948) [M]. 学林出版社, 2006.

[84] 金其贵. 甘肃近现代史话 [M]. 甘肃人民出版社, 1995.

[85] 刘基, 丁虎生. 西北师大逸事 [M]. 辽海人民出版社, 2001.

[86] 朱解琳. 甘宁青民族教育史简编 [M]. 青海人民出版社, 1993.

[87] 龚荫. 中国历代民族政策概要 [M]. 民族出版社, 2008.

［88］何波，刘旭东．中国西部民族地区职业教育研究［M］．青海人民出版社，1996.

［89］甘肃省民族事务委员会．甘肃少数民族［M］．甘肃人民出版社，1989.

［90］谷苞．民族研究文选［M］．兰州大学出版社，2004.

［91］何懋德．中国西部移民纪略［M］．甘肃人民出版社，1992.

［92］李鼎文．甘肃文史丛稿［M］．甘肃人民出版社，1986.

［93］杨明前．甘肃民族与宗教［M］．甘肃人民出版社，1996.

［94］吴明海．中外民族教育政策史纲［M］．中央民族大学出版社，2006.

［95］刘正伟．督抚与士绅——江苏教育近代化研究［M］．河北教育出版社，2001.

［96］李溪桥．李蒸纪念文集［M］．中国社会科学出版社，1996.

［97］北师大校史编写组．北京师范大学校史（1902—1982）［M］．北师大出版社，1984.

［98］顾颉刚．顾颉刚日记［M］．中华书局，2011.

［99］苏云峰．中国新教育的萌芽与成长［M］．五南图书出版社，2005.

［100］王李金．中国近代大学创立和发展的途径——从山西大学堂到山西大学（1902—1937）的考察［M］．人民出版社，2007.

［101］储常林．西北高等农林教育史［M］．中国农业出版社，1995.

［102］汪受宽．西北史鉴［M］．甘肃文化出版社，1997.

［103］李国栋．民国时期的民族问题与民国政府的民族政策研究［M］．民族研究出版社，2007.

［104］张平海．中国教育现代化研究［M］．华东师范大学出版社，2001.

第二部分：主要的译著

［1］［美］约翰·布鲁贝克．王承绪译．高等教育哲学［M］．浙江教育出版社，1998.

［2］［美］伯顿·克拉克．王承绪，徐辉等译．高等教育新论——多学科的研究［M］．浙江教育出版社，2001.

［3］［美］伯顿·克拉克．王承绪译．高等教育系统——学术组织的跨国研究［M］．杭州大学出版社，1999．

［4］［美］克拉克·克尔．陈学飞等译．大学的功用［M］．江西教育出版社，1999．

［5］［英］纽曼．徐辉等译．大学的理想［M］．浙江教育出版社，2001．

［6］微拉·施瓦支．李国英等译．中国的启蒙运动——知识分子与五四遗产［M］．山西人民出版社，2010．

［7］［美］杜威．王承绪译．民主主义与教育［M］．人民出版社，1990．

［8］［法］爱弥儿·涂尔干．李康译．教育思想的演进［M］．上海人民出版社，2003．

［9］［加］比尔·雷丁斯．郭军等译．废墟中的大学［M］．北京大学出版社，2008．

［10］［美］罗伯特·欧文斯．孙绵涛等译．教育组织行为学［M］．华中师范大学出版社，1987．

［11］［美］斯诺．纪树立译．两种文化［M］．三联书店，1995．

［12］［美］爱德华·希尔斯．李家永译．学术的秩序——当代大学论文集［M］．商务印书馆，2007．

［13］［日］实腾惠秀．中国人留学日本史［M］．三联书店，1983．

［14］［英］德兰迪．黄建如译．知识社会中的大学［M］．北大出版社，2008．

［15］［美］雅斯贝尔斯．邱立波译．大学之理念［M］．上海人民出版社，2007．

［16］［美］罗伯特.M.罗森兹威格．王晨译．大学与政治——美国研究型大学的政策、政治和校长领导［M］．河北大学出版社，2008．

［17］［英］洛克．傅任敢译．教育漫话［M］．人民教育出版社，1985．

［18］［美］霍布斯．社会变迁：几种当代社会学观［M］．衣阿华州立大学出版社，1971．

［19］［美］布莱克．现代化的动力［M］．四川人民出版社，1988．

［20］［美］斯梅尔瑟．方明等译．经济社会学［M］．华夏出版社，1989.

［21］［美］罗兹曼主编．国家社会科学基金"比较现代化"课题组译．中国的现代化［M］．江苏人民出版社，1988.

［22］［美］布莱克．比较现代化［M］．自由出版社，1976.

［23］［美］布莱克等著．周世铭译．日本和俄国的现代化［M］．商务印书馆，1984.

［24］［美］贝尔．后工业社会的来临——对社会预测的一项探索［M］．商务印书馆，1986.

［25］［美］海尔布罗纳等著．俞天新等译．现代化理论研究［M］．华夏出版社，1989.

［26］［美］穆尔．世界现代化：趋同论的局限［M］．埃尔西维尔出版社，1980.

［27］［日］日本国立研究所．日本教育的现代化［M］．教育科学出版社，1980.

［28］［日］麻生诚．刘付忱译．教育与日本现代化［M］．人民教育出版社，1980.

［29］［美］英格尔斯．殷陆君译．人的现代化：心理．思想、态度、行为［M］．四川人民出版社，1985.

［30］［加］徐美德．许洁英译．中国大学——1895—1995 一个文化冲突的世纪［M］．教育科学出版社，2000.

第三部分：学术论文

［1］金东海，刘航等．西北民族高等教育政策：历史回顾　成就　发展［J］．民族教育研究，2007（2）.

［2］刘建仓．20 世纪初西北高等教育史上的社会主义之争［J］．教育评论，2012（1）.

［3］李玉泉，符得团．甘肃民族高教规模扩展的意义及途径探析［J］．高等理科教育，2004（6）.

［4］强海燕，田建荣．关于甘肃地区高等教育改革和发展的考察研究报

告［J］. 教育研究，1994（6）.

　　［5］李钟善. 分析西北地区特点　发展西北高等教育［J］. 高等教育研究，1992（4）.

　　［6］孙茜. 西北地区高等教育发展的适切性分析［J］. 煤炭高等教育，2005（4）.

　　［7］徐建国，殷海. 西部大开发与西北高校师资队伍建设［J］. 宁夏大学学报，2004（6）.

　　［8］张振刚，刘源，余传鹏. 我国区域教育经费投入对各区域高等教育规模的影响［J］. 高等工程教育研究，2011（5）.

　　［9］田正平，张建中. 近代甘肃地区高等教育发展研究——以 1927 至 1949 年为中心［J］. 高等教育研究，2007（1）.

　　［10］燕晓红. 西北五省高等教育对经济增长贡献率研究［J］. 内蒙古农业大学学报，2007（1）.

　　［11］赵巧华. 西北民族高等教育特性问题分析［J］. 西北民族学院学报，1999（4）.

　　［12］张铭钟. 高等教育与区域经济互动机制分析——以西北五省（区）为例［J］. 煤炭高等教育，2009（6）.

　　［13］王东杰. "国家"的地方意义：20 世纪 20 年代成都两所大学对"国立"名分与实利的竞争［J］. 社会科学研究，2004（5）.

　　［14］崔恒秀. 民国教育部与大学关系研究综述［J］. 南方论坛，2009（10）.

　　［15］陈海儒. 西北联大的筹设与抗战时期西北高教战略［J］. 陕西理工学院学报，2013（5）.

　　［16］朱景坤. 中国近代留学教育与中国高等教育近代化［J］. 徐州师范大学学报，2002（9）.

　　［17］姚远，苏晋生，张惠民. 晚清陕西农业学堂与实业学堂考——兼论陕西实业高等教育的萌芽［J］. 西北大学学报，2000（6）.

　　［18］李巧宁，陈海儒. 关于西北联合大学研究的现状和分析［J］. 陕西

理工学院学报，2011（2）.

[19] 刘丽等 . 中国教育近代化研究综述 [J]. 成都理工大学学报，2012（5）.

[20] 王革 . 建设研究型大学的几点思考——以西北农林科技大学为例 [J]. 黑龙江高教研究，2009（1）.

[21] 陈柳 . 甘肃民族地区高等教育公平问题探究 [J]. 当代教育论坛，2006（21）.

[22] 赵巧华 . 论影响甘肃民族高等教育"特性"形成的若干因素 [J]. 兰州学刊，1999（4）.

[23] 王东杰 . 学术"中心"与"边缘"互动中的典范融会——四川大学历史学科的发展（1902—1952）[J]. 四川大学学报，2006（6）.

[24] 严加红 . 教育近代化思维发展的逻辑形态特征探析 [J]. 河北师范大学学报，2008（3）.

[25] 王运来，吴辉阳 . 五四运动与中国近代高等教育 [J]. 南京理工大学学报，2002（10）.

[26] 杨涛 . 中国近代高等教育史研究模式的回顾与思考——以大学与区域社会 互动发展为视角 [J]. 南阳师范学院学报，2010（1）.

[27] 杨乙丹 . "开发大西北"的创新意愿与效果约束——评 20 世纪 30 年代国民政府的西北开发 [J]. 古今农业，2007（4）.

[28] 许宪隆 . 对军阀体制下甘宁青现代化进程的再审视（上、下）[J]. 中南民族学院学报，2001（11）.

[29] 许宪隆 . 试论回族在中国现代化进程中的理论与实践 [J]. 回族研究，1997（3）.

[30] 苑旭森 . 浅谈西北联合大学 [J]. 科教导刊，2011（7）.

[31] 刘兴豪 . "中国近代化"的理性思考 [J]. 邵阳学院学报，2004（2）.

[32] 管伟 . 观念的近代化与中国早期近代化的启动 [J]. 山东行政学院山东经济管理干部学院学报，2004（10）.

［33］胡金木，冯建军．中国现代化中教育启蒙的三重转换［J］．华东师范大学学报，2013（6）．

［34］霍维洮．西北回族军阀论略［J］．宁夏大学学报，2001（5）．

［35］姚远．中国西部最早的高等学府——陕西大学堂［J］．西安电子科技大学，2000（3）．

［36］黄书光．西学东渐与中国传统教化的近代命运［J］．高等教育研究，2012（3）．

［37］李剑萍．辛亥革命与现代教育宗旨的确立——兼论教育家与教育创新［J］．教育研究，2012（5）．

［38］王瑜卿．辛亥革命与中国边疆民族地区建设［J］．黑龙江民族丛刊，2011（5）．

［39］李锐，邹吉忠．论教育现代化与人的现代化［J］．社会科学战线，1999（4）．

［40］牛海桢．论清初西北边疆民族政策的指导思想［J］．兰州大学学报，2011（1）．

［41］陈元．民国时期我国高校研究所的特征及其成因［J］．高教发展与评估，2011（9）．

［42］高伟茹．中国文化现代化的选择与走向［J］．理论界，1999（6）．

［43］张人杰．也论教育的现代化［J］．华东师范大学学报，1998（3）．

［44］张应强．论传统文化与高等教育改革［J］．高等教育研究，1996（3）．

［45］王有春．国立西北师范学院师范研究所述论［J］．高教探索，2012（4）．

［46］巴斯．抗战时期的联合大学［J］．钟山风雨，2012（1）．

［47］向德富．辛亥革命时期的教育变革及其现代启示［J］．广州广播电视大学学报，2011（2）．

［48］周志刚．孙中山教育思想发展简析［J］．廊坊师范学院学报，2008（12）．

[49] 田正平. 辛亥革命与中国教育现代化 [J]. 浙江大学学报, 2002 (1).

[50] 关威. 中国近代教育历程及其启示 [J]. 湖北民族学院学报, 2002 (5).

[51] 李继业. 关于教育现代化定义的研究综述 [J]. 常熟理工学院学报, 2007 (6).

[52] 卜玉华. 关于"教育现代化理论"从答案到问题的探析 [J]. 华东师范大学学报, 1999 (2).

[53] 熊吕茂. 近年来教育现代化思想研究述评 [J]. 当代教育论坛, 2004 (1).

[54] 卢晓中. 简论教育现代化的标准化与特色化 [J]. 比较教育研究, 1998 (2).

[55] 黄利群. 论教育现代化 [J]. 普教研究, 1997 (1).

[56] 叶文梓. 论教育现代化发展基础的局限性 [J]. 教育发展研究, 2000 (7).

[57] 许锡良. 对教育现代化的几个问题的思考 [J]. 广东教育学院学报, 2000 (1).

[58] 杨民. 继承传统文化与发展现代教育的中日比较 [J]. 比较教育研究, 1998 (1).

[59] 程钢. 论教育现代化的基本内容与主要特征 [J]. 湖南行政学院学报, 2000 (3).

[60] 杨启亮. 教育现代化的"形质"与"精神" [J]. 天津市教科院学报, 2001 (12).

[61] 刘萍. 论教育现代化过程中传统文化的价值 [J]. 内蒙古大学学报, 2004 (4).

[62] 胡夏闽. 高等教育现代化的实现途径初探 [J]. 高等建筑教育, 1999 (12).

[63] 褚宏启. 论教育现代化的价值取向 [J]. 教育理论与实践, 1998

(5).

[64] 刘庆华. 论教育现代化的规律及对策 [J]. 云南教育学院学报, 1991 (2).

[65] 范远波. 论教育现代化与民族文化传统 [J]. 贵州师范大学学报, 2009 (1).

[66] 曾颖. 论教育现代化的途径选择 [J]. 中国成人教育, 2011 (3).

[67] 陆春. 论教育现代化的逻辑起点和因果链 [J]. 广西师院学报, 2000 (7).

[68] 张应强. 论传统文化与高等教育改革 [J]. 高等教育研究, 1996 (3).

[69] 张力奎. 影响我国高教政策实施的传统文化因素 [J]. 江苏高教, 1997 (4).

[70] 段作章. 论教育观念现代化 [J]. 高教研究与探索, 1998 (3).

[71] 田秋华. 关于教育现代化的几点理论思考 [J]. 教育学人大复印资料, 1996 (9).

[72] 亢晓梅. 中国教育现代化理论与实践研究综述 [J]. 理论与现代化, 1996 (11).

[73] 戴建兵, 张志永. 抗战时期西北家政教育 [J]. 文史精华, 2012 (12).

[74] 顾明远. 关于教育现代化的几个问题 [J]. 中国教育学刊, 1997 (3).

[75] 姚琦. 近代中国百年现代化历程及其历史启示 [J]. 宁夏大学学报, 1999 (4).

[76] 文军. 略论现代化及其在中国的历程 [J]. 长白学刊, 1996 (6).

[77] 李火林, 徐海晋. 关于现代化的几个理论和实践问题 [J]. 中共浙江省委党校学报, 2000 (4).

[78] 谢万里. 二十世纪中国现代化思潮之演变 [J]. 人文杂志, 1999 (6).

［79］韩世元. 农业现代化的内涵及评价标准［J］. 天津社会科学, 1999 (5).

［80］黄书光. 中国高等师范教育动变中的西北元素［J］. 西北大学学报, 2012 (9).

［81］李相沃. 关于中国政治现代化的几点思考［J］. 学习与探索, 1999 (6).

［82］庄虹沙, 勇忠. 筚路蓝缕 以启山林 民国著名学者与国立兰州大学图书馆［J］. 兰州大学学报, 2009 (5).

［83］戴鞍钢. 清末民初东西部新式教育推进的比较［J］. 史学研究, 2007 (3).

［84］阮兴. 清末立宪思潮与近代甘肃法政教育的发轫［J］. 青海师范大学学报, 2011 (7).

［85］余尧. 五四运动对甘肃的影响［J］. 西北师范大学学报, 1979 (3).

［86］毛广远. 西北近代牧业经济研究述评［J］. 内蒙古农业科技, 2006 (1).

［87］王希隆. 蔡大愚宣传马克思主义辩正［J］. 西北民族大学学报, 1981 (12).

［88］马乾. 比邻飞翔——记民国教育部长马邻翼［J］. 回族文学, 2012 (9).

［89］王希隆. 顾颉刚先生未刊书信两通释述［J］. 兰州大学学报, 2013 (1).

［90］杨林坤. 顾颉刚先生在兰州大学讲学活动考实 (上、下)［J］. 兰州大学学报, 2013 (1).

［91］周培贞. 刘古愚与甘肃文高等学堂［J］. 丝绸之路, 1994 (5).

［92］陈尚敏. 刘尔炘儒学思想述论［J］. 甘肃理论学刊, 2012 (5).

［93］刘宝厚. 甘肃近代著名学者、教育家刘尔炘［J］. 兰州大学学报, 1991 (4).

[94] 周文玖. 顾颉刚与辛树帜的学术交谊 [J]. 齐鲁学刊, 2012 (1).

[95] 余子侠, 冉春. 近代西部地区教育变迁发展的历史反思 [J]. 河北师范大学学报, 2007 (5).

[96] 张克非. 从兰州大学的历史看西部高校与地方社会的关系 [J]. 科学经济社会, 2009 (3).

[97] 杨红伟. 留学生与近代甘肃文教事业 [J]. 兰州教育学院学报, 1999 (4).

[98] 潘懋元, 张亚群. 薪火相传　文化中坚——西北联大的办学特色及其启示 [J]. 西北大学学报, 2013 (1).

[99] 李芳, 杨红伟. 顾颉刚与甘肃教育 [J]. 兰州教育学院学报, 2003 (2).

第四部分：主要的硕博论文

[1] 冯乐安. 少数民族的高等教育机会研究 [D]. 西北师范大学硕士论文, 2011.

[2] 杨甜. 高等教育为区域经济发展服务问题研究 [D]. 西北大学硕士论文, 2011.

[3] 李洁. 甘肃省高等教育现代化现状及对策研究 [D]. 兰州大学硕士论文, 2011.

[4] 陈华. 西北师范大学高等教育学研究生培养的现状、问题与对策 [D]. 西北师范大学硕士论文, 2010.

[5] 王曙明. 宁夏近代教育研究 [D]. 西北大学博士学位论文, 2009.

[6] 程跟锁. 西北师范大学少数民族贫困生资助问题研究 [D]. 西北师范大学硕士论文, 2006.

[7] 陈柳. 甘肃民族地区高等教育公平问题研究 [D]. 兰州大学硕士论文, 2006.

[8] 覃红霞. 抗日战争时期高校内迁探析 [D]. 西南师范大学硕士论文, 2002.

[9] 党彦虹. 抗战时期高校内迁与陕西高等教育的发展 [D]. 西北大学

硕士论文，2004.

[10] 张小树. 国民军入甘及社会影响 [D]. 西北民族大学硕士论文，2009.

[11] 陈尚敏. 近代社会转型与甘肃士绅 [D]. 西北师范大学博士论文，2007.

[12] 裴庚庆. 1933—1945 年甘肃经济建设研究 [D]. 华中师范大学博士论文，2008.

[13] 黄茂. 抗战时期的医学高校迁川问题研究 [D]. 四川大学硕士论文，2002.

[14] 朱长彦. 从甘肃官立法政学堂到国立兰州大学（1909 - 1949）[D]. 兰州大学硕士论文，2009.

[15] 肖卫兵. 近代国立大学校长研究 [D]. 兰州大学博士论文，2011.

[16] 刘丽洁. 论近代留学生对中国高等教育的作用及影响 [D]. 山东大学硕士论文，2008.

[17] 李挺. 抗战时期中国高等院校内迁研究 [D]. 西北大学硕士论文，2000.

[18] 荀渊. 中国高等教育从传统向现代的转型 [D]. 华东师范大学博士论文，2002.

[19] 王言发. 近代中国高等教育与社会的嬗变 [D]. 山东大学博士论文，2011.

[20] 洪芳. 《大公报》与中国的近代高等教育 [D]. 苏州大学博士论文，2010.

[21] 肖卫兵. 中国近代国立大学校长结构及其角色研究 [D]. 苏州大学博士论文，2011.

[22] 黄晓通. 近代东北高等教育研究（1901—1931）[D]. 吉林大学博士论文，2011.

[23] 邓小林. 民国时期国立大学教师聘任之研究 [D]. 四川大学博士论文，2005.

[24] 封海清. 西南联大的文化选择与文化精神 [D]. 华中科技大学博士论文，2005.

[25] 张铭钟. 我国甘肃五省（区）高等教育与区域经济互动模式构建 [D]. 华中科技大学博士学位论文，2009.

第五部分：史料部分

[1] 甘肃公立法政专门学校同学录. 甘肃公立法政专门学校编，1916 年. 现存于甘肃省图书馆西北文献部.

[2] 甘肃省公立法政专门学校毕业生一览表（手抄本）现存于甘肃省图书馆西北文献部.

[3] 兰州中山大学工作报告. 兰州中山大学出版科编，1929 年.

[4] 兰州中山大学两周年纪念特刊. 兰州中山大学出版科编，1930 年.

[5] 甘肃学院同学录. 邓春膏，甘肃学院编，1935 年.

[6] 国立甘肃学院概况一览. 1945 年，手抄本.

[7] 甘肃教育概览. 甘肃省教育厅编审委员会编印，现存甘肃省图书馆，1936 年.

[8] 甘肃近三十年教育史要. 皇甫均等编，现存甘肃省图书馆，手抄本.

[9] 甘肃解放前四十年教育史料. 手抄本.

[10] 甘肃教育实施方案. 甘肃省政府教育厅编，1939 年.

[11] 甘肃通志·教育志. 安维峻编纂，甘肃省图书馆于 1964 年 6 月刊印其中的十三部分.

[12] 甘肃教育志. 杨思等编. 甘肃教育志（草稿）甘肃省教育志编辑小组. 1960 年.

[13] 三年来之甘肃教育. 甘肃省政府编印. 1940 年.

[14] 兰州大学档案（甘肃公立法政专门学校）. 现存兰州大学档案馆.

[15] 兰州大学档案（兰州中山大学）. 现存兰州大学档案馆.

[16] 兰州大学档案（甘肃学院）. 现存兰州大学档案馆.

[17] 兰州大学档案（国立兰州大学）. 现存兰州大学档案馆.

[18] 国民政府教育部档案. 中国第二历史档案馆藏.

后　　记

　　本书是在我的博士论文的基础上提炼而成，从开始收集资料到书稿完成，历经了多重波折。在撰写过程中得到了我的导师——南京大学教育研究院王运来老师的悉心指导，从开始选题到资料的搜集筛选，导师都为此付出了很大心血。甚至在论文预答辩之后，还曾寄给我相关的参考资料，感激之情，不是三言两语就能尽述。同时，导师谦和、幽默的人格魅力给予了我很大的人生触动，有些学问虽来源于故纸堆，但人生还有更多精彩的篇章，需要用同样的精神去探索。

　　在此付梓之时，衷心感谢南京大学教育学院的冒荣教授、张红霞教授、汪霞教授、余秀兰教授、宗晓华教授、桑新民教授、龚放教授、操太圣教授、曲铭峰教授、吕林海教授等，老师们的渊博知识和谆谆教诲是我汲取营养的源泉。同时感谢兰州大学历史文化学院张克非教授的建设性意见。感谢青海师范大学科技处及科研出版基金的资助，感谢青海师范大学教育学院的同仁给予的支持。感谢父母亲和我的爱人，给予我生活和精神上的鼓励。

　　高等教育学在广袤的青藏高原还是一门年轻的学科，我所做的还停留在对历史的梳理和思考层面，如同冰山一角，那些触及历史的深层次全貌才是构建学术发展的不竭动力，他们隐藏在冰山之下，等待着更多学者们的探险。

　　鉴于水平有限和时间仓促，可能还存在一些观点论证上的不周延，论据上的不充分等不足，希望专家和同仁们批评指正。

买雪燕

2018 年 6 月